圆融东西文明·迎接信息时代

海航集团第三届东西方经济文化高峰论坛文集

海南海航经济研究院　编

中国经济出版社
CHINA ECONOMIC PUBLISHING HOUSE
·北京·

图书在版编目（CIP）数据

圆融东西文明·迎接信息时代：海航集团第三届东西方经济文化高峰论坛文集 / 海南海航经济研究院编.
北京：中国经济出版社，2018.1
ISBN 978-7-5136-5034-2

Ⅰ.①圆… Ⅱ.①海… Ⅲ.①文化经济学—文集 Ⅳ.①G05-53

中国版本图书馆 CIP 数据核字（2017）第 311870 号

责任编辑 余静宜
责任印制 马小宾
封面设计 华子图文

出版发行 中国经济出版社
印 刷 者 北京金明盛印刷有限公司
经 销 者 各地新华书店
开　　本 710mm×1000mm 1/16
印　　张 16
字　　数 214 千字
版　　次 2018 年 1 月第 1 版
印　　次 2018 年 1 月第 1 次
定　　价 88.00 元
广告经营许可证 京西工商广字第 8179 号

中国经济出版社 **网址** www.economyph.com **社址** 北京市西城区百万庄北街 3 号 **邮编** 100037
本版图书如存在印装质量问题，请与本社发行中心联系调换（联系电话：010-68330607）

序 1

我们能为未来做点什么？

2017 年夏天，一向行事低调的海航集团突然间成为海内外媒体关注的焦点，甚至可以说，它被一股力量推到了风暴的中心。“不管风吹浪打，胜似闲庭信步”，海航的领导人，的确有这种处变不惊、临危不惧的能力。7 月 14 日至 24 日，由海航集团主办的第三届东西方经济文化高峰论坛并没有受到风暴的影响，在欧洲如期召开。四十余位享誉国际或称誉国内的政治家、科学家、哲学家、经济学家、历史学家等不同专业的代表齐聚一堂，围绕全球化、“一带一路”、东西方文化的冲突与圆融、经济盛衰的周期率，以及宗教在社会变革中的作用等世界性的热门话题，进行了深入的探讨或论辩。三百多名海航的高管是论坛的听众。每一天，他们都全神贯注地分享不同领域专家们的研究成果甚至奇思妙想。从思想到思潮，从形势到趋势；从自明到文明，从东方到西方；从黑洞到虫洞，从人工智能到机器智能等。一种种的“奥狄帕斯情绪”，一个个的“阿基米德支点”，既让人茅塞顿开，又让人迷不知其所止。蒙田说：“世界上最重要的事情就是认识自我。”无论是海航这个法人，还是高管这些自然人，都希望通过这场思想与智慧的盛宴来认识自我、丰富自我、改造自我并升华自我，从而实现海航“大众认同、大众参与、大众分享、大众成就”的价值观。

人的本质虽然不依赖于外部的环境，但智力的活跃度与敏感度，即

《心经》中所说的“意”，的确与眼、耳、鼻、舌、身的感受息息相关。

无数问题的循环，形成思想的曲折；无数观念的更替，凝为创新的动力。价值观只有先在内部张力上得到体现，而后才能在社会层面获得验证与认同。在东西方文明的冲突中，人类承受了太多的灾难，有些创伤至今都无法弥补。如果世界上没有忏悔者，就会出现更多的革命者；如果没有思想者，就会出现众多的盲动者。如果没有救赎，就不可能产生慈悲；如果没有宽容，就不可能产生圆融。人类从农耕文明过渡到工业文明，思想方式与生活方式都被彻底地颠覆；当今之世，信息文明即将取代工业文明，人类处在又一次创世纪的冲动中，智能风景将再一次替换。农耕时代中民族优先，工业时代中国家优先。那么信息时代来临时，哪一种力量、哪一种制度、哪一种生活将会成为新文明的宠儿呢？时代的变迁将会带来文明的心理机制的变迁。诸葛亮当年隐居隆中，闲吟诗句“大梦谁先觉，平生我自知”。后来他的人生轨迹证明，他并没有做到完全的自知。梦醒是一个境界，自知是一种能力。境界与能力两相超拔，必是圣贤。历史的转捩是一个小概念，文明的转折才是大方向。坚守传统的人耕耘大地，拥抱未来的人仰望星空。相对于宿命，自由是卑微的；比较于开放，约束是长久的。流连大地，我们只能采集诗意；漫步太空，我们才能收割光芒。诚然，文明的转折是一个漫长的过程，它需要几代甚至几十代人的艰苦努力。但一旦踏上征程，前进的速度就日新月异。新的文明虽然还只是一片浅绿，但人类的失重感已经开始了，族群的危机感已经显现了。正如公元前六世纪前后人类文明的轴心时代，当下的时代又来到了需要诞生新的思想巨匠与文化圣贤的关口。当今之世，人们的思想已经碎片化、扁平化，很多专家失去了思考的动力，更有甚者，一些令世人仰望的人，也已失去了思考的能力。

开坛期间，我们从一个港口到另一个港口，从一座城市到另一座城市，我们深切的感受是，文艺复兴带来的欧洲文明正在衰落，由海盗与牧师开创的西方文化的伟力正在式微。“三十年河东，三十年河西”，风水轮流转的民谚，是不是预示着中国的世纪再次降临？有的学者认为，习近平主席倡导的“一带一路”，是中国引领全球化的升级版，是创造人类命运共同体的伟大战略。文明互鉴、携愿同行，中国不是在迎接曙光，而是在创造曙光。

伟大的文明转折，必然会产生引领这种转折的伟大国度。而在这个伟大的国度里，必然会涌现伟大的人物、伟大的人民、伟大的文化与伟大的宗教。人类创造文明的动机来自人自身的压抑，宗教则是通过信仰让压抑得到释放。当下的世界，诚如弗洛伊德所言，“科学与宗教的功能以及它们的相互关系都已发生了变化”。如何弥合宗教的冲突，如何创新宗教的仪轨，如何升华宗教的力量以及宗教的旨趣，这是新时代给宗教提出的挑战，只有迎接挑战才能发现信仰的力量。

论坛期间，尽管众人亢奋，海航集团董事局主席陈峰先生却依然淡泊。他不改初衷，每天凌晨起来一笔不苟地抄写佛经。他告诉我，海航的价值观来自佛经的圆融与慈悲，来自儒家的担当与兼济。而海航集团的董事长王健先生也不止一次问我：“我们该为未来做点什么？”我思考后回答：“早日将海航建成一家令世人尊敬的伟大公司，这是对中国的贡献，也是对世界的贡献。”

论坛虽已结束，我也回到了白云黄鹤之地，但我仍然在回味。此次论坛的每一次演讲、每一场论辩，都因为真诚而睿智，也因为骚动而敏感，产生了特别的意义。

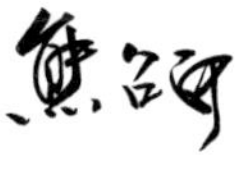

熊召政　诗人、作家、历史学家，现系第十二届全国人大代表、中华文化促进会常务副主席、中国文联全委会委员、湖北省文联主席、湖北省人民政府文史研究馆馆长，同时受聘担任故宫博物院、武汉大学传统文化研究中心研究员。其创作的长篇历史小说《张居正》，曾获得第六届茅盾文学奖第一名。

序 2

圆融东西文明 迎接信息时代[①]

各位来宾、各位朋友，海航的同仁们：

东西方经济文化论坛，首先是东方。作为中国人，我应该按照东方人的礼节，向今天在座的来宾和朋友们鞠一躬，表示对大家的恭敬和欢迎。

各位来宾、各位朋友，我们在波罗的海上揭开了本届东西方经济文化高峰论坛的序幕。我们有幸再次相会在这人类工业文明最辉煌的一段路程当中，这是在去年在地中海举办的第二届东西方经济文化论坛基础上，又一次展开的关于人类文明与经济发展的讨论。我代表海航集团向出席这次论坛的新老朋友、国内外的专家表示衷心的欢迎和诚挚的感谢！

一、东西方经济文化高峰论坛回顾

2015 年，在海航的一次会议当中，我们开始思考，海航在走向全球化的道路中，不断遇到不同条件、不同环境下的挑战和困难，面对着一个多变的世界，我们该如何理解今天的文明和过去的文明之间的关系。因此，在走向世界、融入全球化的步伐当中，我们提出了关于东西文化和经济发展的思考与讨论。2015 年，在欧洲的心脏布鲁塞

① 此文系海航集团董事局主席陈峰 2017 年 7 月 16 日在第三届东西方经济文化高峰论坛开幕式上的致辞。

尔，我们成功举办了第一次论坛，作为我们的首次尝试，我们在“丝绸之路”上进行东西方经济文化交流，思考东西两个大陆板块是以何种方式在历史的沿革中走到一块的，今天的文明又与过去的经济文化交流有什么关系；我们开启了东西方经济文化论坛的讨论，有了初步的体会。2016年，在地中海，我们进行了人类文化发源史的探求。在地中海的游轮上，我们畅所欲言，交流思想，增进友谊，迸发火花，形成了很多很好的见识，使我们的地中海之游成为寻求人类文化的思考之旅、文化盛宴。

二、圆融东西文明，迎接信息文明时代

这次我们开启了第三次论坛。在总结前两次论坛的基础上，我们认为本届东西方经济文化论坛有着鲜明的特点，那就是具有很强的时代性。我们就今天的时代思考，人类应该走哪条路，哪条路是正确的，哪条路是适应时代的，如何解释今天经济文化冲突的变化。

时隔短短的一年，我用一句中国古人的话来形容就是，“年年岁岁花相似，岁岁年年人不同”，无常和变化就是这个世界的规律。一年的时间里，这个世界变化之大，超出人们的想象。如美国，一个非典型商人冲上前台当选总统，就是对以前的政治代言制度的一种新的博弈。

政治格局的变化、贸易壁垒的抬头和国际经济政治的冲突，充斥着这个世界，使这个世界乱象丛生。人们不由得思考这一切到底是怎么了？原因是什么？我们在论坛的讨论当中发现，今天的一切都是历史的再现，从本质上来讲没有变化，这是一个深层次人类文化文明的冲突，变化的只是时空和形态。在历史的长河中，如何解决这些冲突，是我们必须要面对和解决好的问题。所以，本届论坛确定了“圆融东西文明，迎接信息时代”的主题。

三、海航以“圆融、生态、分享、共享”理念迎接信息文明时代

信息文明时代的三大特点——大数据、云计算、互联网，从根本上颠覆了工业文明时代所有的形式，使人类在这条因果的道路上跑得连自己都没办法预测未来，可以说，人类面临着“身心不得片刻宁”的精神危机。因此，我们的论坛用“圆融东西文明，迎接信息时代”的主题，找到了一点我们可以为今天的人类发展所做的事。

海航用圆融的理念、生态的理念、共享的理念，以及大爱无疆的“四大精神”，实践着东西方文明中的优秀的文化精神，用我们的实践造福人类的幸福与和平。因此，我衷心希望今天参加论坛的各位专家、学者，能够畅所欲言，能够在波罗的海的工业文明的路线上碰撞出新的火花；我也衷心希望论坛能成为与新老朋友交流、增进友谊的平台，使我们的旅行变成思想的盛宴；衷心希望各位来宾能够和我们共同分享海航发展的一些体会；衷心祝愿论坛取得成功；衷心祝愿大家能够享受这次身心放松的精神收获之旅。

谢谢大家！

陈　峰　1983年毕业于联邦德国汉莎航空运输管理学院，1994年10月经国务院批准享受政府特殊津贴，1996年获得荷兰马斯特里赫特管理学院工商管理硕士学位，2004年获得美国哈佛大学商学院高级管理毕业证书。现任海航集团有限公司董事局主席。曾担任过多所院校客座教授。曾被授予“海南十大功勋企业家”“优秀中国特色社会主义事业建设者”“2005中国最佳商业领袖”“2005亚洲最佳商业领袖”“中国企业海外可持续发展推广使者”等荣誉称号。

Contents 目录

全球宏观经济形势

科学与哲学

科学与哲学的对话

海航神秘密码

全球宏观经济形势

话语自信：回望六年前与福山的那场辩论

张维为

一般认为，哲学主要讨论的是“to be”，即“是什么”，又叫“存在论”，和“ought to be”，即“应该是什么”，又叫“规范论”。但中国哲学有一个特点，它很强调“ to do”，也就是“实践论”，中国人讲的“实事求是”、“实践是检验真理的唯一标准”等，都是这个意思。从这个角度看中国崛起，确实是人类历史上的一个伟大奇迹。我写过一本书，叫《中国震撼》，这种震撼其实是由无数震撼构成的，海航的迅速崛起无疑是中国震撼世界的一个组成部分。

福山先生是西方著名的自由派学者，其著作《历史的终结及最后之人》让他一举成名。他的基本观点很简单：西方式的自由民主代表了人类历史的最高阶段，在这个意义上，历史终结了。苏联的解体和东欧的崩溃似乎印证了他的观点。本来我以为，福山先生也会来参加这个论坛，我期待与他再进行一次对话。但他没有来。现在只有我一个人来回望六年前我们之间的辩论，对他可能有点不太公平，但好在网上有那场辩论的视频，中英文版本的都有，大家可以去看。应该说，我们当时辩论得很激烈，但大家都保持了必要的克制和礼貌。

当时我们在五个大问题上作了某种预测，现在六年过去了，时间不算长，也不算短，让我们作个“中期评估”吧。我们一起回望一下，看究竟谁的预测更靠谱。我自己对做学问的要求是经得起实践的检验，经得起时间的检验。也就是我们常说的，实践是检验真理的唯一标准。

第一个预测是关于“阿拉伯之春”与中国。

“阿拉伯之春”是于2010年12月爆发的，在2011年，从突尼斯到埃及，再到叙利亚、利比亚、也门等国，席卷了整个中东北非，可以说是如火如荼。当时福山从他的理论推导，认为中国也可能经历“阿拉伯之春”，因为中产阶级崛起后，必然寻求自由民主，这是不可阻挡的历史潮流。我认为不可能，并以埃及为例，作了一些判断预测。下面我放一段当时辩论的视频。

至于中东最近出现的动乱体现人们好像要自由，而我觉得最关键的问题，是那个地方的经济出现了大问题。我去过开罗，去过4次。20年前，跟上海的距离大概是5年，现在比上海落后40年。一半的年轻人没有就业，不造反行吗？而且我自己对中东的了解使我得出这样的结论：西方千万不要太高兴，这会给美国的利益会带来很多的问题。现在叫“中东的春天”，我看不久就要变成“中东的冬天”。严格讲，那个地区还没有成熟到中国的辛亥革命时期，所以路漫漫。出现什么样的问题、什么样的结局我们会看到的。

后来我查了一下，我可能是世界上最早明确预测“阿拉伯之春”将变成“阿拉伯之冬”的学者。复旦大学中国研究院是国家高端智库，有人问我国家高端智库的标准是什么，我说那要看中央有关文件的规定，但我个人体会一条重要的标准就是要能提出前瞻性的、一锤定音的建言。“阿拉伯之春”变成“阿拉伯之冬”就是这种一锤定音的建言。

为什么我的预测比福山的更准一些？因为我相信中国人讲的“读万卷书，行万里路”，相信邓小平讲的“听过枪声和没有听过枪声的士兵，是完全不一样的”。只要你相信实事求是，就一定会得到同样的结论。政治研究一定要有实地考察，要接地气，要了解一个地方的政治文化。

我去过四次埃及，在普通埃及人的家里住过。我知道，在埃及乃至中东任何一个国家，如果真的实行一人一票，那么当选的一定是伊斯兰政权。这样的政权是好是坏，我不想就此进行任何价值评判，但是迄今为止，伊斯兰政权还没有成功找到实现国家现代化的道路。

2016年，我们到欧盟进行智库交流，今天欧洲最头疼的问题就是中东难民问题。我说，如果你们当初能够听取像我们这样的中国学者对“阿拉伯之春”的判断，也许就可以避免这场危机，但现在为时已晚。

第二个预测是关于美国的政治制度。

其实福山到中国来，他的态度还比较谦虚，因为美国金融危机带来了很残酷的负面影响，所以他也知道美国民主制度出现了很多问题，但他还是坚持这是一个非常成熟的制度，是可以纠正的问题。而我则认为美国的民主制度是前工业革命时期的产物，美国的政治改革比中国更为迫切。如果美国不进行实质性的政治改革，今后选出的总统可能还不如小布什。

实际上，作为一个中国人，我挺喜欢小布什，也挺喜欢特朗普，原因就不多说了，但关键是多数美国人的感受不一样。不久前，我在北京参加“一带一路”峰会，碰到一位美国智库的学者，他说特朗普是我们的耻辱。因为特朗普会说“习主席是个好人，他跟我谈朝鲜问题，谈了十分钟，我懂了”。你想一想，如果你们的国家主席说，“美国总统是个好人，他跟我谈古巴问题，谈了十分钟，我懂了”，你们会是什么感受？他还说，你看特朗普和澳大利亚总理通电话，把电话机扔了；在众目睽睽之下，不与德国总理默克尔握手；他还要退出 190 个国家参加的巴黎气候协议，这会激怒全世界。结果全世界几乎所有国家，包括许多美国的盟友，都在向中国靠拢。我倒是比较同意美国前副总统拜登的说法：“唐纳德，赶快长大呀！”（Donald，please grow up.）

第三个预测是关于民粹主义的。

我当时明确表示，我看衰西方民主制度，一个重要原因是它难以解决“低智商民粹主义”问题，美国的制度解决不了这个问题。福山当时是这样回应的：“美国最伟大的总统林肯有一句名言：‘你可以在一段时间欺骗所有人，也可以在所有时间欺骗一些人，但不可能在所有时间欺骗所有人。’对于一个非常成熟的民主制度，人们有自由的言论权、评论权。从长期角度来说，人们最终还是会做出正确的抉择。”

我当时一边听，一边心里想：这个福山呀，真是有一点 too simple，too naive。我当时是这样回应的：“您很乐观，认为美国会吸取经验教训，不被民粹主义左右。但我自己觉得随着新社交媒体的出现，民粹主义会越来越严重，这是一个大趋势。一个国家也好，一个社会也好，垮起来是很快的事情，不是简单的一个体制问题。”

从2016年英国脱欧的公民投票和特朗普当选美国总统这些黑天鹅现象来看，西方民粹主义思潮确实愈演愈烈。金钱的卷入、新媒体的卷入，西方这种“低智商民粹主义”最终可能会毁掉西方的未来。至于林肯的表述，在哲学层面是对的，语言也是诗一般的，但现实很骨感。政治有时间维度，也有空间维度和成本维度。这好比说你今天丢了手机，别人宽慰你：没关系，你的手机一定还在地球上。

在第四个预测上，我们存在重大分歧，那就是关于历史终结论本身。

福山是“历史终结论”的作者，我对他说，不是“历史的终结”而是“历史终结论的终结”。这应该是第一次在大庭广众之下，一个非西方学者明白无误地、零距离地、同时也是彬彬有礼地对他说了这番话。我放一下当时的视频，请注意福山先生听我这番话时脸上的表情。

我这个观点自己还没有写出来。我正好和福山教授的观点相反，我认为不是“历史的终结”，而可能是“历史终结论的终结”（the end of the end of history）。从人类大历史的角度来看，西方这种制度在人类历史上可能只是昙花一现。为什么这样说？往前推2500年左右，当时在雅典有一些很小的城邦民主制度，最后被斯巴达打败了，之后2000多年“民主”这个词在西方基本上是一个贬义词，大致等同于“暴民政治”。近代西方国家在完成现代化之后，开始引入“一人一票”这样一种民主制度。

这种民主制度发展到今天，我觉得有几个大的问题实在解决不了。第一个就是它基本没有“人才”的观念。只要是选上来的，谁治国都可以。这个问题就很严重了，像美国这样的国家也承受不起，小布什一弄就是8年，这样的损失是很大的问题。第二个问题是福利永远只能往上走，永远下不来。像中国这样进行银行改革、国企改革是不可能的。第三个问题是社会越来越难以整合。过去的西方发达国家还可以整合，大家用票决制，一方拥有51%的票，另一方拥有49%的票，拥有51%的票的就赢。但美国社会现在也是一个分裂的社会，投票输的一方不认输，继续为难作梗。第四个问题我叫作低智商的民粹主义（simple - minded populism）。人们不能为自己国家和社会的长远利益进行考虑，连美国这样的国家今天都面临这样一种危险。

所以，我想起了1793年英国国王乔治三世派他的特使到中国来想要进行贸易，但当时的乾隆皇帝非常傲慢，他觉得当时的中国在世界上绝对是最好的，是十全十美的国家，是历史的终结，不要向人家学习任何东西。结果我们就一下子落后下来。我觉得现在西方很多人也是这样的心态，他们真的可以到中国来好好看一看，观察一下中国如何在三十多年间不停地进行改革，有些改革虽然很小，但是不停地在进行。

西方觉得它的制度还是最好的，实际上这个制度问题越来越多。西方民主的发源地，希腊，已经破产了，英国的财政债务占GDP的90%，也接近破产了。所以今天我们总理正好访问英国，准备投资，英国人就非常高兴。

关于美国，我自己作了一个简单的计算。“9·11”袭击损失了1万亿美元，两场不聪明的战争损失了3万亿美元，金融危机损失了8万亿美元，美国现在的债务是10万亿到20万亿美元。换句话说，如果没有美元国际货币垄断地位的话——这个地位也不是永久的——美国这个国家就已经破产了。

我曾经在一个演讲《中国人，你要自信》中提到我们跟英国学者有过交流。那是在2014年，他们质疑我们的政治制度，我当时就说我们可以竞争。但我没有想到英国衰落得这么快，从2016年脱欧公投，到最近英国新首相特蕾莎·梅要冒险搞中期选举，结果是悲剧性的。实际上英国存在很多问题，而且民粹主义越来越严重，也付出了很大的代价。我跟英国学者说，我真是替你们担心，我非常郑重地向你们推荐中国的协商民主模式。因为其实赞同和反对脱欧的支持率差距很小，在这个情况下不适合公投，而应该协商。再这样公投下去，十年后大不列颠可能会变成“小不列颠”。

我预测西方今天这个民主模式可能只是人类历史长河中的昙花一现。这个预测是否准确有待证明。我曾经多次撰文分析过西方政治制度的基因缺陷，今天时间有限，就不多阐述了。我相信我的预测将经得起历史检验。

第五个预测是关于现代化是否会导致文化趋同。

西方政治学有一个主流观点，随着全球化、自由化的发展，世界各国的文化会走向趋同，从生活习惯（如喝可口可乐、吃肯德基）到政治追求（如追求自由民主）。但我认为不是这样的。这不是我们论坛所讲的“文明圆融”，而是西方唯我独尊的神教传统。世界上只有我掌握真理，你必须放弃你的文化传统，接受我的文明。在与西方打交道的过程中，我个人认为恐怕要通过交锋，才能实现更好的交流。

下面再放一段当时辩论的视频：

现代化导致文化趋同，这是西方政治学的一个观点。但从经验角度来分析的话不一定靠得住。以中国为例，大家都以为中国人都在忙着现代化，忙着赚钱，突然前两年有一首歌叫《常回家看看》，大家都在里面找到了感觉，这是非常具有中国文化传统的歌，美国人是不会唱的。中国文化传统的核心是家的概念，中国人会为家庭付出不知道比美国人多多少倍的牺牲。换句话说，不管现代化发展到什么程度，一个民族文化的精髓、核心是不会改变的，也不应该改变，否则世界就变得非常枯燥了。特别像中国这样一种强势文化，怎么改变得了？一个是麦当劳文化，一个是八大菜系文化，两者是完全不一样的。它不可能征服你，而你要想办法收编它，这是我的一个基本的看法。

我很欣赏英国政治哲学家埃德蒙·伯克，他的观点一贯是，任何制度的变更一定要从自己的传统延伸而来。我觉得，我们之所以尊重自己的文化，核心是文化底蕴的背后是智慧。智慧不等于知识。我们今天的知识比起过去不知道增加了多少倍，今天小学生的知识可能都超过了孔子，超过了苏格拉底，但是智慧并没有增长多少。我有一个善意的建议，但我想福山教授不会接受。您讲的现代政治秩序的三个要素——国家、问责制和法治，恐怕还要加上一个“某种智慧”。比如说，美国打了这么多仗，从战术上来讲，是赢的，但从战略上讲，几乎都没有赢，实际上，某种程度上是智慧的问题。越南战争是这样，阿富汗战争是这样，伊拉克战争也是这样，所以我觉得恐怕要更多地强调一些智慧的原因。

不久前我去德国讲课，一个德国经济学家跟我讲了一个故事，说最近默克尔总理问他，为什么德国没有世界一流的经济学家、没有诺贝尔经济学奖获得者？德国的经济学家说：总理，你不要担心，有一流的经济学家，就不会有一流的经济了。换句话说，是经济学出了问题，出了很大的问题。在西方产生的社会科学中，我觉得经济学可能是相对而言更接近真理的科学，因为它最接近自然科学，什么都可以用数学模式来表示。坦率地讲，我觉得西方延伸出的很多社会科学，如政治学，跟经济学相比恐怕离真理更远。所以，我们要大胆地探索话语的创新，这点我跟福山教授是一样的，他现在也在冲破传统的西方政治学的范围，从他这本新书就可以看到，他是用人类学、社会学、经济学、考古学等综合地来探讨。我觉得这种努力很值得肯定，我也非常尊重，尽管一些观点我不完全同意。当然我自己也好，我认识的朋友也好，我们想做的事情是走得更加远一点，我们确实是在质疑整个西方的话语体系。我们觉得在这样的努力中，并不是要证明我们怎么好、西方怎么差，也不是希望西方证明他们怎么好、我们怎么差。我是觉得我们需要一种人类社会的努力来解决现在世界面临的巨大挑战，从消除贫困问题，到文明冲突问题，到气候变化问题，到城市化带来的弊病等新的问题。西方的智慧确实不够用了，东方的智慧应该做出自己的贡献。

我这番讲话中有两点，请大家特别注意。

第一点，我说中国文化是八大菜系文化，美国文化是麦当劳文化，两者是完全不一样的。它不可能征服你，而你要想办法收编它。这就是我们今天讲的文化自信。麦当劳文化有其长处，如标准化制作、统一的中央厨房、明亮欢快的色彩等，但麦当劳文化就是麦当劳文化，它的深度、广度和厚度是无法和八大菜系文化相比的。中国是一个文明型国家，它是世界上连续时间最长的古老文明与一个超大型现代国家的结合。

中国任何一个成功之处，包括中国模式的主要特点，后面都有数千年文化的积淀，同时又借鉴了其他文明的长处，所以它一定是超越西方模式的。一个文明型国家的崛起有其特别的规模效应，今天的中国事实上正在重新界定什么是现代化、什么是现代性、什么是民主、什么是良政。

第二点，福山先生认为现代政治秩序需要三个要素——国家、问责制和法治，我建议他再加上“某种智慧”。如果说今天他来问我，“某种智慧”指什么，我大概会这样回答：21 世纪的政治制度竞争大概主要看三点，这也是我对中国模式的一种总结。

一是看一个国家有没有一个能够代表人民整体利益的政治力量。如果这个国家有这样的力量，胜出的可能性就比较大，如果没有，走衰的可能性就比较大。坦率地说，中国有，而美国已经没有了。

二是看一国经济能否既发挥好市场的作用，也发挥好政府的作用。使市场的作用和政府的作用有机地结合起来，经济才能真正成功。单靠市场经济，或单靠政府的作用，都无法真正成功。

三是看一个国家是否有足够的整合能力和改革能力。在 21 世纪一国面临着对整合能力和改革能力的挑战，没有这样的能力，社会将是分裂的，体制将是僵化的。世界各个国家都需要改革，而真正能够推动改革的国家好像只有中国和其他几个为数不多的国家。

正是基于以上三点的比较，我更看好中国模式和中国话语。

张维为　复旦大学特聘教授、复旦大学中国研究院院长、国家高端智库理事会理事、上海春秋研究院资深研究员。曾任牛津大学访问学者、日内瓦外交与国际关系学院教授、日内瓦大学亚洲研究中心高级研究员和国内多所大学的兼任教授。

全球化与逆全球化——历史与展望

樊　纲

非常感谢海航集团邀请我们参加这样一个活动，不仅邀请了我个人，还把很多学者请到一起，让不同学科之间有着更多的碰撞。举办这样的活动也是海航的传统，不知道陈总是否记得，二十年前在海口的改革研究院办学习班，开场嘉宾是我和陈总，学习班的主题大概是民营企业发展产权。当时的民营企业主要还是个体户，很小的企业，我讲了很多个体户的事情。

到陈总发言时，第一句话是："樊教授把我们海航当个体户了。"海航肯定不是个体户。如今海航发展壮大，二十几年前的规模和现在没法比。这二十几年来中国的发展和海航的发展得益于全球化，所以今天有机会在这里讲一讲全球化的问题，思考一些平常不太思考的问题，和大家一起讨论。

全球化是现在大家热议的问题，世界上出现一些逆全球化的趋势，而中国正在"走出去"，正在高举全球化的大旗。其中的各种问题，我倒着来说。全球化从很早就开始，但我想首先讲当前的全球化，其次是回顾一两百年前的那段全球化，之后再追溯历史上的全球化。我采用中国经济学家的视角，在分析的过程中看我们所处的地位、我们曾经起到的作用和没有起到的作用。认识全球化的进程，认识我们在当中扮演的角色，认识我们需要做的事情。

先说现阶段的全球化进程。"二战"以后全球化开始，殖民地独立后，发达国家继续推行自由贸易和自由投资的政策，跨国公司在全世界取得了很大的发展。

1990 年苏联解体，被认为是真正的全球化。以前当苏联有东欧这样一个集团时，波罗的海那头都是东欧，西方人不认为他们实现了全球化，苏联解体使得他们认为他们正在做的事情才是真正的全球化。中国也已经改革开放，于是西方各国大力推进全球化，发达国家是全球化最大的推手。之后又推动资本和技术的自由流动，但是不包括劳动力的自由流动。当时在国际上开会辩论这件事情，结论是唯独劳动力不可以全球化。西方国家以这样的方式保护本国的工人，工人们也认为这样的全球化对于他们是有利的，因为他们并没有受到直接的影响。劳动力不能全球化，不能自由流动，因此西方国家的共同利益是全球化。资本走出去，跨国公司挣更多的钱，提高本地工人的收入，整体基本上实现了全球化。

近些年，大家看到全球化确实对发达国家的就业和收入产生了影响，跨国公司的收入越来越高。确实，发展中国家的发展得益于跨国公司在全球的资金、资源配置以及生产链的全球配置，一批就业机会转移到发展中国家，发展中国家在当中获得了发展，于是就形成了现在利益全球化的思潮。如今发达国家工人阶层的规模已经到了能选出一位代表他们利益的总统的程度，这种势力变得非常强大，这就是现在所说的逆全球化格局。

那么问题在于，全球化会不会倒转，会不会出现一些国家大张旗鼓地采取一些反全球化、反自由贸易、反自由投资的政策？

我个人认为，可能性很小。全球化不可逆转，原因是什么呢？大家想想，是谁在推动全球化。最早我们说是发达国家的资本力量推动全球化，跨国公司推动全球化，现在仍是这样，没有一个跨国公司反对全球化，大家都想继续推动全球化、继续在全球配置资源。大家都说特朗普是商人，他要从各种角度去思考这个问题。对于美国企业、对于跨国公司来讲，推行全球化的动力不会少。与此同时，和三四十年前不一样，现在在发达国家资本的力量之上，又多了两个推动全球化的力量。第一个是发展中国家，即新兴市场国家。这些国家从过去三四十年的世界经济变化中看到了全球化的好处；全球化开放贸易和投资，引进跨国公司和外资，促进了这些国家的发展。因此，现在全世界的新兴国家基本上都支持全球化。

推动全球化继续发展的第二个力量是中国，或者叫作新兴中等强国。我们还不是发达国家，我们仍在发展过程中，因此，我们就处在两个利益之中。第一个利益是中国仍是发展中国家，仍需外资引进。外资引进的不仅是资本，更重要的东西是知识。现在经济理论的一个重要进展是认识到了知识的外溢作用，即知识本身会产生知识，知识会外溢，是新增长理论的基石。发展中国家缺知识怎么办？我们开放、引进外资、派留学生去学习，让知识外溢到我们这里。因此，作为发展中国家，需要继续引进资本来获得这种外溢。我们仍然和发展中国家一条阵线，希望推进全球化。

与此同时，中国发展40年后的今天有了一个新的情况，就是我们被称作资本富裕国家。中国的人均GDP仍然很低，现在是8000美元左右。但是中国的储蓄率很高，2007年时达到51%的高峰，这些年一直保持在46%～47%。我们努力提高消费、降低储蓄，仍有40%的高储蓄率。为什么我们突然有钱了？有人说我们钞票印多了，但是钞票印多了应该贬值，应该通货膨胀，而人民币并没有贬值多少。西方当年储蓄率也高过，但是没有这么高。高储蓄率意味着消费率很低，只有50%的收入用于消费，最终需求很少。继续把储蓄投资在国内经济中，必然会导致产能过剩。那这些储蓄该怎么办？有两件事情可以做。

第一是投资一些金融资产。最突出的就是前几年的官方资本输出，输出在美国的国债上，利率很低，但是流动性很好，比较稳健。

第二是投一些到国外的实体，包括购买股权、兼并收购、提升研发能力等。政府有很多钱，但不能购买风险资产，那么政府可以投资在其他国家的基础设施建设上，即为“一带一路”倡议的经济学论证。为什么有“一带一路”？为什么“一带一路”经济可行呢？因为中国现在的储蓄率太高，我们成了资本输出国，一方面，国家建设“一带一路”，另一方面，企业要走出去，这是我们新的国际化、新的跨国公司形成的过程。

因此，我们现在成了全球化的推手、全球化的冠军。第一，我们需要资本流动到我们这儿来。第二，我们的资本要流出去，我们也要到全球去发展。三四十年前，只有发达国家、跨国公司在推进全球化。现在逆全球化的势力在发达国家发展，但是现在推动全球化、在全球化中获得利益的群体有三种，而不只是过去的一种。30 年前，发展中国家也很犹豫，要不要让资本进入。那时没有新兴中等强国，我们成了资本的流入地。因此，基本结论就是全球化的趋势会有波动，但不会逆转。

现在如果特朗普发动贸易战，采取真正的贸易保护主义政策，这是逆全球化。他的很多其他政策，大家觉得是逆全球化，要把美国资本“吸回去”。其实不然，他的很多政策是想在全球化竞争中多分一杯羹。就像我们想在全球化的竞争中多获得一些资产和资本投入、多发展一些企业一样。我们的政府给了外商那么多优惠条件，现在特朗普反过来要给去美国的公司更多的优惠条件，如减税、基础设施建设等，吸引更多的资本回到美国。这些从原则上来讲不属于保护主义，属于竞争性政策。我们也可以到他们那里去，到他们那儿投资属于全球配置，属于“走出去”，属于我们希望的全球化的进程。

中国这样的一个新兴经济体到了资本过剩的阶段，在发展过程中与世界产生了一些矛盾，这种现象在历史上其实也发生过——100 ~ 150 年前发生的事情。当时的欧洲国家内部先增长，然后也出现了高储蓄率的情况，到了资本输出的阶段，于是出现经常性的经济危机，出现产能过剩，然后一轮一轮地砸机器、倒牛奶等。这个时候企业开始要走出去。当时这些国家在资本、技术进步的驱动下，要求到世界各地投资，便开始争夺世界各种资源，直到 20 世纪初的世界大战。这不是战争的直接原因，但相互之间都有殖民地的利益问题。现在回过头来想，当年欧洲国家都经历过这个阶段，资本需要走出去。

当时很多学者都对这个现象进行了分析，最终都归结于储蓄率高、投资率高、国内最终需求少。因此，必须扩大市场、投资领域以及资源配置的范围，即资本走出去的过程。

那个时候开始有工人阶级反对全球化的资本发展。一方面是工人们抗议贫困和收入差距拉大，另一方面是反对自由贸易，这就是19世纪中叶第二次法国大革命期间发生的事情，《共产党宣言》也在那个时期发表。所以说，逆全球化的思潮也曾出现过。当时提出“全世界无产者联合起来”的口号是有一定意义的，他们反对的是资本家，不是反对互相的就业机会。多年之后大家发现，把全世界的无产者联合起来是一件很难的事情，把资本家联合起来则相对容易些。

之后到了极端的情况，即经济大萧条。投资过度，最后变成危机，形成了1929年大危机和20世纪30年代的十年大萧条。世界GDP在10年间减少了50%，1929年挣1000美元，到了1939年只挣500美元。当时的主要现象是世界贸易大缩水，全球化大逆转。我卖不出东西，我就不让你到我这儿卖东西；你不让我到你那儿卖东西，我也不让你到我这儿卖东西。恶性循环，最后世界贸易几乎为零，更极端地产生了纳粹这样的极端排外主义思潮，引发第二次世界大战，这是真正的全球化逆转。

当时全球化逆转有很多原因，大萧条只是其中之一。但是对比当时和现在的情况，2008年发达国家也出现过大的金融危机，大家都承认比1929年的危机还要严重，可为什么没有出现逆转的情况？20世纪30年代后有了宏观经济学，可以分析这些问题，吸取教训。除此之外，还有一个重要的原因：那个时候没有发展中国家、没有新兴市场在全世界范围里拖住世界经济增长。新兴经济体在危机中也受到了影响，但毕竟还是在不断增长的。我们也在调整，但中国经济仍然以6%的速度增长着。

所以，我们现在出现一些逆转或思潮，出现一些新的理念、新的运动等，其实也都是重演某些历史，因为经济有自然的逻辑，有了高储蓄率后就会产生一些情况。如果高的储蓄没有及时到世界各地去，遇到了世界经济萎缩，那么结果就会不同。这就是我们讨论的前一阶段的全球化问题。

接下来我们再回溯一下全球化的起点。全球化从什么时候开始，中国在其中扮演了什么角色，我们讨论的目的就是看我们将来应该怎么做。

哥伦布发现新大陆，标志着全球化的开端。我专门 写过一本书，《1493》。大家仔细想想全球化的进程，发现新大陆、建立殖民地、推广文化等，都是西方国家在做。中国在当中没有起到什么作用，而且是被动变成了殖民地半殖民地。西方国家用炮舰敲开中国的大门，我们是被全球化的过程。为什么？没技术？郑和下西洋是在 1400 年前后，哥伦布航海是在 1500 年前后，我们比他们先进 100 多年，我们的船比他们的大，但是我们为什么没有继续，没有发现新大陆、占领新大陆，甚至最后连造船的图纸都烧了。更广义的一个问题是，为什么历史上西方国家都在四处征战，而中国人一直没有走出去？改革开放之初有一个电视栏目说中国没有蓝色文明。我们也有海，但是我们没有蓝色文明。我们可以从大陆上走出去，成吉思汗已经打到西欧大陆了，可我们为什么没有从海上走出去？当年我看这个栏目时想，为什么我们非得有蓝色文明才能全球化、才能开放？讨论这个问题对于理解我们自己、理解世界的变迁以及提醒我们今后该怎么做都是有好处的。今天从经济学的角度，我们必须得有一种制度逻辑来解释，历史上哪种制度决定了当时的中国人就是那样一种走不出去的行为方式，或者不具备走出去的能力和动力；为什么我们可以搞一些附属国，但始终没有去扩张，一直在保卫自己的家园。汉武帝时期开始扩张疆土，首先是保卫自己，后来又缩了回来，到康乾盛世又进一步扩大。但总的来讲，我们为了保卫自己，走出去建立一些缓冲区。决定行为方式的因素大概有两种，一是宗教意识形态，二是利益。中国历来没有形成宗教的统治，也没有形成自己的宗教，主要宗教都是外来的。这个因素大概解释不了这个问题。因此要看我们的制度，为什么中国人扩张没有利益。有很多因素可以解释。首先，我们地域广大，不必向外扩张。但我们常有灾荒和饥饿，为什么会觉得有这块地就够了。其次，我们是农耕民族，农耕民族不太容易走出去。肯定还有很多因素决定了当时中国人的行为方式，但是今天我想提一个还未发表的假说，大家一起思考，看看能否解释当时中国在全球化进程中未起到作用的部分原因。郑和下西洋不是扩大疆土，而是表示友好，宣传我们有一个中央王朝，如何富庶、如何强大，其他各国可以派使者进贡。我们为什么只做了这些而没有去开疆扩土？为什么最后连船的图纸都烧了？

西方社会从君主到一般家庭，都是长子继承制，土地不可分割，如果把土地分给几个孩子，土地就散了，家族事业也就分散了。而中国，皇权当然是不能平均分配的，只能一个人做皇帝。君主争来争去，世界各国都存在。但中国的一般家庭不是长子继承制，他们相对平均分配资产，每个男性子孙都有相对平均的继承权，所以不管多大的产业，几代人一分，越分越小。不知道大家是否记得刘宝瑞有一段相声："一切平分，绝对平等，三个儿子分到最后剩一分钱、一个铜子。怎么办？买了一把蚕豆，一人分几个蚕豆，把这一分钱给分了，分到那么细、那么碎。"所以，中国有这样的期望，通过家庭内部分配资产获得自己的资产、财产和利益。权力传承这件事是非常大的事，对一个国家、一个企业而言也是如此。当年凯撒当选了行政官、独裁官，但觉得还不够，想当皇帝，想把权力传承给自己的孩子，从而引起很多愤怒。袁世凯也是，他的儿子想继承权力，他自己十分后悔。继承权是很大的事，企业能不能做大取决于最后的传承。说句实在话，我觉得中国最大的事情是传承，不是说下一届政府的人事，而是关系到下下届的传承问题。日本也是长子继承制，这一制度导致了什么结果呢？在这些实行长子继承制的社会里，有一批受过良好教育但没有财产的男性子孙，成为骑士或浪人，只有走出去拓疆掠土，他们才能得到自己的财产。再看欧洲的小说，那些走出去置产业、发展的，都是在欧洲大陆没有财产的。是否需要经过打仗才能走到那一步是另一回事，不一定非要打仗。无论如何，这批人受过良好的教育，他们知道世界是怎么回事、财产是怎么回事。

而中国呢？我们形成了内斗的文化，家族产业很难持久，而且没有形成一个既有动力又有能力的对外扩张。我这里说的对外扩张是中性词，就是走出去。社会上的制度主要是为了保护现有资产，国家军队也是为了保卫疆土不受别人侵略，但没有走出去的意识，没有思考全球化的意识，这是一个重大的差距，当然，这个差别只能解释历史。18 世纪以后，公司制度的形成使得对财产制度完整性的担心逐步消失。公司制度的一个重要优点是，不管之后的股权如何转手和交易，公司本身的运作是完整独立的，隔离了与股权之间的关系。公司可以发生人事变迁、股权变迁，但是依然能继续运转。现在已经不需要用武力手段扩张疆土来实现全球化，而可以通过资本运作、兼并收购，这同样也是因为有了公司制度。

因此，并不是说要用长子继承制来解释今天的全球化，而只是想回顾一下历史。回顾历史有什么作用？这关乎大家常说的文化的概念。从经济学角度，我们不太用文化来解释事情，因为我们觉得文化本身需要解释。因为历史上曾经发生一些事情，为文化沉淀了一些基因，才有了我们现在的想法。多年来，我们习惯于在内部寻找解决方案，不习惯走出去的双赢规则，可能会影响到我们现在的行为，影响我们走出去理解世界的努力，影响我们利用公司制度、利用西方的一些制度来拓展资源配置范围和领域。

此外，中国发展起来之后会不会称霸，会不会扩张？对此我有一些想法，中国不会称霸，不会武力扩张，历史上曾是这样的。我们的文化是和谐的，但不能担保未来不是这样，不能担保两届政府后，中国发展到一定程度会做什么事情。但有一点可以讲，从历史传承的文化基因角度来讲，我们变成侵略者的概率会低一点。

综上所述，西方人历来主导了全球化，我们需要回过头来思考，我们怎么办、下一步在全球化进程中起什么作用。全球化不可逆转，企业的全球化是主要的动力，技术越进步各国之间的差距越小，最终会出现趋同。在这个过程中，不管是国家还是企业，要克服过去内斗的思维方式，思考怎么更好地面向全球，更好地看到外面的机遇和市场，更好地看到走出去可能带来的各种问题。我们需要认真地学习、分析和了解将要走出去的地方，国际的文化、制度、法律，做生意的各种方式，各种宗教、文化之间的关系等。

因此，在全球化是否会逆转这个问题上，我个人是比较乐观的。中国企业刚刚开始进入一个作为全球化推进者的阶段，未来应该说充满着希望。在这儿我和大家讨论，也是求教于各位学者和企业家，全球化的不确定性不只是源自经济方面，而是各个方面的。中国的文化是实用主义，没有信仰宗教的历史，但是西方和中东之间的宗教冲突给世界带来了巨大的问题，里面也掺杂着大量的利益。同时，现在西方社会讨论全球化带来的风险等，很大程度上也与这个问题有关。这也是中国走向世界、企业“走出去”时不可推卸、不可避免的一层关系。对于这些冲突热点，中国怎么履行自己的国际职能，怎么为全球的和平稳定做出贡献，都是值得我们思考的问题。

书生之见，仅供大家参考，谢谢大家！

樊　纲　经济学博士，北京大学（汇丰商学院）经济学教授，中国社会科学院研究员，主要研究领域为宏观经济学、转轨经济学和发展经济学；任职中国经济体制改革研究会副会长、国民经济研究所所长、中国（深圳）综合开发研究院（国家高端智库）院长、中国人民银行货币政策委员会委员。

世界经济科技大变局（1990—2030）

胡鞍钢

从世界范围来看，至少发生过三次全球化。第一次全球化是从1870—1913年，不过中国错失了这次机会。第二次全球化是1950—1990年，中国由于自我封闭，加上美国和西方的封锁，也错失了大部分时间，直到改革开放之后，才从全球化的边缘者成为参与者。第三次全球化是从1990年到现在，以苏联解体、冷战结束为标志，中国成为这场经济全球化的参与者，同时也是最大的受益者。今天的中国，已经从世界舞台的边缘走到了世界舞台的中心。因此，中国发展的机遇，就是世界发展的机遇，而世界的发展机遇，就是推动中国进一步发展的机遇。下面，我就“世界经济科技大变局”这个主题作一些介绍。

世界格局变迁的主要表现是什么？经过了什么样的发展阶段？世界格局的发展又出现了哪些重要的特点？世界格局变迁对于中国乃至其他国家的发展有什么重要的启示？

对此，我们先后作了两次研究。第一次研究是在2011年，出版了《2030中国：迈向共同富裕》，主要研究2030年的中国与世界，首次将世界划分为南方国家和北方国家，对世界格局作了一个初步的探索。当时使用的是购买力平价（1990年国际美元）的数据。

这次是我们的第二次研究，主要是对世界格局的变迁作了进一步分析和讨论，包括经济、贸易、投资、科技、能源利用等方面。由于时间关系，我就从经济、贸易、科技三个方面勾勒世界发展的新格局。

一、世界格局的变迁

从世界经济发展的角度来看，这是一个基础性的大变迁，因为它的变迁会影响到贸易、科技、能源、文化等各方面。在第二次世界大战之后，世界经济的增长率大体上是5.3%，经过65年的增长，世界的经济总量增加了9.5倍。尽管20世纪以来出现过若干次经济危机，但以100年为尺度来看，全球进入经济增长的大趋势，包括贸易增长的大趋势，经济全球化的大趋势没有发生根本改变。

根据世界银行的数据库，我们对100多个国家进行了国际比较。第一部分是按照南北国家来分类，对1990—2015年作一个实证分析。第二部分是对2015—2030年作一个基本的展望。

首先，从世界发展的历史来看，1820年，北方国家与南方国家的GDP是“三七开”，北方国家的GDP占世界的29.7%，南方国家的GDP占世界的70.3%；北方国家和南方国家的人口数大体上是“二八开”，北方国家的人口占世界总人口比重不到20%，南方国家的人口比重超过了80%。到了1950年，北方国家和南方国家的经济格局发生了比较大的变化，大体上变为“六四开”。1990—2000年，南方国家的GDP占世界的比重突破了40%。到了2010年，南方国家GDP的比重进一步提高至51.2%，北方国家则降至48.8%。

从南方国家的主要国家来看，特别是中国，1990年中国的GDP仅占世界的3.7%，到2015年提高至17.3%。另外引人注目的是印度，从1990年的3.3%，提高到2015年的7.0%。从全球范围来看，欧盟、美国、和日本所占比重都是持续下降的。可以得出一个基本结论，南方国家已经进入经济起飞阶段，包括非洲地区等。我们最关心的是未来十五年，我们估计，到2020年，南方国家的GDP占世界的比重将达到58%，接近60%，到2030年将会突破60%，形成“四六开”的世界经济格局。南方国家的经济增长成为世界经济增长持续、稳定、协调、发展的动力。

从经济增长贡献率的角度来看，21 世纪的第一个十年，南方国家对世界经济增长的贡献率大约为 68.7%，接近 70%，而北方国家降到 30%。2010—2015 年，南方国家对全球经济增长的贡献率已经高达 3/4，北方国家的贡献率降至 1/4。按照这样的趋势，南方国家对全球经济增长的贡献率还会越来越大。

由此可知，根据安格斯·麦迪森的数据，从 1820 年到 1990 年，是“南北大趋异”的时代，但是进入 21 世纪以后，开始进入“南北大趋同”的时代。

从货物贸易的角度来看，1990 年，南方国家的货物出口占全球的比重不到 25%，到 2015 年超过了 40%，但还是低于北方国家的比重。北方国家在全球市场上长期处于垄断地位。特别是欧盟，1990 年占世界出口的比重高达 45.3%，再加上美国的占比 11.3%，二者超过了 55%。1990 年，北方国家占世界出口的比重高达 2/3，但是 2015 年，该比重降至 60% 以下。从这个趋势来看，到 2030 年，南方国家会成为全球化最大的受益者。因此，中国推动南方国家的贸易自由化、投资自由化以及服务贸易便利化等，既符合世界之潮流，又符合南方国家的切身利益。

二、21 世纪：大趋同时代

全球经济格局的变迁形成了大趋同的趋势，从经济总规模趋同，开始进入到人均收入水平的趋同。人类发展指数（HDI）水平一直呈现趋同的趋势，南方国家和北方国家的 HDI 差异系数不断下降。因此，从人类发展来看，人类可能第一次出现了趋同的趋势。早在 21 世纪初，联合国就提出了千年发展计划（MDG），到 2015 年基本实现了这个目标，中国和印度做出了重要的贡献。2015 年，联合国又进一步提出可持续发展目标（SED），到 2030 年消除基本贫困或者说绝对贫困。绝对贫困的定义有两个标准：一是人均每日支出低于1.9美元，这是低标准；二是人均每日支出低于3.1美元，这是高标准。1981—2013年，中国的这两个标准下的贫困人口都在消减，而且是世界最大规模的消减，推动了全球实现MDG目标。如果今后实现了SED目标，人类就可能在21世纪终结绝对贫困。

世界创新格局的变迁，可能是21世纪以后出现的世界新格局。从科技贡献的角度来看，科技创新始终是由北方国家主导。1990年，南方国家的本国居民专利申请量占世界总量的比重仅为2.9%。南北国家之间的差距不仅是经济发展和发展水平的差距，而是知识本身发展水平的巨大差距。到2000年，南方国家的这一比例仍没有超过10%。令人惊喜的是，2015年，这一比例突破了50%，其中中国做出了巨大的贡献。1990年，中国本国居民专利申请量仅占世界总量的1.1%，到2015年增长至46.8%。此外，北方国家的绝对主导地位开始下降。我们预计，南方国家将成为重要的科技创新的主体，尤其是南方国家的教育水平的发展，特别是高等教育水平的发展，使南方国家能够后来居上。到2030年，北方国家和南方国家可能形成“三七开”的格局，南方国家上述占比达到70%，北方国家降低为30%。其主要原因与科技的投入有关，因为这场国际金融危机，北方国家不仅GDP、贸易额占世界的比重大幅度下降，而且研发投入占比也在大幅度下降。2000年，北方国家的研发投入占全球比重高达66.3%，到2015年下降为49.0%，其中原来作为主要的研发投资国的欧盟国家，2015年占比降至15.3%，美国降至20%。此外，高科技产品等方面的科技市场，无论是发明专利还是研发投入，印度等国家在高技术制造业、高技术服务业等方面，有望异军突起。

三、世界格局的展望

从1820年到今天，近两百年的发展过程中，无论是经济全球化还是经济格局、贸易格局，大体上分为三个阶段：

第一个阶段是19世纪初到20世纪中叶，形成了整个北方国家率先经济起飞、率先工业化、率先推动全球化的格局。

第二个阶段是第二次世界大战之后，仍然以北方国家为主导，不过随着中国、印度等国家的工业化、城镇化以及全球化，带动了整个南方国家的兴起。但是仍然处于南北国家大趋异的时代。

第三个阶段是2000年以后。进入21世纪，这个大趋势就开始出现了逆转。随着南方国家的迅速崛起，北方国家受到国际金融危机的严重打击，进入了南北大趋同的时代。我们估计，这个时代至少可以持续到2030年。

由此，世界格局的变迁趋势可以简单地概括为几点：

一是以中国等为代表的南方国家呈螺旋式上升发展，世界各国势力此消彼长，确切地讲是北方国家消，南方国家长。

二是正确认识和把握中国及世界发展的战略机遇期。2002年，党中央首次提出20年的战略机遇期。什么是战略机遇期？能不能抓住战略机遇期？能不能用好战略机遇期？应当说，中国的确紧紧抓住了这一战略机遇期并大有作为。

三是如何造势。在过去十几年的时间，发生了各种危机和挑战。因此，如何看待繁荣的机遇和危机的机遇？越是有危机，对中国和其他南方国家而言，越是机遇；在危机的过程中，其他国家（特别是北方国家）比中国还要困难。所以竞争取胜不仅是在繁荣时期，更重要的是在危机时期。2008年以来的实践证明，国家如此，企业亦如此。

四是要主动创造和延续发展的战略机遇期。发展的战略机遇期越长，中国发展空间的回旋余地就越大，在应对各种挑战和危机时也会更加成熟、更加从容。中国已经从世界的边缘走进世界舞台中心，扮演着越来越重要的角色，我们必须要创造机遇、趁势而上，全面参与全球各类体系，包括经济体系、标准体系、商标体系等，消除世界经济格局的不平等、不合理，不断地积小胜为大胜，最大限度地利用世界格局中的有利条件，将中国的机遇转变为世界的机遇。

胡鞍钢　清华大学公共管理学院教授、博士生导师，清华大学国情研究院院长。从 1985 年起，参加了由周立三院士领导的中国科学院国情分析研究小组，并作为其中的主要研究人员，系统地从事中国国情研究，是这一新领域的主要开拓者之一。另兼任国家“十一五”“十二五”“十三五”规划专家委员会委员、中国经济 50 人论坛成员等社会职务。

“一带一路”重构中国人的世界观

王 文

2017年成功举办“一带一路”国际合作高峰论坛是中华民族伟大复兴进程中的重大节点事件。作为新中国成立以来第一个引起全球响应与广泛追随的中国倡议，“一带一路”实实在在地反映了中国日趋崛起的软实力，更折射了中国在全球与日俱增的吸引力、号召力。诚如笔者在峰会现场听到一位西方大国的前政要所说，“这是‘二战’以来除联合国会议之外规模最大的全球峰会，对世界格局的变化的影响是深远的。”不只是对世界格局、中国实力意义重大，“一带一路”对中国普通民众世界观改变的意义同样巨大。① 中国人的世界观真正实现了“全球性”，中国人也进入了“全球公民时代”。

在“一带一路”倡议中的“民心相通”的良好基础上，在“一带一路”国际合作高峰论坛开幕式主旨演讲中，中国国家主席习近平顺理成章地第一次系统地公开论述“一带一路”的未来，即要坚持以和平合作、开放包容、互学互鉴、互利共赢为核心的丝路精神，携手推动“一带一路”建设行稳致远，将“一带一路”建成和平、繁荣、开放、

---

① 近年来对中国人世界观变化的研究论著主要有：罗志田．走向世界的近代中国：近代中国人世界观的思想谱系［J］．文化纵横，2010（3）：26－33；欧树军．重回世界权力中心的中国［J］．文化纵横，2013（3）：95－100；任剑涛．走向理性：近代以来中国世界观的嬗变［J］．中央社会主义学院学报，2017（2）；黄宗良．中国所倡导的世界秩序观［J］．人民论坛，2009（21）；楚树龙．中国的世界观和外交战略［J］．国际展望，2006（4）．

创新、文明之路，迈向更加美好的明天。[①] 其中，“开放”一词恰恰是基于中国人逐渐形成的全球性世界观理念，精准地回应了当下世界出现的逆全球化、保护主义等消极现象，让国际社会感受到“一带一路”的积极效应。回顾“一带一路”建设推进的四年，中国用实际行动表明秉承开放的理念，使得“建设更加公正更加合理的世界”不仅仅是口号，更是务实的行动。我们有理由相信，在“一带一路”倡议下，中国诸多实际举措，将塑造全球开放的新格局。

一、经过近两百年，中国的世界观拓展至“全球”

从中外相互学习与互动的历史延承看，1840 年以后，中国人的世界观大体有四次实质性的拓展，每一次拓展伴随着下一轮进步汲取的教训，与此同时，中国进步也助推了中国社会的自信。[②] 在 2013 年以前，中国与世界的互动尚未呈现真正的“全球性”、“对等性”，而“一带一路”的进展使中国的世界观从此前“向西方学习”，逐渐变为“与世界分享中国经验”。

第一轮世界观拓展期可称为“睁眼看世界”期，即以清末思想家林则徐等为代表，破除原有的“天朝上国”、“华尊夷卑”的观念，向欧美国家学习。当时最石破天惊的莫过于 1842 年清末思想家魏源在《海国图志》一书中提出的“师夷长技以制夷”。这可谓是近代中国向西方学习的思想起源，对后来的洋务运动、维新变法和辛亥革命都有着极大的推动作用。不过，当时的“夷之长技三：一战舰，二火器，三养兵练兵之法”，更多地强调引进西方的先进工业技术，更多只是希望在军事上抵抗入侵、克敌制胜。那时中国的世界观仍以“天朝”为本，仅仅看到了世界一部分欧美国家先进的技术而已。

---

① 习近平．携手推进“一带一路”建设：习近平在“一带一路”国际合作高峰论坛开幕式上的演讲［N］．人民日报，2017－05－15.

② 罗志田．走向世界的近代中国：近代中国人世界观的思想谱系［J］．文化纵横，2010(3)：26－33.

第二轮可称为“道路选择期”，即在20世纪初中国人以“天朝上国”、“世界中心”自居的心理彻底崩塌，全面转向学习西方，寻找自强之路。1912年中华民国成立，国民政府在治国方略上大量借鉴西方，有的方面甚至全盘复制；同时，1917年俄国十月革命一声炮响给中国送来了马克思主义。此后，中国共产党成立，从另一个维度寻求救亡图存之路，最终在1949年推翻“三座大山”，实现民族解放，建立中华人民共和国。20世纪40年代末，中国“天朝上国”的梦境已苏醒，转而把西方列强视为压迫中华民族的外部存在，中国面临着终结“百年挨打命运”的历史重任。

第三轮是“一边倒的革命期”。鉴于西方对华经济封锁、外交孤立以及美苏两极对峙，新生的中华人民共和国持反对帝国主义的严正立场，坚定地站在以苏联为首的社会主义阵营，全面向“苏联老大哥”学习。此后，中国经历抗美援朝、抗美援越等历史斗争，成功研发“两弹一星一潜艇”，逐渐建立了较为独立、完整的工业和国民经济体系，重返联合国，还主动为“第三世界”民族独立运动给予无私的支持，一度被视为“第三世界”革命领袖，成为冷战两大阵营之外的独立大国。但此时，中国与发达世界的关系整体上是紧张的、敏感的。

第四轮是“虚心向西方学习”期。中华人民共和国成立前30年取了巨大的进步，但一些“左倾”错识也使经济一度陷入崩溃的边缘。1979年前后，邓小平连续访问日本、美国，开启中国领导人访问当时全球两大经济体的先例，向全国传递“动员人们虚心学习，迅速掌握世界最新的科学技术”的信号。虽然当时也支持向原苏东地区、第三世界开放，但改革开放早期主要还是从美国、日本、西欧等国家吸引外资、科技与管理经验。而西方则成为中国人的世界观中主要的学习对象。“言必称西方”的氛围在改革开放早期也相对浓厚。

直到2008年国际金融危机，“西方神话”才逐渐开始走下神坛。而如何向世界全面开放，如何平等地与世界交往，既学习世界，也与世界分享经验，直到2013年“一带一路”倡议提出后，才算是正式破题。

在“一带一路”倡议之前，近两百年来，中国对世界的态度，有一条可循的、螺旋上升的轨迹：由简单学习到全部照抄，再逐渐走向有效学习；由狭隘学习技术到全面复制体制，再逐渐走上中国道路；由极度自负坠入极度自卑，然后逐渐恢复自信。对外学习的有效进程与国力复苏的进程基本吻合，也随之积聚反向输出的力量与蕴能。此前蜿蜒前行的中国与世界互动之路，是历史的必然选择，但也伴随着时代的局限。从思想交流与知识互动的层面看，中国长期处于“逆差”与“赤字”阶段，中国向世界学习的多、输出的少，请进来的多、走出去的少，知识与思想的失衡现象非常明显。当中国成为全球第二大经济体，并呈现出全球最大经济体的预期时，这种失衡状态是不可能继续维系的。于是，历史选择了“一带一路”倡议，使中国第一次在对外政策与全球治理观念上实现了知识与思想的全球输出，开始逆转此前被动的状态。这种逆转折射了中华民族伟大复兴的自豪感。

诚如笔者在某次央视直播点评中所说：“100 年前的 1917 年，中国是‘一战’战胜国，但领土却被列强瓜分；80 年前的 1937 年，中国遭到日本入侵，差点亡国；40 年前的 1977 年，中国经济陷入崩溃，面临被开除‘球籍’的危险；20 年前的 1997 年，中国经济总量还不如意大利；现在，2017 年，中国 GDP 已是意大利的 5 倍。首倡‘一带一路’，全世界主要国家都来北京为中国站台、背书。2017 年是中华民族伟大复兴的重大节点年。”从这个角度看，即便不是“一带一路”，也会有“N 带 N 路”或一个“总”的概念来形容新时期中国的对外合作设想，推进中国世界观的全球共享。

近年来，笔者与所在机构同事在近 50 个国家宣讲，无论是外国官员，还是企业家、学者、社会精英等，都越来越渴求了解“一带一路”的政策背景、思想源起、行为逻辑与未来走向。在这个进程中，中国民众的视野也渐渐从“仅盯着西方”的局限中拓展至真正的“全球”。

二、中国进入“全球公民”时代，在器物、制度与思想上形成了新的开放格局

相当长一段时间以来，一提起“国外”或“世界”，人们脑海中第一反应都是美欧日等国；提起“与国际接轨”，更多指的是与西方接轨。民众出境旅游，多数都往美国、西欧、日韩等国“挤”；国际问题研究也多聚焦西方。这种对发达国家的世界观偏好虽体现了中国人“见贤思齐”的民族性格，但却如前文所言，造成了长期世界观的巨大盲区。现在，“一带一路”建设开始填补了这种心理盲区。

从中国社会知识与思想变化看，“一带一路”沿线正成为新关注点，人们更多地关注西方以外的区域，如中东、中亚、北非、中东欧、拉美等。据统计，截至2016年底，内容涉及“一带一路”的图书超过1000种，涵盖历史、政治、法律、经济、文化、文学、艺术等多个学科类别。有关“一带一路”与相关国家的报道超过1000万篇。全球各大智库超过3000份研究报告与书籍聚焦“一带一路”，有的则被翻译成中文，像牛津大学高级研究员弗兰科潘的《丝绸之路》、美国学者康纳的《超级版图》等都成为全球畅销书。

从中国人出境旅游与对外交往看，“一带一路”相关国家越来越多地成为出境游的目的地。2016年，中国出境旅游人数已超过1.3亿人次。在中国人出境的十大旅行目的地中，泰国已跃升至第一，2016年赴泰国旅行的中国游客达到近900万人，马来西亚、斯里兰卡、马尔代夫等古代海上丝绸之路的必经之地也都是热门旅行目的地。赴伊朗、土耳其、埃及旅游的游客人数增长率远远超过欧美等国。这些与中国近年来与“一带一路”沿线国家互办“旅游年”，举办世界旅游发展大会、丝绸之路旅游部长会议有密切联系，也与中国人正在拓展的世界观密切相关。

从中国官方对外教育援助与文化合作看，“一带一路”相关国家也

正在成为新增长点。中国每年向“一带一路”沿线国家提供1万个政府奖学金名额，实施《推进共建“一带一路”教育行动》。中国与“一带一路”相关国家共同举办“国家文化年”等人文交流活动20次，签署了43项文化交流执行计划等政府间合作协议。截至2016年底，中国在“一带一路”沿线国家设立了30个中国文化中心。不只是如“丝绸之路（敦煌）国际文化博览会”、“丝绸之路国际艺术节”、“海上丝绸之路国际艺术节”等活动大受欢迎，中外文化合作，如中国与哈萨克斯坦、吉尔吉斯斯坦联合申报世界文化遗产“丝绸之路：长安—天山廊道的路网”也获得成功。中国对外实施如柬埔寨吴哥古迹茶胶寺、乌兹别克斯坦花剌子模州希瓦古城等援外文化修复项目，向尼泊尔、缅甸提供文化遗产震后修复援助等。

由此可见，“一带一路”不只是产能合作、金融投资增长、自贸区建立、产业园推广、跨国执法监管等经济、政策层面上的互联互通，同样也在民心相通上推进了一大步。随着民心相通，伴随着中国人真正世界视野的形成，中国社会也正式步入“全球公民”时代。这不只是意味着中国人逐渐完整化了自己内心的全球观，更重要的是，在心理上，中国人与整体世界（而不只是西方）正在全面融合，正在全球层面上（而不只是部分区域）被正视、被接纳与被认可。

四年多来，民心相通方面的进展，正在促使全球开放格局在器物层面、制度层面与思想层面发生实质性的变化，一种新的开放国际局面正在形成。

一是在器物层面。世界发展进程所倚重的金融、贸易、投资、基建、商品等内容都出现了重心的转移，以新兴经济体为全球化开放动力的新格局正在形成。

过去，世界发展的重心主要在发达国家，增长动力主要来源于以美欧为代表的西方世界。2008年全球金融危机以来，发达国家对全球发展的引擎力量越来越小。E11国家（中国、印度等11个新兴国家）2015年对全球经济增长的贡献度为52.9%（其中中国约占30%），远大于 G7 国家的 22.9%。在这个变化过程中，“一带一路”在推动新兴经济体增长中的作用不容忽视。以 2017 年一季度为例，中国对“一带一路”沿线国家进出口总额为 1.66 万亿元，同比增长 26.2%，高于同期中国整体外贸增速 4.4 个百分点。中国对俄罗斯、巴基斯坦、波兰、哈萨克斯坦和印度等国进出口总额分别增长 37%、18.7%、19%、69.3%和 27.7%，数倍于全球贸易增长的平均水平。

随着“一带一路”进展的深化，越来越多的经济体响应与参与其中，贸易和投资便利化、营商环境不断改善，开放格局还会越来越大。尤其是中国在海外建了近 100 个工业园区，推动了比较好的境外合作区的纺织、家电、箱包、服装等产能合作以及以公路、铁路、机场、港口为主要依托的基建发展，不仅直接带动了当地的就业，拉动了驻在国的经济，更重要的是，形成了全球网状的开放战略支点，使全球开放动能从传统的发达国家逐渐向新兴国家尤其是“一带一路”区域转移。

二是在制度层面。全球治理体系所倚重的国际金融、贸易、投资、信息机制都出现了均衡化的改革趋势，更加兼容发展中国家的利益诉求的国际制度开放新格局正在形成。

2016 年初，国际货币基金组织（IMF）执行董事会终于正式批准了 2010 年份额及治理改革方案，超过 6%的份额将从日本、法国、德国等发达国家转移给新兴市场及发展中国家。中国份额由此前的 3.994%增加至 6.390%，排名从第六位升至第三位，仅次于美国和日本。巴西、印度、俄罗斯也跻身前十大份额国。同年 10 月 1 日，人民币正式成为 IMF 特别提款权（SDR）货币篮子成员，权重（10.92%）仅次于美元（41.73%）、欧元（30.93%）。人民币还成为目前全球第二大贸易融资货币、前五大贸易支付货币、前九大外汇交易货币。人民币国际地位的提升，一个重要的原因就来自于“一带一路”推进的贸易增长与货币地位提升。

国际金融机制的改革是国际制度均衡化的重要标志，这也是类似 TPP 那样试图以美日为重心的区域主义贸易制度流产的背景。与 TPP 相反的是，中国倡导的区域全面经济伙伴关系（RCEP）、自由贸易区等与“一带一路”异曲同工的倡议的进展却相当顺利。中国推进跨境电子商务的兴盛，以及互联网机站与网络支付等软硬件的国际普及，使国际制度的效能越来越能覆盖过去全球治理的盲区。诚如习近平主席所强调的，开放将更有利于“解决发展失衡、治理困境、数字鸿沟、分配差距等问题”。

三是在思想层面。全球发展经验不再局限于“华盛顿共识”的西方模式，而是产生了互学互鉴，尤其是“向东看”，从中国发展道路中汲取有效经验的国际知识开放新格局。

“二战”结束以来，新独立国家的发展道路长期受西方模式的影响。尤其是冷战结束后，“历史终结论”甚嚣尘上，以政治选举化、经济私有化、社会自由化为核心内容的“华盛顿共识”成为主导其他国家发展政策的主要理论来源。然而，过去20多年的实践表明，“华盛顿共识”并未给其他国家带来足够的福祉，甚至还出现了大溃败。

“一带一路”则从新的思想层面为全球提供了发展知识的公共产品。当全世界越来越多的有识之士都在思考，为什么过去40年同一个国家、同一个政党、同一个民族、同一片国土面积取得了奇迹般的发展成就，发生了截然不同的变化？此时，中国经验如“实事求是”、“贤能政治”、“要致富先修路”、“金融服务于实体经济”、“有效市场与有为政府”等就成了全世界争先效仿的新知识。以发展、治理理论为主要内容的国际知识由过去的“西学东渐”逐渐拓展为与“中学西渐”并行的新开放格局。这并不等于西方的经验完全过时了，但“一带一路”的确为全世界的知识开放体系提供了新契机。

三、在开放新世界的未来愿景下，中国正在创造人类社会的新一轮文明演进

按照新结构经济学的统计，从1950年到2008年，只有两个发展中

经济体从低收入进入高收入发展水平；只有13个中等收入经济体进入到高收入发展水平，其中有8个或是西欧周边的欧洲国家，本来差距就不大，或是石油生产国，另5个则是日本与“亚洲四小龙”。换句话说，半个多世纪以来，全球发展结构并没有出现质的变化。富国仍是富国，穷国多数还是穷国，世界上200多个经济体多数都陷入了“中等收入陷阱”或者“低收入陷阱”。

但中国不一样。近40年的发展，使约占全球80%的贫困人口完全脱贫，实现了“四个现代化”，更重要的是，通过“一带一路”的政策沟通、设施联通、资金融通、贸易畅通、民心相通，帮助改善全球治理的结构与水平，本质上是通过提高有效的、新的国际供给，来催生新的国际需求，实现世界经济再开放，进而既造福于全球未来发展，也造就了负责任大国的中国地位与形象。具体点说，未来新开放世界的可期待愿景至少有三点：

第一，通过打造跨国互联互通，推动国际产能和装备制造合作，提高贸易和投资水平，满足“一带一路”国家推进工业化、现代化和提高基础设施水平的迫切需要，提升全球福祉，在当前世界经济持续低迷的情况下促进世界经济形势的再平衡、再增长、再开放。

根据世界银行的统计，全世界约有12亿人没有通电、24亿人没法享有基本的卫生服务。这使得联合国确定的2030年全球消除极端贫困目标的实现变得异常困难。过去40年，中国成功走出了一条扶贫开发道路，现在正在“一带一路”框架下，以政府主导、社会帮扶、民众主体、基建先生的方式与全球中低收入国家分享发展经验，许多国家看到了国运改善的希望。毕竟，“道路通，百业兴”，尤其在印尼雅万高铁、老挝中老铁路、东非蒙内铁路等大批设施竣工以及瓜达尔港、比雷埃夫斯港等大量港口规划实施后，中国通过基建带动全球开放，并改变各国发展状况的概率大增。更重要的是，在贸易与投资领域，中国已开通中欧班列50条，到2020年中欧班列将达每年5000列。未来5年，中国将进口8万亿美元的商品，将向全球投资7500亿美元，预计出国旅游的中国人年均达 1.3 亿，为“一带一路”增资 7800 亿元，将从 2018 年起举办中国国际进口博览会等，中国发展巨大的牵引力与带动力效应将会越来越显著，并最终创造新开放世界的新一轮商业机遇、投资机遇、盈利机遇。

第二，通过“一带一路”倡议，建立以合作共赢为核心的新型国际关系，增加中国与各国利益汇合点，推动变革全球治理体制中不公正不合理的安排，以制度开放的逻辑，尽可能地实现各国在国际治理中的权利平等、机会平等、规则平等。

在“一带一路”大背景下，中国将牵头成立如亚洲基础设施投资银行、金砖银行等新机构，对世界银行等传统国际经济金融制度进行有效补充；中国通过 IMF 份额改革等制度改革，以及在国际民航组织、国际电联刑警组织、联合国工业发展组织等大量国际组织中加派中国籍负责人与职员的方式，更多地体现发展中国家和新兴大国的代表性，推进全球治理规则民主化、法治化、开放化；中国通过强化“一带一路”绿色化的进程，进一步推进全球落实气候变化的相关协定，优化全球环境生态；通过打造国际互联网设施、跨境电商等事务，进一步提升全球发展的互联网水平，并在非传统安全领域实现更好的国际制度包容性与有效性。由此可见，通过中国“一带一路”背景下的制度新供给，新开放世界的制度红利也是可期的。

第三，通过民心相通，推进文明交流互鉴，加强“一带一路”的跨国学术研究合作、科技创新合作、生态环保合作、民生建设合作等，打造一个新全球化时代的新开放社会。

套用哲学家亨利·博格森提出“开放社会”的逻辑，当下世界越来越被原本以开放社会自居的西方模式所桎梏，西方成为近年来经济保护主义、逆全球化、政策僵化、政治衰败、福祉退化、权利超载的最大策源地。此时，“一带一路”通过推进各类跨国合作，如未来 5 年内安排 2500 人次青年科学家来华从事短期科研工作，培训 5000 人次科学技术和管理人员，投入运行 50 家联合实验室；未来 3 年向参与“一带一路”建设的发展中国家和国际组织提供600亿元援助；在沿线国家实施100个“幸福家园”、100个“爱心助困”、100个“康复助医”等方式，推动新型全球开放社会的形成。新型的国际开放社会不是由西方主导的，而是由东西方平等、民主地享受各项国际权利。更重要的是，通过对西方的超越，实现更多在哲学社会科学领域的知识开放体系，改写当下以西方样本为基石的全球社会科学体系，最终创造人类社会的新一轮文明演进。

四、结论：未来中国要当好学生，也要当好老师

改革开放近40年的成功，源于中国善于学习，特别是善于向发达国家学习现代化的技术、管理与发展经验。“一带一路”拓展与延续了中国人的学习势头，与此同时，也塑造了中国人“世界老师”的形象。

正如某著名国际基金会总裁带领40多位美国议员高级助手团来笔者所在机构访问时所说：“带访团来华的目的，主要就是向中国学习。”类似这样的话在过去是难以想象的，但现在，在欧美国家，的确有越来越多的学者、精英呼吁西方要向中国学习。不只是西方，印度、俄罗斯、巴西等新兴经济体以及来自非洲、拉美等广大发展中国家希望从中国发展经验中汲取营养的心愿同样强烈。

此时，中国人不必妄自菲薄，不必过分谦虚，而需要善于自我总结、凝练、浓缩，真正把中国发展的新理论、新道理、新方法传授给世界，为国际社会贡献思想上的公共产品。

笔者曾给数十个国家的官员、学者与企业家们上过课，每当谈到“要致富，先修路；要快富，修高速”、“保持有为政府、有效市场的平衡”、“金融服务实体经济”等中国特色的发展经验时，对方都会觉得很受益，并纷纷回应这些思想都是本国教科书中所没有的。由此来看，善于对外讲述中国，当好“老师”的角色，在“一带一路”受到全球承认的新时代显得尤为重要。

在全球知识与思想竞争激烈的今天，“一带一路”提升了中国思想竞争力。在这个大好机遇下，中国学术界、智库界应更有信心与底气，完善中国特色的哲学社会科学体系，敢于在全球思想与知识竞争中脱颖而出。

同样，中国要当好老师，也要做新的好学生。过去，我们眼光总是瞄准如何向西方学习，在经济增长的同时也在生态保护、贫富差距等问题上走了弯路，现在也不妨从非西方世界中汲取“一带一路”文化的营养与优点。比如，中国人可以学习伊朗人的精细、埃及人的历史感、印度人的忍耐性、土耳其人的雄心、中亚人的果敢，等等。保持持续、全面学习的心态，是中国未来可持续发展的动力，也是“互学互鉴”丝路精神的重要内涵。

“伟业非一日之功”，作为伟大的事业，“一带一路”建设的未来当然需要伟大的中华民族投入到这项伟大的实践中。稍有遗憾的是，虽然“一带一路”已实施了近四年，但是从政府到社会，从企业到个人，并不是所有机构与民众都能看清“新开放世界正在来临”的事实，也不一定都能把握“一带一路”的开放意义。对此，从政府到个人，恐怕都应该有所调整。

从政府的角度看，需要鼓励各级官员加强学习，加强能力建设和战略投入，加强对全球治理的理论研究与人才培养，认识到新形势、新变化与新格局的重要性；需要在“一带一路”顶层设计的基础上建立一系列的统筹协调机制，制定更符合于“新开放世界”背景下具有国际视野的政策与相关规则，在各个层级真正推进中国政府参与全球治理的能力与国际治理的现代化。

从社会的角度看，需要完善一系列的商务支撑体系与服务意识，在投资、保险、金融、企业管理、法律、审计、咨询与调查等各个服务领域强化对中国企业“走出去”的支持，减少不必要的运营风险，完善各个机构与企业的国际化战略，使中国经济、投资、贸易、金融力量真正实现全球化，增加与各国利益汇合点，夯实正确义利观、人类命运共同体等理念和举措在全球的推进与普及。

从个人的角度看，需要提高民众对“一带一路”的认知，减少各界对“一带一路”不必要的误解，引导社会舆论理性客观地认识“一带一路”的正面意义与现实紧迫性，进而通过自身经验讲好中国故事，以人人都能成为“‘一带一路’大使”的姿态，为“一带一路”纵深发展、开放发展添砖加瓦。

总之，“一带一路”的推进壮大了中国在全球的影响力，同时也反向重新锻造了新时期的中国与中国社会。从这个角度看，如何保持在全球视野下的国家发展，以及如何做好“全球大国”的国民，对于每一位中国人来讲，都是一件新的个人任务。

王　文　中国人民大学重阳金融研究院执行院长、教授，中国金融学会绿色金融专业委员秘书长，国务院参事室金融研究中心研究员，中国社会科学院世界社会主义研究中心常务理事。

未来五年的国内外经济金融大势

李稻葵

关于未来世界的政治经济形势，我想分成三部分进行探讨。第一是国际未来五年经济和金融的走势；第二是国内未来五年的走势；第三，作为推论，谈一下企业应该如何应对这样的国际国内形势。

关于国际形势，我有两个基本判断。第一个基本判断是，未来五年总体上讲如果不出重大问题，是世界经济恢复的一个周期，一个发展阶段。世界经济在2007年增长速度达到最高点，在6%左右。2008年金融危机爆发以后，2009年、2010年各国政府采取紧急措施，纷纷出台刺激政策，包括中国的“四万亿”，短期形成了一个反弹；而2012年开始世界经济增速又开始逐年下落。在这个大背景下，西方有一个学者提出了一个说法，说我们习惯于金融危机爆发以后经济再恢复，但是这次不一样了。世界经济增长势头从2012年开始，一直到2015年逐年回落，国际货币基金组织过去五年以来，不断地调低对世界经济增长的预期，但对于中国经济增长速度的预期，每年初的预测总是很低，到了年中又往上调。反思这个过程会发现，外部，尤其是西方，对中国的形势未必看得准、看得清楚。

为什么说未来五年是世界经济的恢复周期呢？有两个因素：第一是市场经济自身的周期性因素。凯恩斯说过动物精神，我们称之为羊群现象，即投资者互相观望，你不投资我也不投资，要投资则一起投资。从2012年开始，基本上利空的因素已经逐步出清，整个世界经济开始向上走。在2017年表现得特别明显，整个国际贸易已经全面恢复且在往上走。特别是，日本 2017 年一季度经济增长速度为 2%，超过了往年 1% 的上限，就是因为整个世界经济和国际贸易都在恢复，俄罗斯、南非、巴西、印度等地都在恢复。

第二是科技发展的因素。对此我有一个与大家不太一样的观点。经济学研究发现，科技发展本身在短期内并不会带来效率提高。但是科技发展为什么在短期带来了经济发展呢？是因为泡沫。每一次科技发展都是泡沫：当年美国修铁路修多了，买铁路债券的都破产了；还有美国的互联网泡沫、中国的互联网泡沫；甚至再往前，电刚被发明出来的时候投资者也是蜂拥而上。所以，现在我坚持一个观点，人工智能也会形成泡沫。但是泡沫是好事，没有泡沫，人怎么投资呢？这是有严格的数据分析的：我在哈佛读书的时候，一位叫乔根森的教授作了二十多年的跟踪研究，发现计算机在最开始的头二十年没有促进美国生产效率的提高，但是却增加了对 IT 部门的支出，增加了企业的投资。这个世界缺的首先不是效率，而是投资。要想抓住机遇，就要抓住泡沫之后的投资机会。泡沫不仅将出现在人工智能领域，还会集中在生命科学领域。在美国的哈佛、麻省理工学院一带，还有洛杉矶等地，大量的生命科学投资正在进行。生命科学比人工智能发展得还要迅猛，整个领域正在发生革命，这将是推动未来五年世界经济发展的一个重要动力。

对国际形势的第二个基本判断是，政治格局在未来五年可能会发生非常重要的变化。我认为当今世界在未来五年将形成新的“三国鼎立”局面：非洲等地的发展中国家和亚欧的新兴市场国家，可以叫穷国；欧洲和美国等发达国家，即富国；还有中国。中国有众多世界级的大型企业，但人均发展水平与欧美等发达国家又有一定的距离，因此中国与前两类国家都有不一样的地方，是一个特殊的国家。那么，当前不同国家分别面临什么不同的形势呢？

首先是美国。美国如今处在转型期，对于很多事情心有余而力不足。这一方面体现在美国的经济总量占全球的比重大大下降，尤其是硬产品，如手机、遥控器、激光笔等。目前所有硬产品中，中国的产量大概占全球的1/4到1/3。现在中国汽车年产量2800万辆，而世界产量是8500万辆，中国产量占全球的1/3；家用电器中国产量占世界的1/3；水泥、钢铁产量中国占世界的50%～60%。美国也想搞“一带一路”，但是没有充足的产能。这个问题的严重性体现在国际政策上：一方面，美国希望获得所有事情的优先权，国际方面的事情少管一点；另一方面，美国又不肯放弃在全球的领导地位，不愿意将主导权交给中国和欧洲。

其次是欧洲。英国退出欧盟，很多人认为是错误的决定，但是我想也许从一个更大的角度来看是很明智的选择。英国人玩国际政治是最聪明的，过去五百年基本上没犯大错，每步都踩准了。我认为英国人看准了一个形势：欧洲不属于它了。默克尔总理最近提到美国退出气候谈判条约时说：“我们不能靠别人，我们要靠自己。”这句话是发自内心的，意味着欧洲开始要和美国分家了，而英国选择跟随美国。欧美分家，这是发达国家阵营内部的矛盾。这件事非常重要。

十八大以来，中国在外交上大体坚持三个基本方针：稳住美国，拉住欧洲，做好周边。在做好周边的同时，推进“一带一路”的发展。“一带一路”将是中国未来很长一段时间内的国际战略，既要坚持，也要循序渐进，不能操之过急。以上是我对国际形势的分析。

关于国内形势，我也有三个基本观点。

第一，经济增速回升。从2016年第四季度开始，中国的经济增速已经稳住，2016年第三、第四季度均为6.8%，2017年第一季度为6.9%，第二季度也为6.9%，上半年整体为6.9%。我判断2017年基本上是一个铸底之年。从2018年开始，未来五年中国经济的增速应该为7.0%多一点，回到“七”时代。为什么？因为中国经济本身的潜在增长速度高。中国储蓄率高、教育水平高和坚持对外开放，全世界很少有国家具备这三个因素。中国目前的发展水平只有美国的1/5，按照购买力平价，中国的人均GDP只有美国的1/5：所以中国赶超发达国家的空间还是非常大的。因此，应该说中国的增长潜力不只是现在的

6.5% ~6.6%，这是一个基本的判断。具体来说，未来五年的经济回升主要得益于两个因素：第一个因素是整个世界经济都在恢复，第二个因素是周期性因素。中国连续52个月工业品库存指数是负的，意味着大量制造业企业逐步调整产能；过去的四五年是“排毒”的过程。最近一年，工业企业利润上行，工业品出厂指数上行，民间投资上行，整个经济在逐步往上走。

第二，金融体制调整。最近举行了中央金融工作会议，金融要整顿，严防系统性风险，主要整顿银行间的互相拆借。整顿之后，中国的货币存量增速马上下降。2017年上半年，中国的货币存量增速三十年以来第一次低于名义GDP增速。以前金融领域是“钱堆钱”，自我循环，自娱自乐，现在开始调整，而调整过程恐怕还会有两三年。我认为未来几年金融领域低风险的金融资产的利率会下降，因为大家开始发现金融资金投资渠道不好找了，但是略微高风险的金融资产的收益率会提高。股票市场最近半年也开始调整，大股票价格在往上走，小股票在往下跌。很多朋友说股指回升了，为什么我的股票价格在往下降？这是风险溢价在回归、在调整，让一些小股票和高风险的信托产品的风险暴露出来，要求未来更高的回报，否则消费者不能买、投资者不敢买。

第三，未来五年改革会加快落实。中国新一轮改革总体风格将会有所改变。很多学者讲我们应该加快发展市场机制，应该简政放权。未来五年改革的重点是强调分配平等，强调整体稳定，包括宏观金融稳定，强调政府大方向的一致。中国还有大量没有在改革中获益的平民百姓，所以下一轮改革的重点可能是缩小收入差距，是惠及百姓的基本利益的改革。

最后我想谈谈，中国企业在未来几年发展的机遇和风险是什么。首先要看到风险。我认为目前最主要的风险还是来自于美国。因为美国正处于转型期，在对一些事情的处理上美国国内尚且理不清楚，达不成共识。在国际问题上，要防范美国采取极端手段的风险。一旦美国有较大动作，对世界经济，特别是中国周边，如日本、韩国等国家的经济都会有较大影响。因此，企业要做好国际经济金融形势波动的准备。

而关于企业自身的发展，我也有两个建议。第一，要同向而行，即和国家大战略同向而行。第二，在同向而行的基础上，一定要做好有波动的思想准备，要在波动中求发展，做好挫折准备，把挫折变成机遇。在企业发展的过程中，将自己的理念和文化融入进去，用中国企业的发展理念和文化来影响世界、改造世界。

李稻葵　清华大学经济管理学院 Freeman 经济学讲席教授，博士生导师，长江学者特聘教授。原央行货币政策委员会委员，十一届全国政协委员，清华大学金融系主任，中国与世界经济研究中心（CCWE）主任，清华大学苏世民书院创始院长。现兼任（欧洲）经济政策研究中心，美国密歇根大学威廉戴维森研究所研究员，国际比较经济研究会执行理事。

人民币国际化的新趋势与香港的定位

巴曙松

人民币国际化这个主题，在当下的环境下，是一个比较具体的题目，而且是和金融机构经营、企业全球化布局和居民资产配置关联度越来越高的一个重要题目。

一、市场需求驱动下的人民币国际化进程：有进展，但是进展不均衡

近年来，人民币国际化的速度近年来明显加快，但是基本上还是在市场需求的推动下进行的，是在欧美金融危机的背景下全球需要新的相对稳定的货币带动下的国际化。在推进的速度上采取了十分审慎的策略。这个审慎的人民币国际化和人民币可兑换策略，可以用不同时期的五年规划中的表述来对照。我本人作为“十三五”规划专家委员会的委员，参与了“十三五”规划的一些工作。例如，在 1996 年人民币实现了经常项目的可兑换之后，在人民币资本项目的可兑换方面，我国一直采取的是十分审慎的态度。从“十五”规划开始就提出要稳步推进人民币在资本项目的可兑换，推进人民币国际化。“十一五”规划，在这个方面的用词是“有序推进”，“十二五”规划是“逐步推进”。到了讨论“十三五”规划的时候，用词是“基本实现”资本项目的可兑换。最近，刚刚召开的第五次全国金融工作会议，在资本项目可兑换方面，用词依然谨慎，表达方式是“稳步推进”。

可见，从“十五”规划一直到“十三五”规划，如果说这个主题的政策动向以前很多年可能跟中国许多企业关系不大，因为当时企业对外投资有限，那么，现在这个领域的政策动向开始成为一个影响企业经营的非常重要的政策变量。特别是2008年全球金融危机之后，中国的企业开始在政策的鼓励下加速进行国际化布局，人民币在升值压力下也支持企业“走出去”。2016年，中国企业的对外投资达到1701亿美元，达到一个历史的高点，同时中国企业对外投资的规模也超过了国际资本对中国的投资。中国的海外资产中，民间持有的海外资产首次超过官方持有的海外资产，这也表明中国企业到了一个进行国际化配置的时代。如果在这个时候人民币还解决不了国际化、资本项目可兑换的问题，那可能就会制约中国企业全球化布局，以及参与全球化竞争。在特定的市场条件下，因为政策目标出现限制，我们可以看到对外投资领域的数据的变化之大。2017年上半年，中国对外投资下降了45.8%，其中房地产、文化传媒领域的对外投资下降了82.5%。“一带一路”也好，全球化也罢，在目前的这个阶段，如果没有人民币国际化的支持，谈得再好的“一带一路”项目，如果资金流出紧缩，资金出不去，也只能干着急，因此人民币资本项目可兑换以及人民币国际化，正在变成一个越来越现实的、需要企业深入研究和了解的课题。所以，如果我们要预期未来五年到十年中国金融界有什么大问题需要破解，人民币国际化一定是排在前面的。这可以说是中国企业发展到特定阶段的客观要求。

关于英国“脱欧”，有专家谈到，英国在欧洲现有的治理架构中影响力有限，成为英国“脱欧”的重要原因之一。“脱欧”之后，英国需要从欧洲出来，重新在全球化中寻找空间，这就必然需要拓展与中国的经贸往来。在处理中国与英国的经贸往来方面，香港具有独特的地位和作用，因此，有专家判断，英国“脱欧”之后，对香港的投资会明显增加。我在这里尝试把人民币国际化和香港的定位结合起来，给大家介绍一下我们所思考的人民币国际化的趋势和香港的角色，怎么看待目前这个阶段以及香港的定位。

当前我们在谈人民币国际化的时候，首先应当提到的，就是人民币加入国际货币基金 SDR 的货币篮子，这是具有标志性的。目前人民币占比 10.92%。那么，人民币国际化目前进展如何呢？作为国际支付货币，人民币占国际支付货币多大的比重呢？从现有的统计数据看，人民币的比重是 1.67%，还处于非常初步的起步阶段。有专家对比研究美国的制造业，判断说美国的发展现在处于“更年期”，但是从货币国际化的进度看，美元依然占据主导地位，人民币国际化的程度与之相比还有很大的差距，还有许多的工作要做。另外一个指标就是衡量货币在外汇交易中的占比，现在人民币在外汇交易中的占比为 4%。我们可以把这几个数字进行对比，人民币国际支付占比 1.67%，外汇交易占比 4%，SDR 占比 10.92%。实际上，在 IMF 商讨人民币加入 SDR 的货币篮子时，首先需要计算人民币应该占多大的比重。按照 IMF 原来的计算公式，贸易权重占比高，模拟测算的结果应当比 10.92% 高，在 15% 左右。但是因为中国金融市场的开放度和人民币国际化程度确实相对偏低，所以降低了贸易权重占比后，计算出来的结果是 10.92%。10.92% 的贡献度如何分解的呢？大概十个百分点是由人民币在贸易计价结算中的使用贡献的，而只有不到一个百分点是由人民币在金融领域的使用贡献的，这形成了一个显著的反差。人民币国际化的进展，以及人民币在国际货币体系中的影响力，与目前中国在全球经济体系中的影响是不匹配的：2016 年中国的 GDP 占全世界总量的 14.84%。希望通过金融界的积极努力，人民币在不同指标中的占比也能上升到这个水平。

当然，人民币国际化，并不是为了国际化而国际化。大量的历史和现实数据证明，经济规模的此消彼长，带动了全球经济结构的调整和经济增长重心的转移；全球化进程中经济秩序的多极化，客观上需要按照这种新的国际经济结构来调整国际货币体系，这应当是一个大趋势。同时，人民币也成为第一个被纳入到 SDR 货币篮子的新兴市场的货币，而且一加入就排在货币篮子中的第三位，起点并不低。在 2008 年国际金融危机之后，国际货币市场的大幅波动，客观上也需要有在发达经济体的货币之外、新的、相对稳定的货币。或者说，正是在全球金融危机的动荡中，变动的国际市场对人民币在国际贸易结算、金融产品计价，以及作为储备货币等方面的需求，虽然目前看发展还不太均衡，但总体上是在逐步上升的。

二、人民币国际化的动力需要从贸易计价结算驱动转向人民币计价的金融产品的创新与市场发展

根据目前的发展阶段，人民币国际化在“811 汇改”以前，至少从香港离岸市场上来观察，人民币升值预期带来的套汇机会、人民币利率较高带来的套利机会等，吸引了海外市场持有人民币，同时，人民币国际化的推进在贸易计价结算环节相对占据主导地位。

“811 汇改”之后，人民币国际化的动力开始出现转变，具体来说，就是开始转向人民币计价的金融产品的创新和市场发展。在逆全球化的经济背景下，贸易增长动力减弱。即使人民币贸易计价结算的比例提高，但是，在逆全球化的背景下继续靠人民币在贸易计价领域的发展来提高人民币国际化的程度，应当说空间有限。与此形成对照的是，新的人民币国际化的动力正在形成，例如，人民币汇率波动灵活性上升带来的汇率风险管理的需求在持续上升；“一带一路”倡议的持续推进，带来大量的跨境投融资需求和资产配置的需求。在这个推进过程当中，如果说在之前的发展阶段，中国主要是资金的吸收方和接受方，并没有太强的货币话语权，那么现在中国更多的是作为对外的投资方，就更有条件在“一带一路”倡议的实施进程中，配合推进人民币的使用，扩大使用范围。这应当成为下一步非常重要的政策努力方向。

分析人民币国际化下一步的发展方向，可以对比一下主要国际货币的国际经验。从这些经验来看，人民币要进一步提升国际化的水平，需要有深度的金融市场和丰富的金融工具支持，也需要协调好人民币国际

化和人民币资本项目可兑换的进展。这不能仅仅停留在口号上，而是需要大量的人民币计价的金融产品的创新、基础设施的配套完善、本币市场和海外金融市场的开放、跨境交易的便利性，以及市场的深度和广度的培育等。从这个角度来说，目前人民币的国际化正处于一个重要的战略性起步阶段。在贸易结算环节，人民币的占比已经有了明显的提高，但是在境内和海外的离岸市场金融工具产品的多样性和开放性、对于境外投资者来说交易的便利性等方面，在目前这个发展阶段，不要说和美元比，就是和其他几个占比不是那么高的国际货币，如澳大利亚元、日元等相比，都还有很大的差距。因此，人民币国际化已经有了一个良好的起步，目前也正在出现新的趋势，需要发展更多人民币计价的产品，拓展更多的渠道进行对外投资和互联互通。

在目前的国际环境下，贸易计价结算的需求动力在减弱，这也是逆全球化的表现。具体表现在贸易上，就是贸易的增长速度持续低于GDP的增长速度。同时，之前也有政策建议，在海外发展离岸人民币市场，但是在人民币面临阶段性的贬值压力时，外汇管理和对外投资政策的调整，不仅给一些活跃的跨境投资企业带来了显著的影响，香港的离岸人民币市场也受到了很大的影响。从近年来的统计数据可以看到，香港离岸人民币市场的规模在高峰的时候，突破了1万多亿元，现在下降到5000多亿元。这也意味着原来推动人民币国际化的一些动力因素正在出现调整，如贸易扩张、人民币升值预期等，但是，同样不容忽视的是，现在我们也看到人民币国际化的新动力，越来越转向人民币计价的投资产品发展方面。国际机构对人民币计价产品的需求、对人民币风险管理产品和人民币金融资产的需求在持续上升，沪港通、深港通和债券通正是在这样的背景下成功启动运行的。

债券通是2017年7月启动的，为境外资本投资中国在岸的债市提供了一个更符合国际投资者交易结算习惯的新渠道。目前，外资持有中国在岸债市的比重还是很小。2016年外资投资中国债市8526亿元，同比增加了15%左右，即便如此，外资持有占整个中国的债券市场余额的比重不到2%。这一开放水平不仅显著低于主要发达经济体，也低于如马来西亚等发展中的经济体。预计随着越来越多的市场交易平台接入到债券通平台，通过债券通交易中国债市的投资者群体会稳步上升，成为人民币国际化的一个重要动力，因为对许多机构投资者，例如央行等来说，债券市场是其资产配置的主要选择。

香港市场上离岸人民币规模的变动，也值得深入分析。我们可以看到，在经历了离岸人民币规模持续上升之后，“811 汇改”以来，人民币在香港离岸市场上的规模出现了明显的下降。与此同时，在香港市场上以人民币计价的融资活动并没有明显下降。2016 年，香港离岸人民币市场上的人民币贷款余额达到 3031 亿元，是历年统计数据的新高。

人民币在境外使用的形式和渠道趋于多样化，市场导向以及企业跨境并购使用人民币的比重在上升，香港市场上人民币的存款余额虽然下降了将近一半，但是人民币计价的产品开发以及人民币计价产品使用的多样性有了很大改进。虽然人民币国际化中来自贸易计价结算的增长动力在减弱，但是来自于投资和金融产品计价的需求在持续上升，风险管理、储备配置等方面的需求也在上升。因此，目前人民币国际化的动力转换处于一个重要的转折点，由此会在外汇交易、风险管理、跨境资金配置、人民币资产管理等方面的新需求。

这一趋势在债券通项目上也表现得很明显。2017 年7 月1 日，习近平主席在香港宣布债券通的启动，7 月 3 日，债券通正式启动，目前运行平稳。启动之初，不少人很关心，因为目前外资持有的债券占中国债券市场的比重不到2%，债券通开通之后，能在多大程度上提高外资投资中国债市的比重？如果一定要找一个参考指标的话，我认为，通过债券通等多种债市开放渠道的共同努力，如果能够把外资持有中国债市的规模从目前相对较低的水平，提高到目前人民币在 SDR 货币篮子里所占的 10.92% 的水平，那将会是一个非常巨大的债市开放程度的跃升。

“十三五”规划中对债市发展也提出了明确的要求。其中一个指标是在 2020 年，债市与 GDP 的比值要达到 100%。现在这个比值在 80%

多的水平，考虑到未来几年中国的 GDP 还会继续增长，2020 年的 GDP 规模按照目前的增长预期有望接近 100 万亿元，债市如果要达到 100 万亿元的规模，还有巨大的增长空间。在这个增长空间巨大的债市中，如果外资持有的比重达到 10.92% 的水平，那么就是 10 万亿元的巨大规模。这个过程，不仅会促进债市的开放和人民币国际化程度的提升，也会带动金融体系的发展，进而支持新的人民币国际化。例如，国际投资者如果想通过债券通进入中国债券市场，而没有那么多人民币，就可以用美元购买，这就产生了美元汇率避险的需求。债券通这个项目最大的价值就在于其带动作用，会带动一系列配套的金融产品和金融市场的发展，从而形成一个围绕债券通、服务债券市场投资的生态系统，为人民币的国际化提供支持。

三、中国企业通过全球化布局来提升核心竞争力，为人民币国际化带来新空间

“811 汇改”以来，因为中国对外投资政策的调整，一些跨境投资受到一定的影响，但是如果这些企业的对外投资能够促进中国进行资源和市场的布局、促进中国企业国际竞争力的提升，而不是投机性的资本流出，那么，经过短期的调整之后，应当还会呈现发展趋势。而中国的企业“走出去”与人民币国际化如果能良好地结合起来，就可以成为推动中国对外投资健康发展的重要力量。

实际上，从统计数据来看，2017 年以来，对外投资下滑是比较显著的，主要是一些投机色彩较为浓厚的如房地产等领域有所下降，而与“一带一路”相关的、能对接中国市场发展的项目，实际上还是保持了稳步上升的趋势。从理论上来分析，中国的国际收支周期确实也到了需要对外布局来提升竞争力的发展阶段，中国企业对外投资的规模也超过了外资对中国的投资规模。同时，中国对外资产中，民间持有的对外资产超过了官方持有的对外资产。换一个角度说，如何评估中国的企业对

外投资？我认为还是要看投资的风险收益水平，也就是说，是把外汇集中起来以外汇储备的形式投资美国等发达国家的债券，还是以企业市场化投资的形式进行全球布局。一个基本的评估指标，应当是企业投资这些项目的回报水平要明显高于投资美国国债的收益率，这样就是对中国国家资产负债表的改善。

从国际收支波动的不同阶段来看，实际上，国际收支的格局在不同的阶段也有明显不同的特征。中国的国际收支从改革开放初期的注重资本流入，到现在开始要进行全球的布局，也符合历史上一些追赶型经济体国际收支波动的演变历程。

从历史数据分析，追赶型经济体的国际收支波动在不同阶段往往有以下不同的基本特征。在经济体规模相对小、开始起飞并参与全球市场时，面临的主要问题是资本稀缺和技术稀缺，需要大规模吸引外资来弥补发展中经济体的储蓄和技术缺口。随着经济发展水平的不断提升，经济逐步进入成熟期，劳动力要素成本上升，资本开始有向外投资的机会和需求，同时企业也有动力通过对外投资以及海外并购向产业链的高端转型，这是经济转型或者说推动供给侧结构性改革、提升效率的题中应有之义。

因此，从这一点出发，我们也想到一个统计方面的问题。我们现在过于关注 GDP，实际上随着企业全球化的布局，可以多关注一些统计指标，除了关注 GDP 之外，还要看看 GNP。企业对外布局时在海外购买的资产所贡献的经济增长，同样也是一国经济实力的体现。我们可以考察一些发达经济体的发展历程，对比其 GDP 和 GNP 的增长。这些国家的企业开始进行全球化布局时，往往 GDP 增长明显变慢，但当把海外投资统计进来时，GNP 增长速度明显要快一些。实际上，中国有不少优秀的企业，大股东往往是来自日本等国的投资机构，它们分享了增长的巨大收益。经济研究报告中说日本迷失了二十年、迷失了三十年，但是为什么日本迷失了三十年，总体生活质量还保持了较高的水准？及早进行海外投资布局、分享全球最有活力的经济体比如中国等的增长收益，应当是一个原因。从数据来观察，韩国在不同的发展阶段，同样也经历过最开始 GNP 小于 GDP，之后对外投资布局，GNP 超越 GDP 的过程。

结合中国国际收支的发展阶段，应当说，中国也到了全球化布局的发展阶段，这也会带动人民币国际化程度的上升。在日本经历的通常所说的“迷失的二十年”背后，国际化的资产配置部分对冲了本国经济增长乏力、人口老龄化等带来的负面影响。目前，中国即将进入到人口逐步老龄化阶段，传统增长动力在逐步减弱，企业通过全球化布局来获取资源和市场，进而提升自己全球竞争力的阶段正在到来。中国的企业如何更好地进行全球化配置，借助全球经济增长活跃地区的动力，来对冲未来人口老龄化等可能带来的经济增长动力减弱的负面因素，是值得从中长期战略角度研究的题目。

目前中国企业对外投资的分布，从地区上看，还是集中在欧美成熟的发达经济体，2016 年接受中国投资最多的是欧洲。“一带一路”倡议逐步实施，中国在相关的新兴经济体的投资占比在从目前较低的水平逐步提高。从行业来看，投资领域也比较分散。下一步中国企业如何根据中国经济的现实需要、中国企业的比较优势，以及中国产业转型升级的需要等，探索可行的企业“走出去”的模式，同样值得关注。

从人民币的使用角度来看，与“一带一路”倡议相关的项目融资、跨境贷款、贸易支付等金融领域的项目使用人民币的意愿在逐步提高。特别值得关注的是，印尼、澳大利亚等和中国经济关联度比较大的经济体，在向中国内地和香港付款的货币结构中，已经有超过 10% 的付款使用的是人民币，这在货币国际化发展中是一个重要的拐点。通常来说，如果一种货币在一个市场的使用率达到 10%，往往就意味着这种货币在这个市场即将进入到一个快速发展的阶段。

因此，在新的国际国内经济金融环境下，人民币国际化的推动力从贸易输出、工程输出逐渐转到金融输出，把人民币国际化与“一带一路”沿线的贸易、投资、工程承包、信贷、国际产能合作结合起来，形成一个沟通、融合、相互推动的格局，将在很大程度上提升人民币国际化的水平。

四、人民币国际化与资本项目可兑换良性互动

人民币国际化和资本项目可兑换，是相关联，但不完全一样的两个概念。实际上，资本项目可兑换从国际范围来看，还没有一个统一的定义。把中国的人民币和已经宣称资本项目可兑换的60多个国家的货币进行对比后，我们发现，在这些宣称实现货币资本项目可兑换的经济体中，既有不对汇率有限制就表示已经实现了资本项目可兑换的，也有不仅对交易没有限制、对汇率和资金流动也没有限制才认为是实现了资本项目可兑换的。中国目前看来，不对汇率有明显限制就算是基本实现了资本项目的可兑换，但是还有可能根据需要对资本项目的部分交易进行限制。

如果逐一对照国际收支平衡表中资本项目下的不同项目，现在人民币在资本项目下属于完全不可兑换的只有三个项目，其他的或是可兑换或是部分可兑换。因此，当前面临的问题是，部分可兑换的项目如何提高可兑换的水平、三个完全不可兑换的项目如何逐步实现部分可兑换。

资本项目可兑换的逐步推进，从目前监管部门的政策逻辑看，大致可以总结为以下四个方面：第一，均衡管理，资本的流入流出需要总体上保持平衡状态；第二，稳步开放；第三，便利化；第四，国民待遇。

在这样的市场环境下，人民币的资本项目可兑换，可以看出几个方面的政策偏好：

第一，先资本流入，后资本流出。以2017年7月启动的债券通项目为例，理想的状态当然是“北上”和“南下”同时推出。但是在目前的国际收支形势下，只开通了“北上”、吸引外资流入中国在岸市场这一边。资本可以先进来，但要通过这个渠道对外投资则需要另议。

第二，先直接投资，后间接投资。直接投资项目有厂房等可见实

体，易于监管，而间接投资相对来说监管难度较大。

第三，先实体投资，后衍生品类投资；先机构投资，后个人投资。

从另一个角度来考察，资本项目可兑换也有不同的政策步骤：

第一，基于真实性交易背景基础的资本项目可兑换。

第二，基于合规性基础的可自由流动。

第三，基于金融市场监管法规完善基础的可自由交易。

如果按照以上三个步骤来划分，人民币资本项目可兑换实际上还处于第一个阶段。

“811 汇改”以来，在面临阶段性资本流出压力时，决策者取消了沪港通和深港通的总额度。这是值得深入分析的，也说明沪港通、深港通、债券通这种互联互通机制是符合目前中国决策者的政策导向的。具体来说，在金融市场开放方面，金融决策者可能既希望有一定程度的开放，又希望开放带来的影响是可控的、积极的，至少不希望对现有的市场形成很大的冲击。从这个角度说，沪港通、深港通、债券通的制度设计至少满足了他们的政策诉求。沪港通、深港通在内地和海外市场的资金流动方面，相当于一个透明、封闭的天桥，国内的投资者用人民币买香港的股票，看似资金流出，过了半年股票卖出，卖出股票所得的资本只能通过沪港通和深港通的渠道原路返回，实现资金回流。实际上，沪港通和深港通就形成了一个可控的金融市场开放。这样的开放既是风险可控的，又实现了资本项目开放程度的提升，并且形成了一个闭环式的资金流动。

五、人民币国际化进程中香港的独特定位

全球的经济金融体系运行到今天，一方面，欧美主导的海外金融市场，形成了一套自己长期积累的、运转有效的交易、结算、监管等的习惯与制度。另一方面，中国作为一个崛起中的庞大经济体，金融市场经过长期的发展，也形成了较大的规模与比较独特的金融架构、交易习

惯，以及交易、结算、托管等制度。人民币国际化，从这个角度看，无非就是要让这两个系统对接起来，让资金能在这两个系统中相互流动。以目前的市场格局，让中国的金融体系放弃现在已经形成的大规模的金融市场，完全照搬欧美的金融制度，肯定是不可能的；同样，让欧美市场把已经形成了上百年的金融市场惯例全部放弃，按照中国的金融制度来，也并不现实。

这就给香港发挥独特的功能创造了空间。香港可以同时联通两个金融体系，并在其间担任独特的桥梁作用。在海外市场与中国在岸市场之间发挥独特桥梁作用的，是 CFETS（中国外汇交易中心暨全国银行间同业拆借中心）和香港交易所共同建立的债券通公司。而在中国在岸市场的交易，也基本是按照中国的交易制度来进行的。在沪港通、深港通成功启动之后，债券通也成功运行，下一步还有条件拓展到新的资产类别，既促进了中国金融市场的开放，又带动了人民币国际化程度的提升，还发挥了香港独特的金融中心的价值。

这样，在原有的各个开放渠道之外，债券通的启动，为海外投资者投资中国债市增加了一个渠道。我们可以对比一下债券通和其他代理行机制的差异。在其他代理行机制下，投资者要投资中国的债市，就得完全按照中国债市的规矩来，从开户到额度，再到审批交易、托管账户、收益权处置等，需要海外投资者对中国市场非常熟悉，而且机构运行的成本相对较高、时间也相对较长。债券通在海外环节沿用了海外投资者习惯的交易结算机制，海外投资者投资中国债市，不用对中国的交易结算体系有非常深入的了解，因为有一个债券通的转接平台，海外投资者还可以按照原来熟悉的交易习惯，比如名义持有人制度、多级托管制度等。债券通的启动给更广泛的海外投资者群体进入中国债券市场提供了新的便捷的可能性。

香港金融中心地位的形成，本身也显示了香港独特的优势和价值。二十多年前，如果从上市公司的构成的角度，当时的香港还很难说是一个国际金融中心，因为当时在香港上市的公司，大部分是香港本地的公司，产业结构比较单一。二十多年后，在香港不仅上市公司数量大幅上升，而且变成了一个高度国际化的、上市公司产业构成非常多元化的国际金融中心。香港做了什么促成了这样重要的转变？回到改革开放初期，中国国内的企业高速发展，需要大量资本；海外的资金想进入中国市场，但不得其门而入。香港敏锐地利用自身“一国两制”的优势，抓住了这个机会，把国内的企业和资金需求请出来，与海外的投资者资金进行匹配。应当说，二十多年来，香港成功地做了这么一件事，就变成了活跃的国际金融中心。

一直到现在，内地企业筹资的需求依然还在，特别是现在内地新经济发展活跃，十分需要新的上市框架来支持它们从国际市场筹集资金，所以香港推出了创新板的咨询。

与此同时，香港正在面临一个越来越大的新的金融服务需求，这就是中国的企业和居民开始要“走出去”，到海外配置资产。香港可以通过自身的独特定位，让内地的投资者在香港实现资产配置“家门口”的国际化，不用远涉重洋到纽约、伦敦这些金融中心去开户投资。香港此时要做的，就是要发挥金融专业优势，设计出满足内地投资者需要的金融产品，并把全世界好的金融产品积极地吸引到香港，让中国内地的投资者能以较低的制度成本，实现“家门口”的国际资产配置。

随着内地居民海外配置资产需求的上升，未来香港金融市场会从目前的两类市场主体，即内地的企业和海外的资本，转变为四类市场主体，增加了内地居民需要进行海外配置的资金，以及海外的多种金融产品。香港需要不断发展人民币计价的多种金融产品，不断扩大互联互通的资产类别，搭建支持中国企业和居民“走出去”的平台，成为人民币的定价中心、风险管理中心、新经济的融资中心，以及人民币商品的定价中心。

国际货币演变的历史告诉我们，每一次国际金融体系的洗牌，往往会伴随着大的市场动荡。其中一个非常重要的市场波动的根源，就是给一个原来没有被纳入到国际体系中的特定货币进行国际化条件下的定价。从这个角度说，所谓货币的国际化，实际上就是货币的IPO，这个货币没有进入国际体系（“上市”）之前，很少在海外市场使用，现在“上市”了、进入国际体系了，越来越多的人要开始使用了，大家还都不知道这个货币应当如何定价。此时，往往容易导致金融体系的剧烈洗牌，促进不同类型的资产的重新配置，比如说美元、马克、日元的崛起，都一度引起巨大的国际市场动荡。现在我们要推动的人民币国际化，实际上就是让国际体系接纳人民币，并且对人民币进行定价。在这个过程中，最需要的，就是为支撑人民币国际化提供多种多样的人民币计价的产品、风险管理的产品等。这个需求目前看来是非常巨大的，有大量细致的工作需要我们去做。这也正是香港可以发挥独特作用的地方，包括在这个过程中，协助内地企业“走出去”，成为区域管理的平台，也成为内地居民进行国际化资产配置的平台。

香港在支持内地企业进行全球化布局方面，还可以发挥区域管理总部和海外融资平台的功能。以前不少企业说，在海外有没有管理总部、有没有上市平台以及投融资平台并不重要，反正国家政策是支持企业对外布局的。但是，近期对外投资政策的调整，凸显了海外融资中心的重要性。如果没有海外的投融资平台和稳健的融资方案，资金流出的门稍稍一关紧，可能许多项目就谈不成了。

目前，中国是全世界主要商品的主要消费国，中国和“一带一路”沿线经济体的很多项目都与大宗商品、资源能源相关，而大宗商品价格直接涉及定价权。目前，海外成熟市场的商品市场结构是“正三角形”，从现货市场发展起来，再到贸易融资和中间市场，塔尖的部分是金融投资者投资的期货市场。而中国的商品市场结构是典型的赶超型的。与成熟市场相反，中国有庞大的资金是作投机性的期货炒作的，往往一个新的产品轻轻松松就可以达到交易量世界前列，但是中间的交易和融资服务并不足。再往下到服务实体经济方面，就只有很少一部分资金参与。因此，如果能把内地商品市场与海外市场联通起来，国际、国内市场就可以实现双赢。如果能把国际上服务实体经济的现货体系对接到中国市场，把中国的流动性引入到国际市场，就既能够提高国际市场上的中国投资者的价格影响力，也能够改善中国的实体经济得到的来自商品市场的服务。

巴曙松　现为香港交易及结算所有限公司（香港交易所）首席中国经济学家，兼任中国银行业协会首席经济学家、中国“十三五”国家发展规划专家委员会委员等。巴教授乃中国国务院特殊津贴专家，先后担任中国证券业协会发展战略委员会主任、国务院发展研究中心金融研究所副所长等职务。

全球经济发展新格局

李稻葵　樊　纲　王　文　胡鞍钢　巴曙松　张维为　朱云汉

李稻葵：非常高兴有机会和大家进行进一步的深入对话。樊纲教授刚讲到全球化不会逆转，讲得很有道理，我想就一个简单的问题请问樊教授：有没有可能大趋势不逆转，但是比如美国特朗普政府针对中国在某些领域搞一些小动作，我们是不是要做好准备？

樊纲：美国政府一直在针对中国搞一些小动作，比如特朗普政府的贸易谈判班子等。不仅是中国和美国，中国和欧盟的贸易摩擦肯定都会比以前多，很大的原因是我们是贸易大国。反过来讲，特朗普在总统竞选中提出的几件要和中国“大闹腾”的事儿，迄今都还没有做，当然也做不成，比如说货币问题，比如说他扬言给中国的关税提高40%。鉴于双边贸易依赖程度这么强，我觉得小摩擦会不断，但是大摩擦也不会发生。

李稻葵：总的来讲比较乐观。

樊纲：总体上比较乐观。我刚刚讲的主题就是美国本身对于全球化也有诉求，资本、跨国公司仍然是决定某些政策背后的利益集团。他们还是很有力量的，而且他们还要推动全球化进程往前走，其实他们也很明白，特朗普本身就是美国资本诉求的一个部分。

李稻葵： 非常感谢。第二个问题我想请问王文院长，这个问题来自于樊纲教授的精彩演讲。樊教授认为中国古代没有“走出去”是因为我们没有长子继承制；现在中国大部分年轻人已经是独生子女，那么独生子女这一代对“一带一路”未来的执行将会产生什么样的影响？

王文： 你这个问题是考博士生的问题。你看中国古代京杭大运河，花了那么多年修建，它和中国的海岸线基本上是平行的。中国古人怎么那么傻，到海上绕一圈不就行了，为什么要修京杭大运河？中国传统观念里还是惧怕海，所以我们没有出去。

现在来讲，我认为中国还是惧怕海。我们出去调研“一带一路”，包括前段时间我在深圳讲的公开课，一千多名听众，讲完以后深圳的企业家反复问我怎么看待“一带一路”的风险。我说这个问题由你们深圳人问出来太不可思议了，二十五年前那么多人到深圳去“下海”的时候考虑到风险了吗？另外，风险和利润是成正比的，风险越高利润越大，这是基本的经济学原理。

如果说美国正处于“更年期”的话，我觉得目前全世界对中国的态度基本上都是“中国土豪我们交朋友吧”。所以，我认为，我们应该减少一些对“一带一路”风险的惧怕。从这个角度上我力挺海航！

李稻葵： 有什么具体建议，是不是建议海航以后给独生子女多提供出海旅游的机会，打破对海的恐惧？

王文： 我觉得可以尝试，独生子女们会非常感谢海航的。

樊纲： 当年长子继承制导致我们的内斗，不是因为一个孩子还是几个孩子，是因为财产分配的问题。现在我们少一个财产分配问题，但是这不等于就都走出去了，这个和历史已经没有关系了。现在不需要考虑财产继承权的问题，因为已经有了公司制度，独生子女对“一带一路”

究竟是好是坏、独生子女承担风险的能力，这是我们需要考虑的。如果作类比的话，当时的那些人的第二个孩子、第三个孩子走出去必须承担风险，否则他们就没有利益，而现在的独生子女有利益在自己那儿，承担风险的能力比较差。

从另外一个角度来讲，独生子女现象的坏处在什么地方呢？独生子女现象有利于消费的增长而不利于储蓄的增长，独生子女这一代也许是我们储蓄开始扭转的一个机遇。什么机遇呢？现在用六个钱包给一个孩子花，不是他的储蓄率提高了，是六个钱包把钱都花出去了，使得我们的储蓄减少了。这导致我们对外投资的资金可能会减少，但这个和我们现在讨论的问题不是特别相关。

李稻葵：反正有共同结论，肯定要尽快放开计划生育政策，这也有助于“一带一路”建设。下一个问题请问胡鞍钢教授，您是十八大代表，也将是十九大代表。您估计十九大会提出一些什么样的新理念？

胡鞍钢：第一点来看，还是发展理念。习近平总书记提出“以人民为中心”的发展理念，是具有标志性的。因为在党的八大和十一届三中全会提出“以经济建设为中心”，当时作这个决定的时候有一个明确的目的，就是要不断地满足人民日益增长的物质和精神需求，其实也是“以人民为中心”。2018 年是改革开放四十周年，中国发展必然有一个逻辑的转变，就是从“以经济建设为中心”到“以人民为中心”。从这个意义上来看，我们对“什么是社会主义现代化”的理解就比较有意义。

李稻葵：“以人民为中心”这个理念现在已经在不同的场合提出了，你认为有可能写进大会报告吗？

胡鞍钢：我认为这个理念的提出与五大发展新理念形成了一个相应

的逻辑关系，这个逻辑关系非常有意义，对人类发展的文明也有巨大的贡献。这个理念解释了从中华人民共和国建立以后，特别是过去四十年的一个基本的问题，即“为谁发展”的问题。只不过在这个过程当中我们在不断探索，所以，我觉得这个贡献有可能是中国对世界做出的重大贡献。

李稻葵：能不能解释一下，如果“以人民为中心”的理念写进了大会报告，具体在各种施政政策方面有什么样的含义？

胡鞍钢：我们过去搞的无论是改革还是开放，就是要解决出发点、落脚点和中心点的问题，以便更好地形成社会共识。邓小平提出了“两步走”战略，一部分人先富裕起来，接下来是共同富裕。过去的数据表明，有三大差距已经开始缩小。第一个是地区差距，2004 年之后各地人均 GDP 差异系数开始缩小，特别是健康、教育等指标一直在缩小；第二个是收入差距，特别是城乡收入差距开始缩小；第三个是基尼系数，也已经达到了高峰并从 2009 年开始有所下降。

我们的设想就是，党的十六大到十八大提出到 2020 年的目标是全面建成小康社会。2020 年之后能不能提出一个核心目标，就是 2030 年全面建设共富社会，再花 10 年，也就是到 2040 年全面建成共富社会。不过这只是我的建议，并不等于十九大报告是这样的提法。

李稻葵：我们把这个口号往政策方面演绎，是不是有更多的收入再分配的政策，比如针对低收入人群，有没有更多的免费的医疗政策，养老政策会不会提高？

胡鞍钢：我认为除了三大差距缩小以外，还有两个“全人口”：一是基本社会保障、医疗保险实现全人口覆盖，现在已经基本做到了；接下来是逐步提高水平的问题 。二是基本公共服务全人口覆盖，特别是卫生、教育。我作过一些调研，西藏、新疆现在是十五年义务教育（学前三年至高中），陕西也已经明确提出十二年义务教育（学前一年至高中）。因此，国家是不是可以考虑提出十二年义务教育，做到这些方面的全人口覆盖，本身也是共同富裕的一个重要标志。

李稻葵：整个政府的公共开支更多向福利、向收入均匀化倾斜，那么政府福利方面的支出或者说负担会加重吗？

胡鞍钢：这些投资我认为是投资红利；教育和健康的投资，我认为是人力资本投资。《“健康中国 2030”规划纲要》中有一个核心指标，就是 2030 年全国人均预期寿命要从现在的 76.34 岁达到 79 岁。这个指标非常有意义，美国现在是 78.9 岁，到 2030 年，中国在人均收入水平可能还明显低于美国的情况下，主要健康指标却已经达到了美国水平。现在上海、北京的人均寿命都已经超过 82 岁。因此，我们更关注的是投资人民健康服务的这些重要指标。

李稻葵：非常好，非常感谢！下一个问题请教巴曙松教授，刚刚结束的全国金融工作会议，总体上讲有没有非常值得我们关注的政策取向？

巴曙松：这个需要与前面四次会议进行对照。应当说，目前看来，每一次的全国金融工作会议，都是在十分关键的时期召开的。例如，第一次全国金融工作会议主要就是为了应对东南亚金融危机，第二次全国金融工作会议是为了应对中国加入 WTO 可能会对金融业带来的冲击，第三次全国金融工作会议是迎接金融业加入 WTO 之后过渡期的结束和全面开放期，第四次全国金融工作会议是应对国际金融危机带来的影响。这一次的全国金融工作会议，则是在中国经济转型处于关键的时刻召开的。

如果把前四次全国金融工作会议的公告和这次公告比较，就可以看出，这一次全国金融工作会议的公告涉及风险的部分最为严厉。我们简单地统计了一下，公告中提到“风险”31 次，提到“创新”只有两三次。其实，第一次全国金融工作会议召开时，金融业的风险也相当大，银行的不良资产率差不多达到 50%，因为剥离的不良资产达到 1.3 万亿元，账上的不良率有 20% 多，加起来大概有 50%。但是，在这样的压力下，通过第一次工作会议的部署，整个风险是在逐步消化的。相信这一次全国金融工作会议之后，经济金融体系中的风险也会像上次的金融工作会议一样，有条不紊地逐步释放、平稳消化。

李稻葵：所以对于风险的关注从来没有达到过如此高度？

巴曙松：相比较来说，这一次全国金融工作会议对于风险是目前这五次会议中最强调的，这表明了决策者风险意识的提升。

李稻葵：如果和人民币国际化结合起来，能不能说由于对风险如此高度的重视，所以人民币国际化的步伐可能还会有所放缓？

巴曙松：促进人民币国际化的力量来自于两个方面：一个是“推力”，国内改革开放需要往外推，人民币汇率有升值压力，希望你走出去；另一个是“拉力”，海外有这个需求，在国际金融动荡时期，国际市场希望在美元、欧元、日元等之外，有新的可供选择的货币，人民币就是在这样的拉力下逐步走出去的。目前在强调逐步消化风险，很可能短期内是推力减少，但是海外的需求还是在上升的，所以我们需要平衡这个推力和拉力，使人民币国际化道路走得更为平稳。

李稻葵：非常感谢。接下来请教朱云汉教授。您来自台湾，研究非常国际化、思维非常广阔，但是我猜测，在座的嘉宾此时此刻最关心的还是台湾和内地的关系，未来四五年会怎么走，有没有重大风险或者说机遇，特朗普在台湾问题上有没有可能和我们有一些突破性的谈判？

朱云汉：大家都了解到现在台湾岛内的政治发展趋势在很多方面大概都与和平发展的方向是背道而驰的，我相信内地已经有很多争论，和平与发展是不是还有前景可言？在这个情况下，我担心台湾年轻一代越来越趋向支持“独立”，接受了一种台湾民族主义的认同，这个认同和中华民族的认同是对立的，是相互刺激的。随着内地国际地位的不断提升，结合台湾岛内的“反中”“反华”情绪，我相信未来会相激相荡。虽然决定两岸关系的还有大国关系，这段时间我一直很忧虑，两岸关系将走向碰撞的局面。

李稻葵：比较有可能的几种情况是什么？

朱云汉：我认为有几种可能：第一种当然要看台湾2020年大选，因为国民党现在还在摸索自己新的定位，内部还要整顿，能不能推出一个可能实际挑战蔡英文的候选人，还很难说；第二个方面，我们也观察到，岛内政治人物的心情很矛盾，一方面在“独立”问题上表现出很亢奋的情绪，另一方面，也弥漫着焦虑的情绪，对台湾未来的不确定性的迷惘，因为他们强烈感受到了大陆在世界舞台上的地位与影响力在快速上升。

李稻葵：第一种可能是什么？

朱云汉：可能在国民党和民进党之外冒出新的党派来，而且试图摆脱传统框架。

李稻葵：内地是什么反应？

朱云汉：我们要在这里面找到一些可以对话的对策。

李稻葵：第一种可能是岛内发生了政治变化，进行谈判？

朱云汉：可能有一些迹象，像台北市市长柯文哲正形成第三股势力，他有能力在台北和上海之间维持官方论坛的关系，而且试图提出一个不太一样的立场，提倡两岸一家亲，也不放弃基本立场。这方面的新的探索和政治话语的创新，可能是应该重视的。

还有一种可能，美国还是处于一个战略收敛和退缩的过程，尊重中国的核心利益，我相信将来会更迁就。也就是说，台湾对自己的定位还是会高度地受到美国政策的影响。如果中国和美国之间在核心利益问题上有战略上的相互适应的话，台湾内部可能也会随着国际形势的转变，出现对于两岸关系的新思考。总而言之，两岸关系不是一个单纯的两方关系，还涉及大国博弈。

李稻葵：有没有发生比较激烈的对峙的可能？

朱云汉：我认为如果看大局的话，这个问题不能单独孤立来看，而是要在中国迈向全球领导者、迈向以后有能力成为国际新秩序建构者的过程中来思考两岸关系。从这个角度来看，两岸关系问题往往是在中国重新确定在东亚的领导地位的过程中，会得到某种程度的解决，但是不是纯粹在两岸内部的因素决定下产生的。比如说朝鲜半岛如果出现特殊的情况，美国在这个问题上决定采取军事攻击，或者说想要采取政权变更的手段，引发了一场大家都没有准备好的冲突的话，台湾的问题就连带解决了。有些学者曾经这样设想，朝鲜半岛出现问题，这个时候北京怎么回应，很有可能开辟第二战场。另外一种可能性，我现在讲的都是低概率的事件，那就是东海问题。如果日本想挑起和中国的冲突，把美国拖进来；假定钓鱼岛发生军事冲突的话，台湾一定会被卷进来，不可能置身事外。

李稻葵：假如中国内地和台湾有比较激烈的动作，台湾的老百姓一般来讲会有什么反应？

朱云汉：台湾的民众当然不希望两岸兵戎相见，或者是台湾在大国的交易过程中完全被忽视或者被牺牲掉，这个倾向很清楚。另一方面，台湾老百姓也相当了解法理，“台独”在现实上没有可能。另外，中国和世界的经济联结已经是千丝万缕，在东亚也好，甚至在欧亚大陆，台湾还是要找到自己的位置，不能始终想绕过中国内地参与全球经济，这样一种可能性实际上越来越渺茫。

李稻葵：台湾的居民已经有了心理准备了。

朱云汉：应该说有一些精英阶层其实是蛮清楚的。台湾内部的媒体非常向内看、内卷化，年轻人讨论不到这个层次，但是精英阶层还是非常清楚的，不管是对台湾未来的战略，还是产业的战略，还是说人才培育。精英阶层毕竟是少数，大部分百姓倾向于安逸，我们管它叫“小确幸”，就是说我们能够把自己周边的就业问题、社会保障问题解决好就行了。另外，年轻人有一些情绪，总觉得我们有 2300 万人，全世界经济体排名可能也在二十名之内，为什么不能有自己独立的国际人格。这种倾向是内在的，对中国内地的敌意还是有的，总觉得台湾走出去面临的“外交封锁”都是因为中国内地的打压。但是，尽管如此，年轻人有两种情况，一种是非常排斥深化两岸交往，而且在政治上长期支持台湾“独立”路线，可是还有另一批年轻人，在政治上不太积极、不太关心，但是很务实，准备在上海、在深圳、在香港、在新加坡找机会规划职业，反而是这些人掌握了未来台湾的经济命脉。

李稻葵：建议海航给台湾的年轻人多些机会。

朱云汉：台湾的年轻人素质蛮高的，台湾的员工又好用，所以实际上是很好的人力资源，建议海航可以多用一些。

王文：在台北的时候，我了解到台湾百姓对于习近平主席在任期内解决台湾问题，实现两岸统一有预期、有心理准备，他们认为这关系到习主席的历史遗产和历史地位。

如果中国内地武力解决台湾问题怎么办，他们认为归根结底还是有“中国人”的一致认同的。

李稻葵：在他们的心理预期里面，习近平主席是会在未来五年解决这个问题还是在未来十年解决这个问题?

王文：他们普遍的预期是十年。

李稻葵：最后一个问题请教张维为老师。您的著作我们拜读了，我问一个问题，什么事情让您觉得中国未来的崛起可能会碰到挫折呢?

张维为：如果说中国现在有什么值得担忧的，我看还是不够自信的问题。西方话语对中国学界的渗透非常厉害，在政治学、经济学、法学、新闻学等领域内几乎是西方话语的天下，导致许多中国学者在西方语境下既读不懂中国，也读不懂世界。

李稻葵：不自信确实是一个问题，但是构不成危机，我谈的是危机性。

张维为：现在暂时不会，因为十八大以来正在扭转不自信的态势，中国人开始自信起来了，民调也证明了这一点，这是好事情。

李稻葵：你不担心任何重大事件、突发事件吗？

张维为：我认为中国已经形成了一个大势，这个大势不可逆转，即使出现偶然事件也扭转不了这个大势。我比较自信的一个原因是我研究中国二十多年了，我对中国的政治预测是准确的，过去发表的观点不用修改。

李稻葵：您对过去二十年的预测是对了，怎么保证对未来二十年的预测也对呢？

张维为：能够二十年都预测对的人是很少的，您能找出另外一个吗？中国会出现各种问题，但所有的问题都说得清楚，最终都有解，这是关键。

李稻葵：您研究政治历史、研究政治学，全球过去二百年的强国崛起的过程当中，有哪个国家是一帆风顺的？四五十年都不打仗，很和平，有没有这样的国家？

张维为：这个不是打仗不打仗的问题。我倾向于一个观点，有点小冲突并不可怕，因为习近平主席主政后，非常明确地在东海、南海问题上，在香港和台湾问题上，从战略相对模糊走向战略清晰，这是非常好的。这有一定的风险，包括与美国冲突的风险。坦率地说，2016 年围绕南海仲裁案之争，2016 年 7 月上旬中美两国在南海的军事对峙，恐怕是越战以来双方最大的军事对峙，最后是美国后退了。不做好准备是不行的，过去我给邓小平同志做过翻译，有一种感觉，中国领导人每一次作重大决定前，都要考虑会不会爆发战争，想透这个问题后才作决定，这个传统非常好。

李稻葵：有没有一种可能，周边的一些国家想方设法要惹事，导致国内的年轻人民族主义气势高昂，不得以做出了过激的反应。

张维为：我之所以比较看好中国的政治模式，是因为和其他的政治模式相比，它更能解决民粹主义问题。如果中国采用西方民主模式，那恐怕早就打了几场仗了。我们这个制度的决策程序更容易摆脱民粹主义的干扰，当然这是相对西方制度而言的。

李稻葵：我的问题问完了，现在请大家踊跃提问。

谭向东：刚才您问最大的风险，政治学教授应该讲最大的风险就是战争。对于我们企业来讲最怕的就是战争，这就是海航的宗旨。为什么作为一个五百强的企业，我们最高的宗旨、最大的愿景就是世界和平？真的不能打仗，这个风险是任何人也承担不了的，咱们和台湾就是兄弟俩。但是我真的觉得最大的风险就是战争，我们要想尽一切办法避免战争，哪怕吃点亏、退让一点，有什么了不起的。一场战争下来几十年。我陪着王健董事长去塞尔维亚，塞尔维亚到今天平均月工资 500 元，一个月 500 元的收入根本没法生活，战争的影响太大了。所以最大的风险是战争。

李稻葵：谭总表达了我们共同的愿望。我把您的问题转成一个问题。

谭向东：比如说我觉得樊纲教授说得太有水平了，他一下子就把王文教授给说了。独生子女，他说独生子女搞“一带一路”风险很大，我看您是有这个观点的。

王文：我说独生子女怕风险，不善于承担风险。

谭向东：“一带一路”非常好，是国策，所以我们一定会投资，比如说飞机飞过去；海航做得最经典的就是“一带一路”项目。但是你说让我们做机场基础设施，那我得算一账，我们能做得了吗？那都需要政府的钱、长期的钱，企业做不了那个东西，所以说“一带一路”风险很大。另外王文教授讲，中国多好，2016年对外投资增长了45%，1700多亿元，怎么不看看2017年上半年对外投资下降了45%，十九大以后到底怎么办？往境外投资是不是专门把国有资产往外流失，这些东西都是我们实际经营者面临的问题，我们不敢不想、不能不想。拜托教授们说说“一带一路”的事儿。因为其他教授提过问题了，我就给张维为教授提个问题，您政治学的预测那么准，请谈谈朝鲜问题。

张维为：朝鲜这个问题，实际上背景就是“冷战”之后，中国和朝鲜的关系已经变成了“后冷战”关系，即正常的国与国关系，而韩国和美国还是“冷战”时期的关系。我个人觉得美国在发动战争方面总体上还是比较慎重的，发动战争不是指发射一批导弹了事。当年美国的伊拉克战争是在对伊拉克制裁了十年之后才开始的，而且现在美国国内民众对战争的支持度很低，连打利比亚这么弱的一个国家，美国国会都不支持。打朝鲜，美国也没有把握，因为首尔在朝鲜常规大炮的射程之内，美国军队也在朝鲜的火力覆盖之下。解决朝鲜问题的关键还是要美国和朝鲜直接谈。

李稻葵：美国人如果把朝鲜“送”给中国成立不成立？

张维为：我觉得不大可能。其实朝鲜之所以要发展核武器，是因为手上有了核武器，才可能避免卡扎菲的命运。朝鲜核武器的发展，恐怕难以逆转了，顶多是减缓。

李稻葵：现在不是核武器的问题，现在是长距离运输能力，要打到美国西海岸。

张维为：朝鲜发展核武器，还是希望直接和美国对话，增加谈判的筹码，而我看美国也不敢用外科手术式的方式打击朝鲜，因为后果不堪设想。首尔是在朝鲜常规炮火射程之内的，所以美国也不可能在没有征求韩国同意的情况下发动军事攻击，而韩国当然是不会同意的。

李稻葵：我简单把谭总表达的主观意思转换成一个问题，请教一下张维为老师。您做过邓小平的翻译，在不影响国家安全的前提下，能不能解释一下当年邓小平同志打越南，他说打完了以后我们迎来了三十多年和平的改革开放时期，在今天这个形势成立不成立。

张维为：实际上，我本人没有听过邓小平解释这场战争的意义，我听到过一次他谈这次战争，这段话也有必要告诉在座的各位。在一次正式会晤之后，比较非正式的场合，人家问邓小平，当时和越南打仗，有没有担心苏联的介入，因为当时苏联的军事力量比中国强很多。邓小平的回答非常潇洒，他说："苏联是个超级大国，但是连一个小小的阿富汗都打不下来，怎么敢打中国。"这就是邓小平，指挥过千军万马的领导人，在作决策的时候，把最坏的可能性考虑清楚，看能不能应对，也就是我们说的底线思维，然后他就出牌了。

李稻葵：把苏联换成美国，阿富汗换成伊拉克，在今天成立吗？

张维为：这个观点我过去也讲过。有人很担心中国和美国会不会爆发大规模的军事冲突，我想中国一定要做好最坏的打算，最坏的打算就是美国要挑起战争，中国肯定不会主动挑起。美国 2016 年 7 月派两艘航空母舰来南海，就有这种可能性。而且美国太平洋舰队司令当时明确说："今晚就可能爆发战争。"这个时候我们没有选择，我们必须有底线思维，做好最坏的准备。但谭总不用担心，我觉得我们的军事演习越多，越展示力量，反而和平的概率越大。我们都知道西方国家是承认实力的，硬实力和软实力都是这样。它看到你真正有实力，他才承认你，欧洲现在已经承认了中国的崛起。中国软实力强了，西方也不得不接受。所以我主张两者都要硬。

李稻葵：所以说阅兵还是有作用的。

观众：我问一个“一带一路”的风险问题，请教王文教授。美国有一个著名的学者托马斯·布兰登，他提出中东政治的基本规则就是没有规则，意思就是说这个地方基本的政治行为不遵从理性规则。与之相关的，中东有另外一个称号叫作“埋葬预言家的坟场”。我的问题是，在没有规则和“埋葬预言家的坟场”这样一个地方，您如何评估“一带一路”的风险问题；如果出现问题的话，您有什么办法来应对？

王文：最近三年，“一带一路”沿线主要的大国、主要的区域性中小国家我都走了一圈，伊朗两次、土耳其四次，还有波斯湾沿岸、阿联酋、卡塔尔都去过。去了那么多地方，走访的都是中国的公司。结论就是，中国人太聪明了，大部分都能赚钱。我认为“一带一路”对于我们国内的人来说，出去一看就发现到处都是机遇，越乱的地方机遇越大，这是第一个。

第二个，我认为中东也没有我们想象中的那么大的风险，如叙利亚战争、伊拉克恐怖主义等，但是你换个角度讲，伊朗、土耳其、埃及，这三个国家共有三亿多人口，平均年龄在 25 岁以下；海航过去在这些国家开过航线，现在没有了；最近我们调研了伊朗德黑兰的五条地铁，未来十年，十个城市要修地铁，铁路我们已经拿下来了；现在持有中国护照的中国人在海外居住半年以上做生意，每年中国人走出去的增长率大概是 30%，这些人都是去淘金的。这是中国崛起过程当中“开弓没有回头箭”的必须要素，风险再大我们也要出去。

李稻葵：假设一个场景，中国最大的对外建设集团的五百个工程师，在伊拉克忽然间被绑架了，怎么办？

王文：中交集团是我们调研最多的公司之一。我和该集团负责海外事务的老总关系非常好。首先我认为伊拉克不会这么做，另外就是各种数据。我可以和大家讲，中交集团在海外投了10%的本集团的资源只投了10%左右的财力、物力、人力，但是中交集团海外利润占全集团利润的38%。

李稻葵：您证明回报高，但没有说风险低。

王文：老谈风险没办法做生意。

李稻葵：应对方案是什么？

王文：具体问题具体分析。这两天接触各位老总，我觉得他们太聪明了，他们一定有很多备案比我们更高明，但是我们要鼓励他们的是，风险的确要防范，但是不要过高估计。风险中存在着大利润，这是我们要做的。

观众：我想请教一下樊纲教授。我比较关心的是我们最近经常看到几个现象：第一个现象就是资本市场没有增量的资金进入，现在都是存量资金在博弈，前段时间股价又有一个大幅的下跌；在实体资产和实体业务上，很多城市现在存在"有价无市"的局面，成交量非常小，市场有被冻结的感觉。再一个情况是货币市场，央行在大规模地回收货币。另外，我们观察到政府在大规模地放开省市级的资产管理公司的牌照，现在已经有超过五十家。这几个现象结合起来看的话，会让我们联想到一个词"金融去杠杆"。目前的金融去杠杆，在2017年初表现得特别明显。樊教授是央行货币政策委员会的委员，我想问一下这次金融去杠杆的动因、影响以及对我们的意见和建议。

观众：我想请教巴曙松教授。刚刚提到中央金融工作会议对于金融风险的关注。我的问题是：是不是过度关注反而会导致金融对实体经济真正的作用不能够发挥？比如说一轮金融监管叠加下来，实际上中小企业、民营企业获得融资的可能性不是在增加的，而是在减少的。这对中国经济后续的增长究竟是福音还是不利的因素，会不会存在监管的过度问题。

巴曙松：我感觉，强调金融服务实体经济是没有问题的，但是同样也要强调，实体经济自身的去产能、去库存、提高效率等的改革。如果实体经济的回报能力不上升，仅仅靠金融体系的服务，其实改进的空间是有限的。还需要关注的一个问题就是，当前经济上遇到的调整的压力，主要是来自金融的问题，来自于金融没有好好服务实体经济的问题，这是问题的一个方面。问题的另一个方面是，金融体系的风险的化解，根本还是要改变实体经济的一些环节低效率地使用资金、持续地增加杠杆，其中主要是地方政府和国有企业一直在加杠杆，即使是2016年中央政府提出来要去杠杆之后，其他的主体都在收缩杠杆，只有这两个主体似乎一直在加杠杆。所以，这两个主体控制不住杠杆成了一种软约束。在化解金融风险时，既要处理金融体系本身的风险，也要回到实体经济本身的问题，提高实体经济的回报水平。

李稻葵：您刚刚说应该怎么做，问题是报告会不会导致过分关注稳定性而丧失了对实体经济的支持？

巴曙松：报告里强调了要加强监管，要通过“党管金融”等一系列举措，来逐步化解这个风险。从前面几次的全国金融工作会议看，会议之后的金融工作都面貌一新，这一次还决定在国务院层面建立一个金融稳定与发展委员会，相信这些举措逐步落实之后，金融体系的风险状况会有一个明显的改观。

樊纲：先说一下后面的问题。我同意刚才巴曙松说的一些基本问题。基本问题不在金融，基本问题是在实体、在国企、在地方政府。2009 年的“四万亿”最大的问题就是允许地方政府借债。本来 1993 年《预算法》把它关进了盒子里，又被潘多拉放出来了，后面的一系列问题都和这个相关。但是你说的中小企业融资难这件事情，我觉得不应该怪资金紧。回到刚才讲的问题，中国不缺钱、货币不少，但是除了制度上老给国企和地方政府之外，现在的情况是银行有头寸也不放，中小企业就是融资难，全世界都是融资难。现在中小企业的利率也不是特别低，当然比国企要高，但是并不是说没有钱，而是信用不好，又处在一个企业过剩的环境中，那就一定融资难、融资贵。

说起来刚才几个市场，大家都在观望，都是因为投资者自己觉得投资回报可能有问题，包括股市、楼市，因此不是说没有钱了才不放贷。所以在这个意义上，中央银行现在应该把货币供给的速度放下来，这是对的，从总体上降杠杆、去杠杆的话，必须有这么一个过程。

过去强调金融化，现在我们金融化有点过度了，大家都在玩金融。如果不能把 M2 增长速度放到和 GDP 增长速度差不多的水平，我们就永远在恶性循环，一直解决不了问题。所以，我建议加大实体部门的改革力度，同时继续从紧货币供给，通过征信来治理一些金融乱象。我觉得金融改革会以这个作为大的方向。大家看到现在很多问题，但是要跳出来，要从经济大趋势的健康发展来看，现在要着重解决的问题，除了制度以外，是货币发放过快、过多的问题，导致了各方面的金融乱象。这个问题不解决，其他问题也解决不了。

李稻葵：非常感谢樊纲教授。再次感谢各位嘉宾、各位领导的积极参与。

科学与哲学

数据资本论：共产主义的地平线
——从数据资本、机器智能到未来社会

郭毅可

对数据科学研究来说，最重要的研究对象就是数据。数据是一个很有趣的东西，曾经，它仅仅是记录和度量物理世界的资料，但慢慢人们发现它还是一种资源，能用来开发产品和服务；而当数据的资源价值越来越明显之后，人们发现它更是一种资产，因此对数据所有权的界定就变得非常必要；数据资产通过流通和交易实现增值，数据就成了资本，这也是我们认为数据未来的最重要形态。在2016年圣托里尼的海面上，我提到从数据资产到数据资本的瓶颈就是：个人数据接近无限，我们无法靠脑力来处理我们的数据。数据价值的实现需要社会化的劳动，下一个不可避免的技术发展就是要用机器替代人的脑力。今天我想讲的就是这个在技术驱动下呼啸而来的新时代是什么样的？数据为什么重要？因为它代表了一个新的信息文明时代。纵观人类历史，工业文明用机器替代了人力，而信息文明则拉近了人类彼此之间的距离，更赋予了人类一项全新的资产——数据。随着信息化的深入，我们个人的数据总量接近无限，这些数据的价值需要模型，或者说机器智能才能挖掘，这就是人工智能背后的动力，也是新信息文明时代到来的诱因。这样的一个时代，带来的变化是深刻的，而且是对每个人都产生深远影响的，例如，我们可以看到各个产业在过去一百多年间的劳动力分布变化。在工业时代之后，从事农业的劳动力比例持续下降；在电气化和信息时代之后，从事制造业的劳动力比例迅速下降，从事服务业的劳动力比例迅速上

升；而在未来的大数据和人工智能时代，劳动力的分布又将产生什么样的变化呢？我们不妨先来看一下今天信息时代的技术生态，这是一个经过多年的整体建设才达到的生态环境。云计算提高了计算的可用性，使得我们随时可以获得计算和服务；无线网络的普及提高了服务的可及性，使我们可以随时随地访问云上的服务；而大数据和人工智能增加了服务的多样性，使我们可以随意访问这些服务，信息服务由此变得更个性化。这些技术生态解决了信息时代经济活动中的核心问题，即无距离交易的高效和大众化服务的低质。随着时间的推移，可以看到科学质量的发展使得服务质量越来越高。虽然提升缓慢，但工业革命和通信技术的发展，使得获得服务越来越容易，互联网的出现，让获得服务的成本趋近于零。

因此，服务的成本收益比变得越来越高，甚至呈指数级增长。在这种情况下，新的边际来自于去中心化和个性化，去中心化简化了经济的使能结构，而个性化提高了每个个体的服务质量。在这样的趋势下，共享经济是必然选择，因为它充分利用了大数据的特点，满足了个性化的需求，是大数据时代下新的经济模式。共享经济已经深入我们的生活，利用现有共享经济之后，人们从吃饭到出行，都有很多可选的服务。

对于共享经济来说，需要经历四个阶段。阶段一是无差别服务和商品。目前大部分共享经济都处在这个阶段，其提供的商品和服务没有差别。阶段二是有整体差别的服务和商品。在这个阶段中，商品和服务开始有整体的差别，即针对不同的需求提供整体不同（有限选择）的商品和服务；因为商品有了差别，所以用户有了选择，共享的内容开始个性化，数据也开始有了用武之地。阶段三是个性化的微服务和商品。人们的需求层次越高，对商品和服务的个性化要求就越高，对用户个性化数据的依赖也会越强；当共享经济发展到下一阶段，我们就可以对服务和商品内容进行更灵活的定制。阶段四是高度定制化的服务和商品。当共享经济发展到最终阶段，个性化的需求成为其最高要求，从而倒逼商品和服务的生产方式变革；每件商品或每种服务都来源于某个特定的需求，数据成为最重要的生产资料。因此，层次越高，对数据的依赖就越大，所以共享经济其实是大数据经济，它导致了数据资源的社会化。对于整个经济环境来说，技术的驱动带来的影响是巨大的。经济主体从以企业为中心转变为以个人为中心；经济活动从高效生产产品转变到普适化数字经济交易；在商品形式上，使用权和所有权的分离，使交换的意义不再清晰；在交易形式上，从中介型交易转变为个体对等交易；在经济组织结构上，从大社会开始偏向个体主义。

这种技术的发展，将带来经济和社会结构的深刻改变，云计算成为最重要的基础设施，互联网成为最重要的生产关系，大数据变成最重要的生产资料，而机器智能是这个时代最重要的生产工具。这样的知识生产，将带来一个新的“知本主义”的时代。

我们再进一步来看个人的数据资产。随着可穿戴设备等的普遍应用，个人数据量越来越大。然而数据资产与其他资产相比，有自己的特性。比如，非竞争性，数据不会随使用而损坏；非排他性，数据一方使用不会影响他方的使用，数据的价值在于其传播，数据可传不可授；积累性，数据的价值来自其积累，数据的使用会产生新的数据；而数据传播的价值增值和边际成本为零，生产者没有利益动力。

从经济学角度来说，数据资本的商品特性很特殊：一是边际效用递减不适用，单位数据的价值并不会因为数据量的增加而减少，反而往往会增加；二是价格弹性失灵，即价格上涨时弹性越高越容易被替代的特性不适用，数据需求是个性化的，所以对价格不敏感；三是数据资产是第一种非排他的私有资产，传统来说，只有共有资产或公有资产不排他；四是市场决定的价格机制不适用，因为对不同的需求方来说，数据的价值是不一的；五是数据作为商品，其生产与报酬不直接联系。这些特征，是否意味着对现行经济学基础的破坏，而数据是否就是那个打破传统规则的“幽灵”？

对于数据资产的价格，传统定价模型是不适用的，统一市场协议定价模型也是不适用的。我们需要一种新的定价模型，一种超越传统资本主义的定价方式。此外，我们要考虑个人数据资产与公共数据资产的关系。第一，个人数据资产化将变得很重要。我们的研究角度应该从隐私保护，转向如何获得数据所有权和收益权。第二，公共数据资产的聚集也是重要的问题。公共数据资产的收益分配决定社会福利水平，从而成为福利经济学的新课题。第三，个人资产到公共数据资产的公平转化，是消除贫富差距的有效方法，在此过程中，不能排除私有企业参与。

对数据资产进行保护并进一步资本化，区块链是关键技术。区块链提供了一种去中心化的共识机制，其核心概念是利用互联网的去中心化，实现无中心控制的互信机制。这种互信机制可以用于数据资产交易，以及开放式的记账，通过对交易行为和过程的程序化定义，形成智能合约。更深层次地来看，它解决了实体资产和数据资产的不对称问题，以及数据资产可交易性与其使用特征之间的矛盾。未来的区块链技术将成为一种基础设施，一种信用和交易的基础设施，在大数据时代为数据的资产化提供支持。

海航在区块链技术上作了许多开拓。海航科技集团作为首批理事单位，共同成立中国区块链技术与产业发展论坛，紧跟国家战略，发展区块链事业。海航科技还先后参与编写并发布《中国区块链应用白皮书》《区块链应用系统参考架构》等区块链领域的重要文件，在整个行业发展中发挥了重要的作用。基于区块链的集装箱订单管理系统获得了“首届中国区块链开发大赛特等奖”，这一成果在国内顶尖大会亮相，获得一致好评。

前段时间沸沸扬扬的ICO（Intial Coin Offering，首次币发行），就是利用区块链方式实现的融资去中心化。它具有很好的特点，例如参与门槛低、融资周期短等，当然缺乏监管也让它暂时走入了困境。但这个问题是会解决的，关键在于监管和价值的实体性。

我们提出了海航币。这是一种代币，它锚定海航统一积分，使积分可以以一种“数字货币”的形式成为海航集团的一个重要的数据资本和通用交易工具。这项设计是旅游积分系统的革命性创新，具有跨时代的意义。它和比特币有本质不同，这是一种有实值、有确定流通范围的、可以完全监管的代币，完全可以成为一个非常有用的联通海航各板块的数据资产和资本。

数据资产的产品是模型，或者说机器智能。如果说数据是生产资料的话，那么机器智能就是信息时代新的生产工具。这种生产工具，随着近期计算机科学的突破，变得越来越强大。我们来回顾一下机器智能的发展道路：在 20 世纪 90 年代，计算机科学的主要方向是用算法解决复杂问题，当时著名的事件就是 IBM 的深蓝打败了卡斯帕罗夫。而到 21 世纪初，我们认为人工智能要变得更智能，需要跟人一样会感知和推理，所以在实时感知处理上取得了很大进展，例如自动驾驶汽车。大约 5 年前开始，分析和推理，这些原本人工智能的弱项，也开始获得进展，IBM 的 Watson 在一个流行的电视节目中，击败了最好的人类选手，获得了冠军。而今天的人工智能，其特点是将大数据和深度学习结合在一起，让机器的模型有了重大的改进，最著名的事件就是 DeepMind 的 AlphaGo 打败了人类最好的围棋棋手。

我们认为，如今的人工智能已经突破了历史发展的瓶颈。实际上，从前的机器学习模型，其瓶颈并不在于数据，而是模型容量。当数据量增大的时候，模型已经饱和，所以并不能增强模型能力，然而当深度网络出现之后，网络足够深，需要训练的参数足够多，足以消化大量的数据，大数据才开始有用武之地，而模型的能力也随着数据的增加而增加。这样的人工智能技术开始让机器有了独立解决问题的能力，比如下围棋、在手机上进行智能语音识别和对话。

这种智能的实质是什么？我们从人的角度来理解，总会以为机器也在思考，其实对机器来说，它更多的是在寻找。寻找最好的判断的时候就是监督学习；寻找最好的理解的时候就是非监督学习；寻找最好的策略的时候就是强化学习。

对机器学习来说，其任务可以分为两个方向：判别和生成。判别就是区分不同，乃至作预测。它以某种对象，例如图像，作为输入，经过一系列的特征提取，形成概念，并以这些概念作为判别的依据。而生成是反过程，它从概念出发，一步步生成更为具体的特征，直到生成最终对象。相比判别来说，生成是更难的，因为生成意味着理解，意味着创造。

有了生成模型，机器是可以创造的。这里以李白的五言绝句为例。我们可以将李白所有的五言诗整理出来，然后让机器去学习其中的特征，比如韵律。这些韵律也是诗的规律，是诗的生成模型。通过一个随机的 Z 去选择这些韵律，就能生成新的诗歌。例如用一个随机变量就能生成这样一首新的五言诗："羞玉竟不还，西湖哀苦寒。凤楼留不住，夜郎醉不眠。"这样的创造已经是现实，《阳光失了玻璃窗》就是人工智能的机器人微软小冰创作的诗集。这些像少女写出来的诗，已经证明了今天机器的创造力。

人工智能在改变所有的行业之前，首先将促进 IT 行业自身的改变，将传统软件和服务的提供转化为大数据和人工智能的提供。

在人工智能成为新生产力的背景下，互联网服务提供商都在积极转型为 AI（人工智能）生态系统提供商，目标是提供完整的机器智能技术生态，包括机器学习方法、计算平台等。其中的领先者 Google，已经通过从底层的 Tensorflow，到计算平台的 CloudML，再到面向开发的高层 ML APIs，建立了完整的 AI 生态，以此立志成为整个世界的大脑。

这样的人工智能，不仅影响了 IT 行业，更重要的是，它将影响所有的行业，深深融入我们生活的各个方面，包括制造业、娱乐业、交通业等。

在新的知本主义社会下的生产关系，每个个体都是数据的拥有者，通过交易共享数据、分享利益，而机器智能作为一种主动工具，将成为生产者，成为人类社会的副脑，机器与人类个体之间产生了新的生产关系，我们称之为"生活即生产"。

在新的生产关系中，人类干想干的事，产生数据，消费服务；而机器智能消费数据，产生个性化服务。对于人类来说，生活即生产，人们不再为活着而工作，工作和生活融为一体，成为享受；工作产生的数据成为人的重要资产，个人数据资产通过共享机制成为社会公共资产，共享机制和利益分享保证整体福利。这不就是马克思曾经的梦想吗？

在新生产关系下的社会大生产，因为更多的商品成为服务，所以得以共享，这些共享的服务是高度个性化的，而机器智能也可以被更多人享用：人们将计算资源变成公共基础服务，然后共享数据资产通过机器智能转化为生产力；机器智能建模能力进入基础教育，成为普通人的基本技能，因此社会大部分成员可以以低成本开发、复用模型，创造额外经济收入。

这些机器智能之间，也形成了一个新的社会，它们之间也有协作和对抗；对抗是为了更好地进化，当前的对抗生成网络就是一个很好的例子。

因此，我对未来很乐观，在新的时代下，我们的能力被增强，时间被解放，空间被扩展，我们可以做更多更高层次的精神活动。而对于整个人类社会来说，变化或许是颠覆性的，机器智能使得我们可以去除中心，消除统一市场，模糊所有权，模糊工作和报酬的关系等，而这些都是现代资本主义的基础；进一步地，现代国家存在的基础也受到消减，例如可以用模拟替代冲突，那么军队的存在性就受到挑战，同样的，对于银行、市场、统一价值观来说，也存在类似的挑战。这些社会变化，代表了技术和社会组织架构之间的张力和博弈，也是整个人类社会向前的动力。

这不禁让我们想到一个梦，一个共产主义的梦，读读共产主义的定义，我们发现，从前遥不可及的梦，忽然出现了一条现实的路径。

尤瓦尔·赫拉利说：“我们这个现代晚期的世界，有史以来第一次认为所有人类应享有基本上的平等，然而我们可能正准备要打造出一个最不平等的社会。”真的是这样吗?

2017 年是俄国十月革命的 100 周年，此时此刻我们航行在圣彼得堡的海面上，应该问问自己：我们正在创造的、将要面临的知本主义的明天，是否正是共产主义的地平线?

郭毅可　英国帝国理工学院终身教授，帝国理工数据科学研究所所长，英国 InforSense 有限公司董事会主席兼首席执行官，上海产业技术研究院及上海生物信息技术研究中心首席科学家。

信息医学对经络的启示：X 信息的发现

李嗣涔

1790 年，德国的赫尼曼（Hahnemann）医生发现“药就是毒”同类疗法（Homeopathy）的治病原理，也就是说，凡是能产生与疾病同样症状的混合物质就是治疗疾病的药物。自此以后，同类疗法所使用的带有药物信息的稀释水溶液就被普遍使用在傅尔电针治疗、O 环测试、能量医学、南氏疗法等许多非主流的另类及互补医学。这些大量治疗成功的案例显示，药物信息可以从信息水中穿透容器的玻璃瓶壁进入人体对经络产生作用。

在这个演讲中，我将展示我们的研究团队通过微流道的实验，证明内皮素分子的信息（X 信息）可以“穿墙破壁”越过 95 微米厚的高分子 PDMS 阻碍物（抗生素分子尺寸的两千倍大）与另一边的 PC－3 癌细胞产生化学反应引起荧光反应，两分子并不需要直接接触，而是通过另外一个管道传递信息。由此可以推测这个 X 信息的本质，并解答同类疗法的原理及中医最奥妙的部分，例如人体经络的本质与功能、针灸治病必须得气、气行经络及练气功可以保持健康的原理。

一、信息医学的起源

信息医学以同类疗法（Homeopathy）为代表，一般认为是在 18 世纪末由德国医生赫尼曼（Samuel Hahnemann）（1755—1843）所创立。1790 年，当他把著名的苏格兰嘉伦（Cullen）药典由英文翻译成德文时，读到嘉伦说金鸡纳（Cinchona）因为有苦味所以可以治疗疟疾时，他并不相信这种说法。于是，他服用了少量的金鸡纳，结果出现发冷、发热、出汗，又有腹泻的情况，与患上疟疾的反应一样！经过反复尝试都是相同的结果。于是，他开始推论，金鸡纳之所以可以治疗疟疾，就因为它能产生与疟疾相同的症状。原来药用在健康人身上即是毒，也就是说，凡会产生与疾病相同症状的物质就是药（Like Cures Like）。因此，这种疗法又被称为同类疗法（Homeopathy）。为避免药会加重病人症状，药量必须加以稀释，他每次将药物稀释 10 倍，以 1 X/D（=1/10）表之，稀释后要剧烈摇晃溶液；当稀释 24 次以后，水中原来 1 mol 的药分子基本上已经不含药物分子，只留有药物信息，成为纯粹的信息水。为验证他的理论，赫尼曼搜集动植物、矿物的粉末予以调配稀释，然后请健康的人来做实验，喝下这些粉末的信息水，并每天记录身体产生的症状。20 年后，1810 年，他将研究成果成书出版，记录了 60 多种可以治病的稀释药物。这些稀释的信息水成为信息医学或同类疗法诊断及治疗的必备神奇药物。

二、什么是“穿墙破壁”的信息

穴道电针筛检仪（傅尔电针）是由信息医学衍生出来的一种疗法。病人将装有信息水的小玻璃瓶握在手中或者是放在电路串联的铝盘上，它里面的微弱信息会穿透玻璃瓶壁直接进入握着玻璃瓶的人的手掌及人体，或者被傅尔电针的电流带入人体，进而影响到身体而产生反应。我们可以用实验来证明这种信息能“穿墙破壁”远距离传导吗？我们曾经发现水晶气场可能就是时空扭曲的挠场，而气场会被吸引子吸引沿着气导运动，那么药物分子的挠场时空结构信息有可能被某种吸引子吸引沿着气导“穿墙破壁”传播到远方吗？这个问题可以转换成另外一系列问题：两种分子间的生物化学的反应真的要直接接触吗？可以远程控制吗？这个疑问其实已经违反了一般化学教科书的典范，两分子要产生化学反应当然要互相接触，抗原抗体生化反应都是运用钥匙开锁原理，两分子外形互补，一个像钥匙、一个像锁，当钥匙找到外形匹配的锁结合以后就会引发后续的复杂生化反应。“钥匙开锁”听起来简单易懂但却不合理，一般人拿钥匙开锁是很简单的工作，但对溶液中的分子来说却很困难。试想想看，人拿着钥匙去对锁孔当然简单，但是抗体在溶液中没有被人拿着，而是在溶液中翻滚，抗原在细胞壁上摆动，相当于我们拿着钥匙环甩着钥匙去开锁，而锁又在摆动，要对准锁孔可是极端困难的工作。有人会推想那是两者之间有微弱的静电吸引力促成的吗？如果是这样的话就更糟。如果吸的方向、角度不对，一旦碰在一起，不仅开不了锁要，脱开再试一次都变得更困难。或者有人说，这只是或然率的问题，抗体有一亿分之一的机会可以对准抗原，如果有一亿个抗体分子，总有一个会成功，成功率不就是 100% 了吗。但是抗原可不是只有一个而是有十万个或一百万个，抗体抗原之比是一千或一百比一，要想快速反应困难重重。然而，一般生化反应好像挺快的，这是否可能有第二管道在帮忙？比如抗体只要撞上细胞壁就可以了，抗体本身带有的另外一种 X 信息会沿着细胞壁传导，碰到抗原就能产生化学反应，如此一来反应速率就会大幅增加。

三、实验证实 X 信息的存在

为了证实两分子不接触也会产生化学反应，我们选择的反应系统是一个前列腺癌细胞 PC－3，让它吸进足够的绿色荧光分子，荧光分子平常不会放光，但是一旦与钙离子 Ca^{+2} 结合就会发出绿色荧光。另一个反应物是内皮素（Endothelin－1）分子，其大小尺寸约在 50 纳米。一般人在心脏和血管上有丰富的内皮素受体，内皮素与这些受体结合，会启动第二信息 cGMP 分子，诱导细胞内的钙离子浓度增高，而发挥其生物学效应。当 PC－3 细胞内钙离子浓度增加时，就会结合荧光分子发出荧光而被荧光显微镜记录下来。微流道分为上下两部分，互相垂直，上流道放 PC－3 癌细胞，下流道流过内皮素分子，两者中间用一层高分子材料 PDMS 薄膜隔开，薄膜的厚度从 10 微米到 95 微米不等，95 微米厚的薄膜相当于内皮素分子的 1900 倍大。实验前，首先要确认薄膜没有漏。这可以用一般测漏方法，在下流道放一些指标分子，若薄膜有漏，指标分子会漏到上流道钻进 PC－3 细胞的细胞核中产生蓝色荧光，经过 24 小时测漏都没有发现漏洞就可以开始正式的实验。先把 PC－3 癌细胞放在上流道培养、固定一夜，第二天再将内皮素分子流过下流道，开始流动后的 5 分钟及 10 分钟各量一次 PC－3 癌细胞的荧光强度。我们发现无论中间的 PDMS 薄膜是 10 微米厚、20 微米还是 95 微米厚，5 分钟后 PC－3 细胞都开始亮起来，说明内皮素分子的 X 信息“穿墙破壁”透过 PDMS 薄膜的障碍直接传到上方生长室与 PC－3 癌细胞产生了反应。讲了两百多年的神秘信息现身了。接下来，我们继续研究其他的生化系统，例如 HEK 293T 细胞与四环素的作用，基本上看到类似的现象，四环素的 X 信息可以穿透 10 微米及 20 微米的中央隔绝层与上端生长室的 HEK 293T 细胞产生反应。

四、“药就是毒”隐含的致（治）病原理

证明了 X 信息的存在，我们对信息医学的治病原理豁然而通。药物分子可以认出及杀死病毒，表示药物及病毒的分子形状互补，仍然用的是钥匙开锁原理去辨识，只是钥匙不需直接接触到锁孔，而是中间只要有联线就可以了。这表示病毒分子及药分子互补的时空形状都会打乱人体经络能量的运行而导致病征（见图 1）。图 1（a）的瓶子代表药物分子，准备要去杀病人身体中如图 1（b）所示的病毒，两者形状互补。当两者结合，整个空间复归平静达到最低能量，没有药也没有病毒的信息存在，代表身体恢复健康。但是对健康人而言，身体内并没有病毒，没有像图 1（b）的时空结构存在，这时把药吃进去，如图 1（a）所示，当药分子离开原位置就会创造出像图 1（b）的时空结构，也就是

说，病毒时空结构被创造出来了。原来“药就是毒”、“药物必须稀释”这两项顺势疗法的金科玉律道理非常简单。因此，病人吃药治病，健康人吃药会致病，药及病毒互补的时空结构都会打乱相同的经络系统，导致身体产生一样的症状，由此也可以推论致病的真正根源是“经络被打乱不通”，再往前推论一步，“治病的根本就是打通经络”。

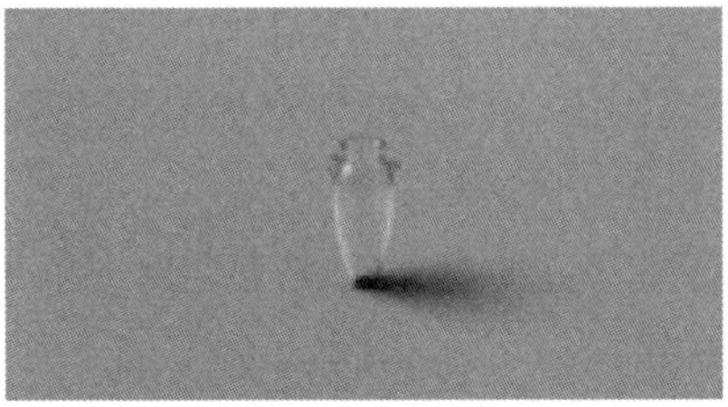

（a）瓶子代表药物分子

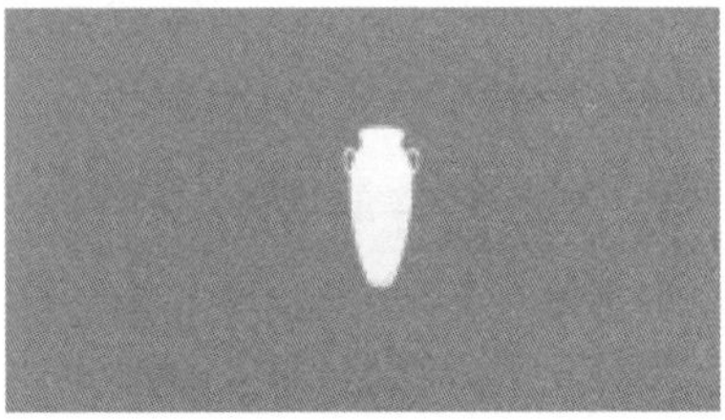

（b）互补白色瓶子代表毒物

图 1　药物分子和病毒分子互补时空示意图

五、经络有什么用

我们在 2014 年证明分子有 X 信息存在的时候，马上推想到这也许就是经络传导的信息。问题又回到“经络到底是做什么用的?”人体有血管、神经及淋巴系统在调控、协调全身的运作，为何还需要一个经络系统？我灵光一闪，想到找到这个问题的答案的最好方式就是回到生命的初期还没有神经、血管及淋巴系统的时候，也就是胚胎的时候，观察细胞之间是如何通讯联系和保持协调运作的。受精卵开始分裂：一分为二、二分为四……大约一天分裂一次，到了第 14 天已经分裂成近 4 万个干细胞，其中有一个要开始分化长神经（大脑）了，其他的干细胞必须接收到信息不能再往神经分化了，否则会长成两个脑袋，从而危及整体的生命。胚胎发育学专家相信这是万能基因（Master Gene）在负责调控每个细胞 DNA 的表达，表示这个分化的细胞必须放出远多于细胞数目的万能基因扩散到其他每一个干细胞并钻入细胞核传达这项指令。如果由于胚胎受压或环境因素漏掉一个细胞，麻烦就大了。生命保护自己最佳的策略是利用干细胞挨着干细胞所形成的有序分子网结构来传递万能基因的 X 信息，这是一条高速网络。在干细胞 24 小时后下一次分裂之前（18～30 小时），万能基因的 X 信息必须走完所有的细胞，这也是一天 24 小时子午流注气循环全身的真正成因。随着胚胎的长大、发育成婴儿，这套高速网络系统就发展成经络系统，仍然发挥着调控全身各部分功能的作用，是一套最快、最有效的信息通信系统。

六、经络在哪里

X 信息沿着高速网络运动时，碰到不平或分叉的路一定会被散射弹离或卡住，因此最理想的网络组件就是有很长键、有序的分子结构，这种有秩序的结构比较容易传送震动波，并不容易衰减，可以是低频声波的良导络，如由祝总骧教授所发现对水流有较低的阻抗、张维波博士在鱼身上发现的低硫阻通道一样。浙江工商大学钱平凡教授是研究食品营养的学者，他从老鼠实验中发现带负电的氧分子的自由基会向老鼠的经脉集中，把多的电子丢给这些有序结构，而且随着每天不同的时辰会集中在不同的内脏附近，类似中医子午流注所描述的规律。如果这些现象在人身上也会出现的话，就可以解释中谷义雄所发现的“经络是电的良导络”，因为上面有很多电子可以导电，可以把自由基多余的电子快速疏散掉，以免自由基攻击正常细胞。

我认为最有可能的有序长键分子就是胶原蛋白分子，它是骨骼血管的构成部分，也是黏合肌肉纤维以及细胞与细胞间的主要结构。在空间结构上，胶原蛋白显示出特殊的三股螺旋缠绕的结构，很像三方晶系的水晶，三条相互独立的胶原蛋白肽链依靠甘氨酸之间形成的氢键维系三股螺旋相互缠绕的结构。胶原蛋白这种特殊的三股螺旋结构保证了它的机械强度。这种三股螺旋遍布全身，数量占全身蛋白质的 25%～35%，是细胞间黏合用的结构蛋白质。X 信息可以沿着通畅的分子长链以涡漩方式（像龙卷风）24 小时循环全身，调控、协调全身各部分的运作。

它不一定走直线，可以像走九曲桥一样运动，只要哪里畅通就往哪里走。而穴道也许是一个共振腔，相当于信息放大器，把走了一段路有点衰减的 X 信息再放大调整一下，继续下一段旅程。这也解释了为何解剖经络看不到显著的线状结构，因为它不是固定的结构，可以是弯曲的路径，只要有路可通就可以了。

七、经络通畅为何可以治病

我 1988 年练习气功可以“气集丹田”“打通任督二脉”后，发现这两者可以治病，现在可以用 X 信息来解释。因为用气带动肌肉组织的收紧、蠕动，修复肌肉间的胶原蛋白分子有序的高速网络后，保护身体的白细胞、淋巴球、干扰素等防卫体系分子的 X 信息可以利用高速网络 24 小时巡行全身一周，碰到细菌或病毒可以当场解决，保护身体的健康。不像吃药后，药分子要融入血液，输送扩散到全身去找“坏蛋”，通常需要两三天或更长的时间才能起效。由此也可以解释，为何针灸治病一定要扎针得气才会有效，因为得气就是产生气的传播导致肌肉蠕动收缩才能修复经络，沿在线分子的有序结构，让防卫分子 X 信息可以利用畅通的网络输送到病灶去解决问题。原来得病的根本是“经络不通”，而治病的方法是“打通经络”，千年气功及针灸的经络之谜似乎看到曙光了。

《黄帝内经・灵枢》“经脉第十”中，黄帝答雷公有 19 个字早已阐明经络畅通的重要性：

“经络者，所以能决死生，处百病，调虚实，不可不通。”

经络可以决定人是死还是生，可以处理上百种疾病，调理身体的虚或实，因此一定要通畅。虽然一般的批注对最后四个字“不可不通”的解释为“经络的知识不能不知道”，但是我相信黄帝所讲的是健康生命的秘密：“经络不能不通畅”。

八、结论

2004 年，我观察到气场受吸引子吸引而移动的现象，把这样的观察引用到分子间的化学作用，让我们发现了能够“穿墙破壁”的 X 信息，并为中医经络理论提供了新的证据及观点，去解释看不见、摸不着的经络，也解释了经络是联络人体各组织器官间信息交换的高速网络，这些发现也许能解开几千年来经络理论的一些谜团。

李嗣涔　斯坦福大学电机工程博士，台湾大学电机工程系教授。曾担任台湾大学电机工程系主任、台湾大学教务长、台湾大学校长，中国电机工程学会理事长等。

信息文明：虚拟世界的形成与“自由”的挑战

谢　耘

21世纪的第一个十年后期，信息产业在全球再次掀起狂澜。从云计算开始，移动互联网、物联网紧随其后。21世纪的第二个十年伊始，大数据与人工智能则扛起了领衔的大旗，“技术革命”这个词频频出现。信息技术正在以前所未有的深度与广度改变着人类社会。那么，这背后的决定性力量是什么？是我们在信息技术领域有了科学意义上的颠覆性突破吗？

答案可能会让很多人惊讶。我们正在经历的这个空前的浪潮，推动力不是在热点领域有了革命性创新，而是计算机的处理能力有了质的飞跃。

在摩尔定律的驱动下，超大规模集成电路于2010年开始登上了一个历史性台阶——集成电路的最小线宽从32纳米跨入22纳米量级，今天已经达到了10纳米左右。一个大头针大小的圆头上，可以容纳几亿个晶体管。由此使得绝大多数情况下，计算机处理芯片的处理能力不再是应用的瓶颈。强大而廉价的处理能力不仅提供了充沛的计算能力，也为我们提供了足够的通信带宽以及存储海量数据的能力。信息技术的基础技术平台对于信息技术应用发展的制约历史性地消失了。

信息产业的发展，从计算机诞生开始，曾经一直是由技术平台主导的。当年，每当英特尔推出一代新的CPU，都是产业中最大的事件。而如今，计算机充沛而廉价的处理能力不再是应用的瓶颈之后，信息产业发展的主导权，已经从基础技术平台转移到信息技术应用的手中。所以，今天信息产业关注的热点，都是以云计算、大数据等为代表的应用。

当一个产业的基础技术能力不再成为应用的瓶颈，这个产业才走出了自己的少年时代，开始了蓬勃发展的青春年华。信息产业正是在2010年跨出了这关键的一步，实现了历史性转折，拉开了其全面而深刻地改变人类社会的大幕。这个转变，不仅仅使信息产业进入了一个新的黄金发展阶段，更为重要的是，它托举着人类文明史上第四个文明形态——信息文明的东方破晓。新型文明的曙光正在穿越人类历史的地平线，给人类工业文明的天空抹上了一缕绚丽的朝霞。

在这个大背景下，经过短暂的喧嚣后，以大数据和人工智能为代表的智能技术，走到了信息产业舞台的中央。这也是由信息技术的内在逻辑所决定的。因为以计算机为代表的信息技术，从其诞生开始，便是人类历史上革命性的辅助智能的工具。在此之前，人类的工具都是辅助体能的。以大数据和人工智能为代表的智能技术与应用，正体现了信息技术的核心本质特征。

信息产业进入黄金时代后，必然会有大量新的、科学意义上的原理性创新突破出现。在今天这个大幕刚刚拉开之际，这样的原理创新还在孕育之中。

就大数据与人工智能来看，虽然它们成了全社会的热点，也产生了让人惊奇的应用结果，比如 AlphaGo 在围棋领域几乎所向披靡。但是，从科学的角度来看，今天我们应用的大数据与人工智能的技术，都不是新近的发现，与以前相比并没有科学原理性的突破。当然，在技术层面，它们有诸多的改进和完善，但这并非是本质性的跨越。

那么，这些技术何以创造了让人瞠目的结果，并且不断地开拓新的应用领域？

原因就在于前面讲的计算机廉价而充沛的计算能力。一方面，它让我们获得了空前丰富并且不断以惊人的速度增长的数据；另一方面，它使我们有能力利用那些并不新鲜的技术原理，加上局部的优化与改进，去处理海量丰富的数据，解决以前无法解决的大量问题，而且不断地把这些并不新鲜的方法应用到更多的领域中，去解决更多不同类型的问题。

所以，今天大数据与人工智能的繁荣，是因为计算机基础技术平台的处理能力的跨越，赋予了那些并不新鲜的技术以新的、强大的生命活力。

这些大数据与人工智能技术，都是实验性的、用来解决不同具体问题的具体工程性方法。在使用的时候，需要针对具体的问题进行调整尝试，才可能取得满意的结果。因为我们一直没有能够建立起来一个基本的、坚实的、科学意义上的智能原理性基础，所以这些技术无法构成一个传统科学意义上的完整的智能理论与技术体系，从而实现一般性智能。当然这绝不是说在智能技术领域，未来不会有科学意义上的原理性的突破出现。事实上，这正是我们极为期待的，人类已经为之努力了半个多世纪。

那么，在今天我们正在经历的热潮中，是否有原理性的突破已经显现？应该说，伴随比特币而出现的区块链技术，确实具有了原理性突破的意义。

一个无人知道底细的“中本聪”，在2009年发明了“区块链”技术，并且在此技术基础上，构造了比特币系统。在这个系统中所采用的具体技术，如非对称加密、防篡改、对等网络等都是已有的技术，并非是中本聪的创造。但是，他巧妙地利用这些已有的成熟技术，构造出了一个“前所未有”的系统。这个“前所未有”，不仅仅是在形式上，而且是在本质上。从来没有人想象过这样的系统。它是一个在开放的网络环境下，在无人监管的状态下，在不受限制、任何人都可以参与的情况下，可靠、可信、安全并且透明开放的货币系统。

在中本聪创造出这个系统之前，任何人都没有想象过会有这样一个系统，任何人也都不会相信可以存在这样的系统。这是一个天才的系统级的原理性创新，它带给我们的深刻启示，不在于这样的货币系统可以被创造出来，也不在于这样的系统将会产生什么样的应用，而在于随着信息产业的黄金时代的到来，将会有更多的我们从未想象过的技术、系统、产品与应用不断产生，从而颠覆整个文明。而有些我们今天能够想象的事情，反倒在可以预见的未来不可能实现。比如著名物理学家霍金等人所担心的、具有主体性的、可以在本质上与人等同的智能系统。在可以预见的未来，信息技术的定位依然只能是辅助人类智能的工具，而不会成为哲学意义上的主体性的存在，与人平起平坐，甚至反过来控制人类。这个结论是可以从科学的角度比较严格地论证的。但这不意味着信息产业带来的变化不具有颠覆性。这两者并不矛盾。信息产业将会以超出我们想象的方式，带领人类进入一个全新的文明。

信息产业的颠覆性，首先表现在它正在历史性地改变人类的生存空间。信息产业已经超越数字化/信息化的层次，正在打造出一个相对独立于物质世界、又与物质世界密切联系与相互作用的复杂的虚拟世界，从而使我们的生存空间历史性地进入到一个由物质与虚拟融合而成的复合空间。

物质空间的存在，包括人、组织社会等，将会通过信息技术，映像到虚拟空间中，我们称之为物质本体的虚拟映像。这种映像是一种物质本体对象的信息表达，而不是科幻中的灵魂存在。这些映像，在虚拟空间中相互作用，并且反作用于物质世界中的对象本体。同时，在虚拟空间中将存在大量的人类创造的、超出我们预料与想象的虚拟存在，比如前面提到的区块链系统。

在这个虚拟世界中，绝大多数的物质运动规律不再起作用，取而代之的是基本的数理逻辑规则。人类在这个空间内几乎可以随心所欲地创造。正是在这个意义上，人类几乎成为上帝，只要电力不中断。

如何将物质对象，特别是人，以及由人构成的复合体，如组织等，映射到虚拟空间，然后在这个基础上构造全面服务于这些对象的服务，是我带领团队这些年一直在实践的方向。我个人认为这也是信息产业未来发展的一个核心的方向，会有系统性及原理性的突破出现，产生世界级企业，并且对社会产生远远超过“BAT”的颠覆性影响。因此，在今天还谈论杀手级应用、解决痛点问题，已经落后于信息产业的发展了。主体映像在虚拟世界中的存在与相互作用，将成为虚拟世界的一个基本的核心结构。

存在于物质与虚拟复合世界中的文明，就是正在到来的信息文明。从纵向的人类文明史来看，这是人类的第四个文明形态。

第一个文明形态是猎采文明：与兽争食，石器工具，随性。

近十万年以前，石器的使用开启了人类文明历程中的猎采文明阶段。虽然那些粗糙的石刀、石斧让人类相比其他动物有了更大的生存优势，但是人类在这个阶段的基本生存状态，还是没有完全超越动物界，处于一种“与兽争食”的生存状态，过着狩猎采集的动荡生活。面对大型猛兽，人类甚至还处于难以自保的弱者地位。从个体上看，其生存状态可以用“随性”来描述。

第二个文明形态是农耕文明：靠天吃饭，金属工具，苦力。

猎采文明在历史中缓慢地前行。经过上万年的历练与摸索，人类终于掌握了青铜以及铁的冶炼。金属的成功冶炼，让人类可以制造出远比石器更加复杂、更加强大的各种工具。人类开荒种田、圈养畜禽，终于全面超越了动物，无须再与兽争食。人类开始成为真正的强者，哪怕是在最凶猛的野兽面前。金属工具的使用，让人类文明实现了历史性的第一次跨越，人类从猎采文明进入农耕文明。

此时的人类虽然全面超越了动物，但是在强大的自然力面前，依然几无招架之力。所以农耕文明的人类还只能仰仗自然而生存，人类处于“靠天吃饭”的生存状态。只要大自然风调雨顺，人类就能够傲视天下其他动物，日出而作，日落而息。但这样的日子时常会被打断，饥寒交迫、颠沛流离成为农耕文明阶段并不少见的场景。就个体而言，这时的生活，可以用“苦力”来描述，所谓“谁知盘中餐，粒粒皆辛苦”。

第三个文明形态是工业文明：自主生存，动力工具，技能。

人类文明的车轮，进入到农耕文明后开始缓慢加速。回响了几千年的田园牧歌终于被英国曼彻斯特城中的蒸汽机的轰鸣声打断。蒸汽机引发的工业革命翻开了人类文明史崭新的一页，人类历史性地开始控制、利用自然之力，曾经简单的金属工具进化成为有动力的、复杂的钢铁机械，工业文明以雷霆之势降临人间，横扫全球。

掌握了利用自然力奥秘的人类，早已将其他动物远远地抛在了身后，开始向曾经可以任意蹂躏自己的大自然叫板。征服自然与改造自然成为人类最重要的活动。虽然这些活动产生了许多危及人类自身生存的后果，但对自然力的有效利用，终于让人类可以有效地抵御大自然对人类的肆虐，人类开始了“自主生存”的阶段。

随着工业文明的成熟，虽然人类依然有贫困与饥饿，但那更多的是由人类自身社会管理的问题所造成的。在成熟的工业文明时代，人类产出的物品完全可以保障人类的基本生存需要。

进入工业文明之后，在人类可及的时空范围内，人类第一次将自己的生存主动权牢牢地把握在自己的手中，当然，同时还有自我毁灭的能力。人类文明的列车再一次提速。

至此，人类的工具从石器到金属，从无动力到有动力，一直在扮演着辅助强化人类体能的作用，不断增强了人类在物质世界中的行为能力。在工业文明阶段，个体赖以生存的是“技能”，而不仅仅是苦力了。

第四个文明形态是信息文明：自由发展，智能化工具，创造。

人类是智慧的生物，智能才是体现人类区别于其他动物的根本特质。进入工业文明不到200年的时间，人类创造的工具便再一次发生了质变。

20世纪40年代，现代电子计算机，这个辅助强化人类智能的工具在美国、英国等先进的工业化国家诞生。工具从辅助强化体能到辅助强化智能的飞跃，其产生的深远影响必然超越工业文明。

事实上，在经历了从电子管，到晶体管/集成电路，再到（移动）互联网几次技术跨越之后，计算机所代表的信息技术带来的绝不是工业文明框架内的某一次工业革命。计算机这个辅助强化人类智能的工具正在推动人类文明进入一个更加辉煌的阶段——信息文明。

由于工具发生了从体能到智能的飞跃，这次文明的跨越，其对传统的颠覆，将远远超过工业文明对农耕文明的颠覆程度。

人类直到工业文明阶段，还依然是在不断提高自己在物质世界中的行为能力。而计算机这个辅助强化智能的工具的出现，不仅进一步提高了人类在物质世界中的行为能力，使得物质产出极大地丰富，更为颠覆性的一点在于，计算机与网络在物质世界之外，构造出了一个比物质世界还要复杂，并且与物质世界有着复杂耦合作用关系的虚拟世界。人类的生存发展空间，发生了根本性的重构与扩张。人是精神与物质的复合体，人类的生存空间第一次完整地实现了与人的双重存在的同构化。

物质世界受到严格的、不以人的意志为转移的自然法则的约束，使得人类无法为所欲为。信息技术创造出来的虚拟世界则完全不同。它几乎不受物质运动规律的影响，而仅仅是人的意识的直接产物。这是一个游离于上帝管辖之外的疆域，不论你心中的上帝是耶和华还是宇宙本体。勿宁说，人就是这个虚拟世界的上帝，我们按照自己的意愿创造了这个世界，我们按照自己的意愿操控这个世界，它会不断地产生那些符合我们意愿以及我们自己都无法预料的后果。这个横空出世的虚拟世界将给人类带来前所未有的挑战。

物质产出的极大丰富，加上物质/虚拟复合生存空间与人的生理与精神双重存在的同构化，将使得在信息文明中的人类进入“自由发展”的生存状态。但是“自由”并不简单地等于快乐与幸福，它还会带来困惑与迷茫。当然，人类获得了空前的自由之后，人类的自我约束能力对于人类社会的稳定与发展就有了更为重要的意义。在这个自由发展的文明中，个体的价值，将由他的“创造”力决定。

信息文明之光已经在工业文明远方的地平线上升起。它正在各个方面，从形而下到形而上，对人类社会提出一系列颠覆性的挑战。这些挑战超越了民族、宗教与文化。

首先，从社会的不同层面，由下向上来看一下主要的挑战。

人类社会的基本单元——家庭，正在由于基本生存问题的解决而进一步解体。在发达国家，家庭的解体已经有几十年的历程。当今，在全球单身比例最高的四个国家：瑞典、丹麦、芬兰与挪威，单身住户的比例达到40% ~45%，在日本这一比例也已达到30%。不仅英国、德国、美国等发达国家的这一比例在持续走高，全球单身人口比例增长最快的国家是中国、印度与巴西等发展中国家。家庭进一步解体将对经济、政治乃至人类的繁衍模式都带来根本性的冲击。

以企业为代表的社会组织将变得更加具有弹性，边界更加模糊，内部也更加宽松。工业文明中传统的斯巴达克方阵式的组织将成为稀有，由此会带来组织的文化、运作、管理模式、组织结构等的重大变革。

在经济上，工业文明由商品市场经济主导。很多人也把市场经济当成理所当然，甚至当成信仰。但是随着生产力的极大提高，我们正在经历几乎所有基本产品的全球性生产过剩，信息文明的经济形态还会是市场经济吗？如果不是，那么会是什么样的经济形态？至少这是一个应该被提出的问题。现在很多人开始谈论经济的计划性问题。那么，计划性将以什么形式回归？社会的分配机制是否会有根本性的变化以保证相对的公平以及每一个社会成员的基本生存？

在当今的世界，除了极少数的几个中东国家之外，其他国家都采用的是代议制体制。随着信息技术的发展，在网络已经畅通无阻地覆盖了几乎所有人的情况下，代议制还是一个必须吗？人们有充分的理由问，在现在的网络环境下为什么还需要别人代表我参政议政？信息文明下的基本政治体制将会演变成什么样子？会出现大众普遍直接参与的政治结构吗？

许多人认为网络导致社会的去中心化。事实上，网络带来的是社会的扁平化，同时会产生超级巨无霸。它是否会导致少数精英控制下的社会两极分化？这种分化不仅是财富上的，也可能是智力上的。

随着人类摆脱了基本生存问题的困扰而进入自由发展的阶段，人类社会的道德必然会出现重大的变化。求生存的道德观与求发展的道德观必然会有一些根本性的不同。道德的变化将形成新的社会共识。这个过程不会是一个愉快的经历，会有大量的冲撞发生。

随着经济全球化的推进，传统的国家是否会解体而形成一个全球性的“人类命运共同体”？事实上，在虚拟世界中，国家的概念已经模糊了。在 1972 年的时候，被誉为“20 世纪最伟大的历史学家”的汤因比，便认为人类在 21 世纪将实现全球融合，并且认为只有中国这个文明型国家才有能力承担起这个责任。如果人类必将融合，那么中华民族复兴的目标又是什么？或许两千年前的秦始皇能够给我们一些启示。说秦始皇统一了中国，是在用现代西方国家观念去曲解历史。如果我们还原历史的本来面目，应该说秦始皇当年是一统天下。天下一统后，出现了一个全新的“人类命运共同体”，不仅赵国等消失了，秦始皇自己的秦国也消失了。大家平等地成为新的命运共同体的一员。这与现代西方的实践与理念有着根本性的不同。所以，中华民族的复兴，是否会超乎所有人在历史与现有的政治经验框架内的预期？

如果我们再往上看，当人类从求生存进入到求发展的阶段后，人类的“自由发展”的目标是什么？在自由发展中，人类的自我约束的意义是什么？自由发展是否会导致人类在不同意义上的、不可逆转的分化？

随着人类技术的发展，绝大多数人越来越依赖于人工环境而脱离自然，被越来越智能化的工具隔离在解决问题的具体过程之外。也就是说，绝大多数人越来越远离“真实”，生活在“虚幻”之中。这对于人类意味着什么？是否会导致极少数掌握“真实”、设计工具控制环境的人控制人类？

从技术的角度来看，人类的社会从微观到宏观正在变得越来越复杂。当系统复杂到一定程度之后，是否会超出人类的控制能力范围而导致系统失控或崩溃？当年美国航天飞机退役，就是因为系统太过复杂，已经无法保证正常、可靠的运行。这种系统限制，与具体的技术无关，而是由人的认知能力决定的。也就是说，人类可以让系统无限制地复杂，但是可能不能保证系统按照人的意愿可控地运行。这个边界不是由技术控制的，而是由人自身认知能力决定的，也就是由人的智能极限所决定的。

如果我们走到最高层来看，当人类进入信息文明这一个全新的文明形态的时候，我们是否需要一个对文明的顶层设计？“设计”反映了人的智慧自觉性。而人类的文明，正是由智慧驱动的。智慧的自觉性，而不是生理欲望本能的自发性才是人区别于动物的本质特征。

如果我们需要顶层设计，那么什么样的人能够担当起这个责任？如果我们面对的确实是一个历史性的人类命运的根本性转折的话，我们需要的不是通晓过去历史的大师，而是能够站在与先贤同样的高度、从原点出发审视当下的圣人。回到原点，便与天道同在，才能够超越东西，超越历史，不受过去一切的制约，在一个全新的起点上为人类未来的千年作统筹。

讨论到最后，文明到底是什么？应该如何定义？我想下面的这段话，可以反映人类文明走到今天的真实面目——文明是人类以集体的方式，依靠自己的智慧，求生存、谋发展的存在形式，而文明的价值体系决定了文明的走向。

谢　耘　教授级高级工程师，首都科技领军人才，神州数码控股有限公司首席科学家、高级副总裁。从事的行业有国防电子、消费电子以及 IT 产品与 IT 软件集成服务；主持或参与的产品开发包括某型号军用雷达，国内第一套电视数字加解扰系统，国内第一台基于 Windows Mobile 的掌上电脑，国内第一个智慧城市核心支撑系统等。

时空的神秘密码

潘宗光

最近有一部很受欢迎的电影《降临》，讲述宇宙飞船来到地球，可是人类无法与其沟通。为了保护地球，中国联合几个国家决定向太空船动武，女主角破解了外星语言因而能感悟未来，在未来和中国领导人见面并拿到他的隐秘资料，于是趁现在和中国领导人交流的时机展示了外星语言超越时空的能力，从而劝服他打消动武的念头。电影的重点是身处现在的人能获得未来的信息，通过预见未来发生的事情，而在现在做出合适的部署。

另外一部电影《星际穿越》也很有意思，剧情是地球的生态受到严重破坏以致无法继续居住，科学家们希望通过虫洞去寻找适合人类生存的星球，太空船在途经超重力星体时，一小时相当于地球的七年，后来主角进入了多维时空，并用引力将信息传回地球给女儿，帮助她解决重要的科学问题，最终拯救了人类。电影表达的重点是：未来的信息能够穿越时空回到过去，现在就是未来的过去，即是说现在得到未来的信息，能够帮助我们现在作重要的决定。这个理论可行吗？

一、时空的概念

先讲讲时空的概念，我们该怎么看时空？其实时空是无常的、不确定的。爱因斯坦在《物理学的进化》中说，钟表的出现，让人们可以把时间量化而产生时间是客观不变的错觉。他指出，时间的流逝令人们可以排列印象以决定事件发生的先后次序。可以这样来理解：时间是基于我们主观的排序活动而形成。用一个事例来解释：今天晚上 7:00 有研讨会，7:00 在我心中非常重要，假如说没有 7:00 的聚会，7:00 在我心中便没有那么重要甚至被忘掉。可见，人们通过一些事件的排序活动，从而产生了时间这个主观概念。换言之，时间是按照大会的安排出现的。比如说讲座 7:00 开始，互动时间是 9:20，于是 7:00、9:20 便变得有意义；假如说大会没有安排活动，我们在房间里面，管它是 7:00 还是 9:20，对我们来讲都不重要，也无法形成时间概念。

时间的序列是基于很多因素而在人们心中形成的概念。事件发生的速度是其中之一，例如打雷、闪电时，人们先看到闪电之后才听到打雷，令人感到两件事是在不同时间发生的。其实不然，打雷、闪电是同一时间发生的，只因为光的速度比声音传播的速度快，所以人们会先看到闪电再听到打雷，出现时间差距的错觉。我们可以利用时间差距来计算雷电发生的位置，即将雷电出现的时间差距乘以音速，便可以知道雷电发生的距离有多远。

相对论指出时间不是绝对的。时间是无常的，它被速度和引力所影响，速度极快和引力极大的情况下，时间会出现延缓。

首先，我们看看速度怎么影响时间的流逝。比如说太空旅行时，当太空船速度接近光速时，时间延缓变得非常明显，因为速度愈快时间便会过得愈慢，反之，速度愈慢时间便会过得愈快。想象一个思想实验：一对兄弟，哥哥去太空旅游，太空船的速度如接近 87% 的光速，在太空船 10 年的时间等于在地球过了 20 年，回来以后发现哥哥比弟弟年轻 10 年。虽然我们还没有接近光速那么快的交通工具，但是实际上时间延缓有很重要的用处。例如，日常用卫星导航系统（GPS），从地球发个讯号到卫星然后再返回地球，问题便会出现，因为卫星的速度比地球快很多，所以会出现时间差距，令卫星时间比地球慢一点点。假如不调整时间差距的话，卫星便没有办法和地面情况相配合。因此，精确判断地面的位置就必须调整因速度而形成的时间差距。可见，相对论的时间延缓在生活当中是有实际用处的。

接下来看看引力怎么影响时间。地球所受到的引力主要是来自于月亮、太阳，变化不会很大。但当接近一个非常巨大的星球时，引力越大时间便会过得越慢，引力越小时间过得越快。电影《星际穿越》男主角离开女儿的时候她还很年轻，但是他经过超重力星体时间变得非常慢，在飞船上1小时等于地球上的7年，当他回来的时候女儿已经变成老太婆了，时间差距非常明显。可是，一般情况下很难发现时间延缓的差距，因为日常的交通工具无论多快，离光速都还很远；受到的引力的变化也很少，所产生的时间差距就很难感觉得到。

当然，感觉不到不等于不存在，我们可以通过其他实例来揭示时间的相对性。爱因斯坦为了让一般读者能够明白，用了以下的比喻：与美女相聚一小时，感觉只过了一分钟；坐在热炉上一分钟，感觉像过了一小时。不同的人有不同的时间概念，一些退休人士每天没有事情做，时间过得很慢很慢，自嘲为“三等公民”：即等吃饭、等睡觉、等死。但有些人很忙，时间过得太快了，不断要安排活动以至时间不够用。所以说，时间过得快还是慢，和每个人的生活模式有密切的关系。

同样，空间也影响着我们对时间的概念。例如，地球的南北影响了时间的感觉，在北半球的夏天，同是晚上7:00，在北京和香港的感觉就不一样。虽然在同一时间，但是北方7:00的天空还是非常明朗，南方的天空已经很幽暗。时间的感觉因为空间不同而显得不一样。

科学是怎么看待时间、空间的问题的呢？相对论指出，空间和时间是不能分开的，故此三维空间和一维时间变成四维，都同属事物的维度。但是要了解四维时空很困难，因为是很抽象的概念。作一个简单的类比，例如说二维的平面，可以想象是三维空间投射的影像；在三维的立方体，则可能是一个四维超立方体的投影。利用这个原理，科学家设想了宇宙块的概念。宇宙块储存了古往今来一切信息，设想将三维空间压缩在两维空间平面里，时间则是宇宙块的立体另一维。怎样认知世界呢？我们将宇宙块切割出来一部分变成一个平面，那就是当下压缩了的三维空间，它包含了在当下所能得到的一切信息。于是，从不同角度去切宇宙块便会得到不同的信息。

换言之，每个人从不同的观察面去理解世界，会得到不同的体会和想法，不同的想法有不同的愿景和前瞻性。大企业的领袖，如海航集团的陈峰主席、王健董事长，他们前瞻性是非常宏观的，看到的是整个世界未来的发展，知道海航未来的走向，在当下做出适当的决定。一般人的眼光不是这样的。他们不管企业发展怎么样，所关注的就是朝九晚五的上下班，做完每天被分派的工作。所以说，要看每个人用怎样的方式去看未来，愿景不一样致使每个人的未来发展空间完全不一样。

那么，信息究竟可不可以穿越时空，从未来回到现在？从速度上来跑赢时间是不可能的，因为按相对论，光速即一切速度的极限，没有任何东西能超过光速。太空船无论多快，最多将时间拖慢，当太空船速度达到光速，时间就停顿下来，但不能令时光倒流。或许有另一个方法，你们可能听说过虫洞，虫洞是一个非常奇怪的概念，能将空间、时间扭转折叠。比如说，你看这张纸，从这里跑到那里要经过很漫长的路；只要将纸折叠过来，从这点过去那点就在旁边，变得很近。虫洞能够将不论多远的空间和时间、过去和未来都变成在我的旁边，只要穿过去就行。现在有科学家研究虫洞，从理论上说只要有足够的负能量就能产生一个虫洞，然后从一点到另外一点便很快，甚至到过去或未来都可以。根据这个理论，我们有机会可以作时空旅行，从现在到达未来或回到过去。

当然，在可见的未来，人是不可能穿越虫洞的，但信息可以。著名的质能方程式 $E = MC^2$ 显示了能量可变成质量，但能量不可以自行转化，中间要通过一个机制。科学家推测起推动作用的是希格斯玻色子（Higgs Boson），将能量变成了质量。在 2012 年，著名的欧洲核子研究组织通过强子对撞机发现了希格斯玻色子，确定了宇宙初期（只有能量没有物质）是通过怎么样的机制将能量变成质量，从而产生一切物质的。由于希格斯玻色子能“无中生有”产生物质，故又被称为“上帝粒子”。欧洲核子研究组织在瑞士和法国交界的地方设立的强子对撞机，大概有 27 公里的圆周，埋在地下一百米左右。和时空相关的是，科学家同时发现了可能是希格斯单线（Higgs Singlet）存在的痕迹，它可以穿越时空去到未来或过去。因此推测，希格斯玻单线可能是信息回传到过去的载体，由于它扰乱时空因果，会不会就是“魔鬼粒子”呢?

现在谈谈佛学。佛学认为人不但有这一生，还有过去和未来；过去、现在、未来统称为三世。有些宗教只相信这一生，但是我们觉得假如人只有一生，上天好像很不公平。有些人生活得那么好，快乐、幸福具备，而有些人一生非常苦难，为什么对有些人那么好，对另外一些人那么不好？但是佛教说不是这样的，一切都是因缘果报。例如，苹果是怎么来的？不是从天掉下来给人吃的。首先，有苹果种子，把一颗种子变成苹果树，种子一定要放在泥土中，泥土中要有适当的水分、肥料，还要有充足的阳光等，种子成长变成树再结出苹果。所以说苹果是种子加泥土、水分、肥料、阳光等产生出来的。佛教称种子是主因，其他一切的环境条件的组合叫助缘，或者简称缘。主因种子加助缘环境条件结合起来才产生结果。

佛教相信一切事情的发生，一定有因，配合环境条件的缘，才产生结果。于是，种善因做善事，加上助缘便会产生好的果；相反，做坏事的遇上恶缘便会有坏的果。什么时候看到结果？有些人做了善事可能看不到善果，甚至还在苦恼；相反有些人，毫无顾忌经常做坏事还在享福，导致人们不相信因果。佛教说不是这样的。因为善有善报，恶有恶报，若还未报，时辰未到。现在我们碰到的一切是过去的因，缘到了、时辰到了就结出果。现在我们受到的一切好坏，表示我们过去是什么样的；而现在我们做的事好坏，也肯定影响将来的福报。过去种上因，现在享受果，现在种的因，未来会结成果。现在是未来和过去的交汇点，现在的一些现象，既是由于过去种的因而出现，也是未来结果的成因。所以，佛教教导我们多种善因，广结善缘。有好的因和缘，未来肯定会结成好的果，种善因结善缘对未来就有保障。对于苹果来说，种子是因，对于事业来说，创意、理念是因。假如只有创意而缺乏助缘，什么都不做，是不会成功的。故此，一定加进去其他的条件，比如说政策、经费等，配合完整了才能成功，一切都是因加缘，然后产生结果。由于助缘是很多条件的组合，假如说一部分缘改变了便会影响结果。比如，泥土中肥料水分不够，苹果树生长不太健康，苹果也不好吃。又如，一切条件都能圆满，结出来的苹果便特别好吃。缘可以改变结果的程度，但是不能改变因果关系，就如苹果种子永远结苹果，不能长出橘子。我们经常说一切事情是无常的，是变化的，因为周遭环境的助缘在不停地改变。

因、缘、果的作用是什么呢？佛教相信我们未来的人生和事业会发展成怎么样，主要取决于每个人的意识，有了意识再配合适当的缘而产生结果。人的意识是主因，故《华严经》指出：一切唯心造！一切事情的未来发展是由心来决定，心决定一切未来发展，我们的命运是由我们的心来决定的！你的心是不是属于你自己的呢？不是！为什么这样说？例如，当你听到好听的声音很开心，但听人家骂你两句你就不开心，一般人开心不开心不由自己决定，而是受外面环境影响。心根据外境转来转去，不属于你自己。佛教教人修心，就是把向外攀缘的心收回来。修行可以通过很多方法，很多人修禅（打坐），而我是通过念佛。外面怎么变化都不管，一心念佛达到心不被境转的境界。当心力强大，便不被外界干扰，并可激发内心强大的能量；能量变成意念，意念可以反过来影响外面的境界。例如一些成功领袖，说一句话就会影响周边环境和整个世界的发展。虽然一般人是心随境转，但可通过修行慢慢至心不被境转，然后变成境随心转，即修行很到家的时候，外界跟着心走，最终达至一切唯心造的境界。

以上所讲也和医学有关。每个人的心跳大约每分钟 60 ~ 80 次，科学实验证明，假如说一个人充满感恩、关怀、慈悲等正能量，心的跳动便呈现出规律性；但假如说心不安宁充满负能量，心的跳动便呈现出不规律性。心跳规律的稳定性能影响身体其他器官同步，如能够影响脑电波的频率振动同步，这说明什么呢？在物理学上假如说两个物体的频率是同步的，它们的能量是加大的；相反，当频率是交叉的，能量就会减少。故此，心可以影响其他器官的同步，从而形成较大的能量。这个同步性非常重要，只要心有宁静、感恩、关怀、慈悲的正能量，便可凝聚起来再通过意识释放出去。意识越强，能量越强，同步性会令正能量的影响变得非常强大，可以对周边环境影响深远。

过去人们认为世界宇宙是分开的，人们和世界是各自独立的存在，但现在很多科学家也开始了解我们的意识和现实世界是不能分开的，不但完全不能分开，还有非常密切的互动关系。著名宇宙学家霍金，他提出依赖模型的实在论就是这样的见解，也是基于量子力学给出的启发。其实，量子力学影响着我们生活的许多不同层面。例如，中国 2016 年发射全世界第一颗量子卫星，是利用量子纠缠的原理来发送信息，可以省略很多传统所需的技术环节，于是信息在传达过程中间就不可能被拦截，成就震撼全世界。干细胞专家兰札按量子力学提出了“生物中心主义”，他认为人的意识形态是整个宇宙最重要的，一切事情的发生，是围绕人的生命和意识而发生；假如说没有生命、没有意识，就没有现实世界。这种观念衔接了贝克莱的“存在就是被感知”哲学。

一个人的意识可以产生深远的影响，心中充满善良、慈悲的正能量会产生非常大的影响。很多杰出的科学家也认同这一点。例如，提出了黑洞和虫洞的惠勒、斯坦福大学的林德，他们认为人所感受的现实世界和意识有密切的关系。比如，我看某个人而且认同他，但你却不认同他，我和你怎么看他不会绝对一样，这就是由意识所造成的。即佛教所说：“如人饮水，冷暖自知。”所以说，我们现在碰到的一切事情和我们的意识有密切关系，意识和世界是不能分开的。当意识变得强大，能影响周边的一切环境时，也就能改写命运和历史。佛教认为强大的意识是可以通过训练得来的，通过训练可以散发出慈悲心等正能量，故此佛法修行是非常重要的。

我们也可以从这两方面来看企业的成功。一方面，是领导的前瞻性，他们的愿景就好像能超越时间得到未来的信息，在现在做出适当的决定和部署。另一方面，是能够把正能量渗透到空间中，运用正能量来影响周边情况，从而达到最好的结果。在《海航的神秘密码》中可以看出，领袖们的愿景能穿越时空限制感悟未来的信息，就好像预知未来的结果而在现在作出适当的部署。当然，更可贵的是他们有慈悲心，因为慈悲有很大的正能量，成为企业发展的有利助缘。所以，和很多只顾谋利的企业不一样，海航的企业精神是利己利人，所以就会产生很大的正能量来影响周边环境，使环境助缘向着所预测的方向发展，达到最好的成功。

综上所述，时空，不是绝对客观的，而是带有主观性和不确定性的。信息，可以向不同方向传递，可以达到过去也可以影响现在的决定。个人，有自己的观察面，运用自己的看法去解读信息；有较好前瞻性和愿景的人便会成为领导。意识，是决定现在的主因——其实就是自己。正能量，我们可以将宁静、感恩、关怀、慈悲等情绪投射出去，渗透至空间中使之成为助缘，帮助我们达至成功。

潘宗光　现为香港理工大学荣休教授及荣休校长。投身大学教育40载，2009年1月荣休前，担任香港理工大学校长长达18年，亦曾为香港大学化学系讲座教授兼理学院院长。

佛教空观与中观

叶少勇

“空”是佛教的理论标签，“空门”几乎是佛教的别称，进入佛门叫“遁入空门”，放下一切叫“四大皆空”。相信大家都听说过很多对“空”的解释和说明。据我观察，常见的解释可以归为两类：

（1）“空”的意思是运动变化，指事物都在发展运动、生灭变化之中，处在各种关系之中，而非固定不变、独立自主。

（2）“空”是一种心境，无论外界事物如何，要保持不执著的心态，看淡一切。

第一种解释最为流行，也是一个非常讨好的解释，非常容易理解和接受，可以说无论信不信佛，是唯物主义者还是唯心主义者，都基本上接受这一说法。而一个宗教哲学思想体系的根本理论，如果对于大多数人来说都理解无门槛、接受无障碍，那么，这个理论就可能是一句“废话”。佛教的空观是“废话”吗？

再看第二种解释，将“空”描述为一种心境，是与实践相联系的，也并非所有人都能接受和能做到这一点，所以，这一理解倒不是“废话”。但是，怎么才算看淡一切、放空自我？这一说法看似玄妙，实则似是而非，这符合心灵鸡汤的特点。那么，佛教空观难道只是一碗炖了两千多年的鸡汤？

本人主要研究梵语佛教文献，是从佛教的原典出发，解读其思想体系，后世的阐释性理论，只能作为参考，而不作标准。根据我对佛教各个时期思想文献的梳理，得出一个结论，可能跟大家的印象并不一致。

从释迦牟尼开始宣教，佛教在其发展过程的第一个千年之中，虽然各派的理论不尽一致，但“空”这个词的词义是基本一致的，就是“毫不存在”。说什么是“空”，就是说它不存在，毫无所有。“空”义指不实在而非不存在，这种思想的萌芽是在佛教发展的第二个千年里才出现的，其实是一种思想转折，当然，经过了一千多年的浅化、俗化和鸡汤化，往往就成了刚才描述的样子。

一、原始佛教——“人无我”

原始佛教，也就是从释迦牟尼开始传教到他去世后大约 100 年之间的佛教思想和组织形态。“空”这个概念上升为佛教的标志性理论，始于大乘佛教。而在原始佛教文献之中，佛教的核心思想是“无我”，“空”这个词虽然也多次出现，但大都与“无我”并举。例如，释迦牟尼经常将人生判为“无常、苦、空、无我”，可以说，原始佛教的“空观”就是“无我观”，观“空”即是观“无我”。

按照佛教的说法，众生认为“有我”，就会以“我”为中心产生贪欲和嗔恨，就生起烦恼造作恶行，如果觉悟了“无我”，就会熄灭烦恼，从轮回中解脱，不再受苦，证得涅槃，成为阿罗汉。很多人喜欢从心理学或社会学角度来解释“无我”：这不就是宣扬大公无私、忘我精神吗？不需要拔高到哲学思辨的高度，大家都为人人，不为我，这个世界自然变得美好。的确，佛教主张的“无我”可以说有净化人心、净化社会的功能，但是，从佛教存留下来的文献来看，释迦牟尼绝不是明知有一个“我”存在，而使劲说服人们把它忘掉、看淡、放下，而是他真的认为，根本没有“我”存在。他所否定的“我”是什么呢？有两点标准：

（1）常一不变。这点很关键，变化的、不是同一的东西不是“我”。

（2）主宰生命。“我”是生命现象背后的“作者”，是生命的核心基础。

先说第一个标准，佛教认为“我”必须常一不变，一旦发现物质世界、精神世界都是无常，就不是“我”了。例如《杂阿含经》中说五蕴“坏有故非我”。佛把一切物质、精神现象分成五大类，叫五蕴。那么，为什么事物一旦变化就不是“我”了？为什么“我”必须是常一不变的？

有人说，佛教这是在故意设定一个极高的标准——“常一不变”，再说“一切事物和现象都是变化无常的”，然后把“我”给否定了，宣布“无我”。那么问题来了，生命的主体，为什么必须是常一不变的？我就把这些各种发展变化之中的生命现象，概括统称为“我”，这样不行吗？反过来说，如果这些变化的现象够不上“我”的资格，那么我可以说，我从来不觉得有什么东西是不变的，从来没有执著过一个常一不变。例如我可以说：“我已经不是当年的我了。”这样的话，我岂不是已经证悟了“无我”，怎么没成佛呢？

让我们反思一下“我”这个观念。人的生命现象充满了变化，从受精卵一个单细胞，变成一个大人，从物质、精神上都变化巨大，甚至找不到相同之处，但是不论怎么变，人们总觉得这些物质和精神现象之中贯穿着一条轴线，是同一个“我”孕育、生长、衰老、死亡。变的都是“马甲”，“马甲”之中总有一个不变的东西，万变之中有不变，常一而贯穿，用这个东西可以将每一个人清晰地区分开来，这就是“我”的唯一的、同一的身份。可以说，这种观念深植于每个人的思维之中，深刻影响着我们的判断和行为。

那么，这样一个根深蒂固的观念，它在世界上有没有对应的存在，也就是“我”这个概念的指示对象是什么？经过佛教的一番考察，发现根本找不到一个东西符合这个常一不变的观念。物质的身体不是“我”，因为这个身体变化太大了，精神现象的变化更大，更没有一贯性，人的三观都有可能变化。

现代的科技发展也给这个问题来搅局，现在医学越来越发达，胳膊、腿能截，心、肝、脾、肺、肾都能换，而我还是“我”，没有被截掉、被换掉，可见物质身体绝不是“我”。有人会说，物质身体会变，但基因不变，但是现在有克隆技术，和你的基因完全相同的克隆人，哪一个是你？再比如，随着认知科学和神经科学的发展，对记忆的干预和重塑越来越深入，等到有一天，把你从小到大的记忆，复制到另一个身体上，再把你的记忆清零，那么，这个已经失忆的你，和那个本来不是你但是拥有你所有记忆的人，哪一个是你？

除了这些变化的生命现象，这个世界上就没有常一不变的东西吗？“证有容易证无难”，你没找到、没见过，不能说肯定没有。佛教说，“我”还有第二个标准，主宰生命现象。就算是有一个我们没有找到的常一不变的东西，它从来没有出现在我的世界，我完全经验不到，又怎么会是我的生命主体呢？

这样，考察到最后发现，如此根深蒂固的“我”的这个观念，只是个观念而已，只是你认为它有，除此之外，再没有其他东西了。

关于这个论证过程是不是充分有效，是不是还有再研究的余地，我们先不讨论。单就这个“无我”的结论来看，太恐怖了。这就好像说，我们把毕生积蓄都存到了一个银行，突然发现，这是个骗局，根本没有这个银行，它唯一的存在形式是“我以为它存在”。在这个“我”的观念的引导下，虽然我们的日常行为活动井井有条，有实际利益和效用，但就像金融骗局一样，开始的小钱都能提出来，如果沉迷于这些表面现象，就会越陷越深，最后吃大亏。所谓的大亏，就是生命的终极意义无处安放，安放在了一个根本不存在的地方。所以佛教说，世人都是沉迷在自己的颠倒梦想之中。

有人会说，佛教这样的主张，只是否定了一个常一不变的“我”，没有说发展变化的“我”是不存在的。刚才我们已经讨论了，佛教是从人们的固有的惯性思维模式之中，提炼出了一个“常一不变”的主宰的观念，起名叫作“我”，所以，“我”就是不变的主体，变的就不是“我”，所谓“发展变化的‘我’”是一个伪概念，是自相矛盾，根本谈不上一种变化中的“我”。而且，还需要注意的是，如果否定了主观世界的主体，就等于否定了整个主观世界。因为不管存在什么现象，它都不可能属于“我”，都不是主观世界的现象，因为主观主体的“我”已经被否定了。那么，就要特别注意，佛教说的“无我”、“我是空”，或者说“人是空”，这个“空”字是什么意思？不是说没有常一不变的“我”，但是有发展变化的“我”，而是说“我”就是毫不存在的，同时跟“我”相联系的整个主观世界都毫不存在。这里的“空”就是毫不存在的意思。

有这样一个问题，主观主体的“我”没有，客观世界的事物有没有呢？佛教把事物叫作“法”，那么万事万物的“万法”空不空呢？原始佛教经典中涉及这个问题的材料极少。我找到一部经，叫《世间空经》，里面有一段佛说“这个世界是空的”，但是理由是“这个世界上没有我”。这就好像说，这个会议厅里没人，所以说会议厅是空，但会议厅本身有没有呢，这部经里没有说，在整个原始佛教文献之中，我也找不到明确的说法。

可能会有人认为，会议厅里空无一人，本身就暗示了会议厅是存在的。这个说法听着有道理，仔细想想是有问题的。因为，对于存在的考察、存在论的建立，是有规则的，对于存在者的认定，是有标准的：什么样的事物可以作为存在主体，什么样的事物不行。

从前面的讨论可以看出，原始佛教对于主观世界主体的考察，贯穿着一个原则：存在必是常；如果无常，就是不存在。这样，作为生命主体的“我”，必须常一不变，变化的东西，有多少都不算数，所以得出“无我”的结论，这个很清楚。那么这个标准，是不是也适用于对客观事物的考察呢？无常变化的事物，算是存在还是不存在？原始佛教文献没有说。没有明确的判断标准和适用原则，就等于是没有下判断。外部世界是否存在的问题，在原始佛教这里是悬置的。

主观生命的“无我”，也被称为“人无我”，是佛教的最基本主张，后来的佛教各派无论怎么分裂，都承认这一点。早期佛教是一个以修行实践为导向的理论体系，主要关注修行实践和解脱问题，只关心人的问题，把人的烦恼解决掉，带向解脱，就完成了任务。为了避免纯哲学思辨成为干扰项，把外部客观世界有没有“法我”的问题，给悬置了。但是，随着佛教后来不断地发展壮大，越来越需要建立一套完整的哲学体系，以回应外部的责难和挑战，不能总是保持沉默。

二、部派佛教之说一切有部——“人空法有”

从佛去世后大约100年开始，佛教逐步走向分裂，据说分成了十八部，称为部派佛教，后来大乘佛教开始流行，把这些部派称为小乘。在万法空还是不空的问题上，这时的佛教分裂成两个阵营，小乘的各个部派是一边，认为外部世界是有，大乘佛教是另一边，认为万法皆空。不论认为世界是有还是空，这两边有一个共同点，就是共同遵守我们刚才说的那一个原则：存在就是不变，变化就不存在。也就是说，不管哪一方都认为原始佛教考察主观生命的这一原则和标准，同样适用于对外部世界的考察。

我们这里选取一个最有代表性的部派——说一切有部（简称有部）。为了给世界的存在订立一个标准，他们提出了“自性”这个概念。自性的字面义是“自己的存在”、“自身的性质”，也可以理解为事物的自体，其特征就是恒常不变。

有了自性这个概念，刚才说的判断原则就更加清晰。如果事物是存在的，它就拥有这种恒常不变的自性。如果找不到这样一个不变的自性，那么这个事物就是不存在的，它的存在就是假象，经不起推敲。

大家可能觉得这么说有点诡异，如果存在就是有自性，就不能变，那么世界上的变化运动应该怎么解释呢？有部的观点总结来说就是：三世诸法，自性恒有，但依作用，而见生灭。

有部自认为解决了这个变与不变的难题。自性法体一直都是实有，从来没有生灭变化，而且这个自性是三世恒有，即过去、现在、未来永远一直都有。这个部派的名字“说一切有”即源于此，不是说一切事物都有，是说一切时候都有。那么，我们看到事物的生灭变化是怎么来的呢？是“作用”在生灭，就是有时候有作用，有时候没作用，体一直在那里没变过。

现在的很多大乘佛教徒常常嘲笑这种实在论的思想太愚蠢，觉得明明看到这些事物是无常变化的，却非要为其找一个不变的自性作支撑。抛开正确和错误不谈，其实有部的思想体系并不愚蠢，要建立存在论，就要有原则。存在者是谁？身份是什么？不找到一个恒定不变的实体，就不能建立稳固的存在论。有部在“存在则必有自性”的存在论原则上丝毫不含糊，又通过作用的生灭解释了发展变化的经验现象，这套理论发展得非常精致，现在被称为佛教的经院哲学。

总结一下，有部的主张可以概括为：一个原则，两个基本点。有部还是贯彻原始佛教的存在论原则：有就是不变，变就是没有。这一原则落实在主观生命和客观世界两个基本点上，得出了不同的结论：人是空的，是没有的，因为生命现象都是变化的；但是，外部世界万事万物的变化的背后，有不变的，有自性，所以法是有的。这就是“人空，法有”，或者说“人我空，法我有”。“人我”就是主观主体，“法我”就是客观主体，就是自性。可见，“人我空”之中的这个“空”字，跟原始佛教一样，也还是毫无所有的意思。

三、初期大乘佛教——“人法俱空”

再来看另一个阵营，与部派佛教相对的大乘佛教，其代表文献是《般若经》。《般若经》是一个经典部类，我们常说的《心经》《金刚经》都属于这个部类。《般若经》主张，人空法也空，人法两空。

《般若经》与有部等部派的观点针锋相对，主张一切事物都无自性。要注意的是，《般若经》的讨论，仍然贯彻了刚才说的一个原则：有就是有不变的自性，没有就是没有不变的自性。所以，他们说事物都是无常变化、无自性的，而无自性就是毫无所有。没有常一不变的自性作为存在主体，这个事物就完全不可能存在。这个说法可能又与很多人的印象不同。很多人理解的“无自性”，就是没有一个恒常不变的内核，但并不是说这个事物就毫不存在，因缘生灭变化还是有的。

为了证明无自性就是不存在，这里我引用玄奘翻译的《大般若经》中的一句话：“一切法自性皆空，若自性空，则无所有。”

如果这还不够有力，我们再来看一段话，在这段话中，佛说，将来有人比较愚痴，想说般若波罗蜜多，也就是最高的智慧，讲出来的却是走了样的“相似般若波罗蜜多”，说成了：“色坏故名为无常，非常无故名为无常。”

那么，怎么说才是真正的般若波罗蜜多呢，佛说：“不应以色坏故观色无常，不应以受、想、行、识坏故观受、想、行、识无常，但应以常无故观色乃至识为无常。”

类似的段落在各种版本的《般若经》中反复出现。注意，这里释迦牟尼说，“无常即是常无”，“常无”才是“无常”的正确打开方式！没有永远，就是永远地没有。没有一个常一不变的自性，就是根本不存在。把“无常”解释为事物都在变化变坏之中，就是颠倒宣说相似佛法，而把“无常”解释为根本没有，永远地没有，绝对地没有，才是真正的般若波罗蜜多。

所以，以《般若经》为代表的初期大乘佛教的理论之中，原则还是那个原则，两个基本点有了变化，人是空，法也是空，诸法都无自性，无自性就是毫无所有，“空”还是毫无所有的意思。

四、初期中观——“空即是中”

下面我们说另一个主题，中观。

公元二三世纪的时候，印度出了一位佛教大师叫龙树。大乘佛教各个派别，相互之间吵得一塌糊涂，但没有一个人曾对龙树的思想体系有异议。能做到这一点的，在整个大乘佛教，只有龙树一人。《般若经》

虽然举起了人法两空的大旗，但是只给了结论，没有系统完整的论证过程，这个论证的任务就是龙树完成的。龙树写了一部《中论颂》，被认为奠定了大乘佛教的理论格局，他的思想体系，就被称为中观。

龙树的主要工作既然是梳理和阐释《般若经》，那么他就必然继承了《般若经》的基本主张，人法两空，和无自性就是不存在这一原则。《中论颂》第一品有一首诗颂表达得很清楚：

【鸠摩罗什】诸法无自性，故无有有相。

【笔者译文】于无自性诸事物，存在性即不可得。

龙树的思想体系叫作中观，他的代表作叫《中论》，都有一个“中”字，这是因为“中道”是佛教的基本立场。释迦牟尼说过，要走中道，要避免陷入两个极端，“有”是一个极端，“无”是另一个极端，执著“有”是常见，执著“无”是断见。那么，《般若经》也好，龙树也好，都是在反复强调主观世界和客观世界都不存在，人法两空，这不是落入了空无的断见吗？“中”体现在何处？

正因如此，在大乘初兴之时，小乘人士就常常指责大乘“空观”陷入了“无”的极端，是断灭见。而龙树的理论体系既然敢称“中观”，就是回应了这种指责，这是龙树的创见。他是怎么说的呢？这点又和很多人的印象不一样。龙树没有做任何调和性的工作，他从没有说过世界上并不是什么都没有，他认为还是有因果发展变化的，所以是中道。他在《七十空性论》中是这么说的：

【笔者译文】

事物为有即是常，事物无有即是断，

有事物则有二见，是故事物应除遣。

也就是说，“有”是一边，“无”是一边，“有”和“无”都是以事物为主语而下的判断和描述，而大乘空观，是把事物这个主语否定，自然就没有对它的描述，就避免了两种极端，所以是中道。

我把这种理论称为“预设前提的消解”。也就是说，大乘佛教所主张的“空”，不是先预设一个事物，然后说它是“无”，是一开始就不承认事物这个前提。举个例子，掷骰子押大小，大是一边，小是一边，龙树说我主张的“空”，不是押大押小，而是这个扣着的碗里根本没有骰子，也就无所谓是大是小，就避免了两个极端，所以是中观，是中道。

这里要注意，龙树的“中观”，不是折中，不是说世界是以一种既不是“有”也不是“无”，既不是“常”也不是“断”的微妙方式存在着，不是说碗下面扣着一个点数既不大也不小的骰子。实际上，在《中论》里龙树明确批判了这种以非“常”非“断”的形式存在的思想。龙树的中观就是“空观”，是彻底的“空”。他所批判的断灭见，不是因为“空”过头了，而是“空”得不够。执著事物是“无”，还留有一个事物的概念；把事物这个主语，这个预设前提也“空”掉，就是中观。那么显然，这个“空”还是毫不存在的意思。

可能会有人有这样的疑问，佛教是讲因果缘起的，这样岂不是把因果缘起都否定了。在这里我无法展开讨论，龙树的《中论》里用了好几章的篇幅来讨论因果业报，其结论也很直白，就是没有因，没有缘，没有业，没有果。对于一般所说的佛教的基本主张——缘起规律，龙树在《六十如理颂》是这么说的：

【笔者译文】

即使此人执著于，极细微物有生起，

此人即是无智者，不见从缘而生义。

也就是说，谁认为有事物生起，有事物灭去，他就是个傻子，就没有理解缘起规律。龙树显然是把这个问题拆解成了两个层面，一个层面是现象，缘起法；另一个层面是规律，缘起理；而他把这两个层面对立起来，说看到事物从缘生起，就恰恰没有理解缘起之理，那么反过来，认识到事物根本不生起，才是理解了缘起理。所以，龙树强调“缘起无生”，这显然与他的“空观”一致，这里就不展开了，大家知道龙树有这样一个立场就好。也就是说，龙树的所有观点都围绕着“空”，一切皆空就是中道，一切皆空就是缘起。

五、余论

相信说到这里，很多人都糊涂了。我要说的是：第一，上面我说的所有与大家平时印象不一致的说法，都有大量的原典文献证据。第二，必须通过这种从原典出发的方法，力求还原印度佛教史上产生过的思想和疑问，然后我们才可以理解后来的思想发展脉络。还原了这种打倒一切、否定一切的高纯度的“空观”，还原了龙树的天才式的丝毫不含糊、不妥协的论证方式，我们才能体会当时的印度佛教界受到了多么大的思想冲击，我们才能理解当时是多么紧迫地要回答一个问题，一个也同样升起在我们心中的问题，那就是，如果说一切都不存在了，那么接下来要怎么办？怎么实践？还要不要做好事？为什么不能做坏事？

龙树是公元二三世纪的人，紧接着，从四世纪开始，印度大乘佛教的理论建构几乎都围绕一个目的，就是如何让这种空观落地，落到实践上。围绕这一目的，大乘佛教也分裂成了瑜伽行派和中观派两派，在这里仅作简要介绍。

瑜伽行派，也叫唯识派。它的主要思想是，一切皆空是针对我们愚痴凡夫的，所有凡夫通过言说概念所认识到的事物都是毫不存在的，但是还有一个凡夫根本认识不到的世界，一个离言的世界，佛菩萨是能看到的。就像做梦一样，我们沉迷在自己颠倒梦想臆造的世界之中，看到的、摸到的一切事物都是不存在的，但是这些都源于一个真实存在的做梦的心理运作机制，这个机制只有佛菩萨这些醒来的人知道是怎么回事，不可言说，勉强表述一下就是心识，所以叫“唯识”。也就是说，这个世界是一场梦，毫不存在，只有做梦的心存在，只要你不想把你的人生做成噩梦，你就还得多做好事、不做坏事。这种理论被后人概括为“真有俗空”，意思是真实的层面上是有东西的，只不过俗人看不到而已，而俗人看得到的一切都是不存在的。

另一个派别兴起于6世纪，比唯识派稍晚，叫作中观派。注意，中观和中观派不同。中观是龙树思想体系的名称，那个时候大乘佛教还没有分裂；中观派是冠以“中观”之名的一派学人，是与当时的唯识思想对立的，其主张正好与唯识派相反，叫“真空俗有”。他们也是把世界分成两个层面，在终极的绝对意义的层面上，继承了《般若经》和龙树的“空观”，说什么都不存在，但是在次一级的相对的世俗的层面上，因果报应还是有的，不是真实有，是相对地有，但也不是毫无所有，所以你还是不能罔顾因果而做坏事。因此，“真空俗有”展开来就是，从世俗层面上讲，缘起是有，从终极真实层面上讲，一切是空，所以又被概括为“缘起有，自性空”，也就是著名的“缘起性空”。我们现在普遍对佛教“空观”的印象，说“空”不是什么都没有，还有发展变化，实际上都是源自这个阐释体系。

叶少勇　文学博士，北京大学南亚学系副教授。曾于2003年在印度德里大学留学一年，于2006至2008年获日本佛教传道协会奖学金，在日本创价大学国际佛教学高等研究所学习。发表有专著《〈中论颂〉——梵藏汉合校·导读·译注》、《〈中论颂〉与〈佛护释〉——基于新发现梵文写本的文献学研究》、《〈六十如理颂〉——梵藏汉合校·导读·译注》等二十余篇。

科学、宗教和哲学的关系

赵　林

在"科学"、"宗教"、"哲学"三个词中，有两个词在我们的一般思维中是直接对立的，这就是"科学"和"宗教"。在我们这样一个文化氛围中，大家基本上是在一种无神论的文化氛围中成长起来的。所以对我们来说，总觉得科学和宗教是直接对立的东西，也随之会产生一种成见：随着一个人科学知识的增长，他就会逐渐变成一个无神论者；而那些有宗教信仰的人，在某种意义上主要是因为他缺乏科学知识。关于宗教产生的原因，我们现在主要的观点还是来自于18世纪的一些法国思想家，如伏尔泰、霍尔巴赫等人。宗教是怎么产生的呢？用伏尔泰的话来说，那就是傻子碰到了骗子，骗子愿意骗人，而傻子们愿意相信，于是上帝就产生了。18世纪的法国启蒙思想家达到的思想成就，就是无神论，而那个时候的无神论基本上把宗教产生的原因简单地归结为欺骗加愚昧，或者欺骗加无知。根据这个观点，他们认为随着知识的增长，随着科学的启蒙，随着人们理性能力的提高，宗教这种现象就会被揭穿，这样就得出了无神论的结论。可以说，这种观点一直到现在仍然是中国社会文化氛围中的一个主流观点。但是，如果今天放眼世界的话，我们会发现这个观点遇到了严峻的挑战。

现在我们改革开放，向西方学习，主要学习西方的科学技术，学习先进的经济制度和各种现代化成果。谈到科学技术，毋庸置疑，当今引领世界潮流的是美国和西欧。他们的科学技术水平领先于我们，所以我们要向他们学习。但是如果我们深入观察一下美国和西欧的人们在宗教信仰方面的情况，我们会大吃一惊的。据2003年的统计资料，美国信仰广义基督教的人数占总人口的82.6%，而在差不多100年前，1910年，美国大概有96.6%的人是基督徒。现在虽然占比下降了十几个百分点，但基督徒还是占人口的多数。在科学技术和现代化同样非常发达的欧洲，信仰基督教的人有72%，也是占人口的大多数。面对这种情况，我们就会感到困惑，他们的科学技术那么发达，人民受教育的程度那么高，为什么绝大多数人还是基督徒？美国作为世界上最发达的国家，当“9·11”事件发生时，当美国人民受到恐怖主义分子袭击的时候，人们在心理上的第一个反应就是祈祷上帝保佑美利坚。他们没有想到用原子弹来保佑美利坚，尽管他们的原子弹可以把地球反复炸翻很多次。

当今世界上的广义基督徒约有20亿人，伊斯兰教徒（穆斯林）约有15亿人，印度教徒有9亿多人，加上佛教、犹太教以及各种区域性或部落性的宗教，信仰宗教的人数占世界人口的绝大多数。所以，在这样的情况下，我想我们在某种意义上，对于宗教的问题以及宗教和科学的关系问题，当然也包括哲学的问题，确实应该好好地进行一下反思。

20世纪的一位非常杰出的西方哲学家罗素，是反对基督教的，他长期研究西方哲学，同时也是伟大的数学家。他是一个才华出众的人，他的《西方哲学史》曾经获得诺贝尔文学奖。罗素在《西方哲学史》的导论中，首先谈到了科学、哲学和宗教三者的关系。他指出科学、哲学、宗教三者处在一个非常复杂的关系之中，一切具有确定性的知识，或者具有确定性答案的知识，都属于科学的研究对象；而一切超出了确定性知识范围之外的东西，都属于宗教神学的研究对象。但是在科学和宗教两者之间，还有一个受到双方攻击的无人之地，这就是哲学，所以哲学是两头不讨好的。罗素认为，就哲学的研究领域而言，其关注的内容是与神学一致的，那就是去思考一些没有确定性答案的、虚无缥缈的问题，思考那些不能够对你的衣食住行直接起作用的问题。用哲学的专业术语来说，就是一些形而上的问题。但是罗素紧接着说，就哲学的思考方式而言，却是和科学一致的。它对于那些没有确定性答案的问题的思考，不是像宗教神学那样诉诸某种权威，或者是《圣经》的权威，或者是教皇、教会的权威，而是诉诸理性。哲学不服从于任何权威，哲学和科学一样是用理性的方式进行思考。所以，哲学受到两边的攻击。对于宗教神学来说，哲学的理性化色彩太强；而对于科学来说，哲学讨论的问题又过于虚无缥缈。这就是罗素所理解的科学、宗教与哲学之间的复杂关系。

武汉大学哲学系一位已故的老先生陈修斋教授，是国内研究莱布尼茨哲学的著名专家。他曾经写了一篇文章，提出了“哲学无定论”的观点。文章中说，哲学所探讨的最核心的问题，是没有定论的，不仅现在没有定论，而且永远没有定论。那些问题本身是永远不可能用我们的理性知识获得终极答案的，但是它们却不断地引发我们的哲学思考。北京大学的张世英先生，是我国研究西方哲学的学术泰斗。他曾经发表了一篇文章，名叫《说不可说——再论哲学何为》，他的观点和去世的陈修斋先生的观点不谋而合。张先生认为，哲学就是不断地去言说那些不可说的问题。有些问题就其本身而言，是无法言说的，是超出我们的理性思维和语言之上的，但是人有着某种浮士德精神，我们总是要固执地去言说那些永远无法言说的问题。也许正是通过一代又一代人的不断的言说，哲学本身才得以推进，但是哲学想要寻求终极答案的那些问题，却是永远说不清、说不尽的。这就是哲学的魅力，它在顽强地追问着那些永远没有终极答案的问题，并且在这种追问中积累了越来越丰富的智慧。关于这一点，辩证唯物主义也是承认的，即我们不可能穷尽终极性真理。正是因为我们不可能穷尽它，我们不知道它到底是什么样的真理，所以它始终是一个吸引着我们的海市蜃楼，促使我们向着那个虚无的方向不断前进。

哲学和宗教神学具有一致性，它们都在探讨某种终极性的问题。但是它们的不同之处在于：宗教神学总是信心十足地告诉你，这个事情就是这样的；而哲学却认为，这个事情未必是这样的。这就是二者的差别。比如说宗教神学告诉你，人死了以后还有另外一个世界，还有天国、地狱。每当有人向我传教的时候，我就会问那些以十足的信心向我宣扬死后情景的人："难道你是上帝吗？上帝安排人最后到哪里去，你怎么都知道了。如果连你都知道了上帝的计划，那上帝就没有什么了不起的了。"关于死后的问题，如果真有一个上帝的话，那么他安排的计划，肯定是我们凡人无法把握、无法了解的。这才符合上帝的身份。否则的话，作为世界的造物主，他创造世界、安排命运的计划都让人了如指掌，这不是人类的一种狂妄吗？狂妄就是骄傲而骄傲在基督教看来是最大的罪。亚当、夏娃为什么堕落？就是因为骄傲，不听上帝的话。上帝叫他不要吃那个果子，他偏要吃，这就是骄傲，这就是最大的罪过。所以，从这个意义上来说，我们研究哲学的人也可以反过来追问宣扬宗教的人。

但是对于这些问题，一个严肃的科学家却是保持沉默的。因为科学是经验科学，科学需要证据，需要实验，而这样一些问题是永远无法做实验的，也永远没有证据，既不能证明那个世界有，也不能证明那个世界无。如果没有证据就断定其存在或不存在，那不就是一种狂妄吗？所以，从这个意义上说，真正的科学家，他们对于这些问题往往保持一种沉默态度。即使他们对这个问题有一种结论，那也只是出于信仰，而不是出于理性。比如牛顿，他是一个伟大的科学家，也是一个虔诚的基督教徒，所以牛顿在解释世界运动的最终原因时，总是要搬出一个上帝来。我们知道万事万物都受到万有引力的作用，但是万有引力是在一个已经运动的世界里面才有效。于是，牛顿就会去思考这个问题，或者别人就会问他这个问题：这个世界最初是怎么动起来的？如果世界没有运动，当然也就不存在万有引力了。万有引力理论本身显然不能解释一个不动的世界运动起来的原因。在这样的情况下，牛顿当然只有诉诸他的宗教信仰，按照《圣经》的说法，上帝创造了世界，上帝给予世界第一次推动，然后世界就按照万有引力定律运动起来了。

这个问题对于唯物主义者而言就要简单得多，按照唯物主义，世界是物质的，物质是运动的，所以世界根本就不存在一个从不动到运动的初始过程。因为只要它是物质的，它就必然是运动的，所以一个物质的世界从一开始就在运动着，根本就不存在运动的初始原因问题。因此，追问世界是怎么从不动到运动的，这是一个假问题。但是对于一个基督徒来说，他的看法正好与唯物主义者相反，他觉得世界怎么可能一开始就在运动呢？运动总需要一个根据，总需要一个最初的动因，这个最初的动因来自哪里呢？在这个问题上，谁也无法说服谁。

这实际上是思维模式的差异。在不同的文化氛围中，从小受到不同文化的教养，就会形成一套固定的思维模式，就会觉得这个事情理所当然是这样的。反过来，在另外一种完全不同的文化氛围中受教养的人，也会觉得那个事情理所当然应该是那样的。实际上，这样的问题永远无法有统一的答案。

这些无法通过经验的科学事实来加以验证的问题，就是陈先生、张先生所说的那些无定论或者无法言说的问题，就是哲学所关注的最核心、最本质的问题。但是哲学又不同于宗教，它不可能从《圣经》或者教会的权威中去寻找答案，而只有诉诸理性，只能顽强地试图用理性来解答那些超出理性范围之外的问题，这就是哲学的尴尬。

罗素在《西方哲学史》里提出了几个主要的哲学问题，但是他都没有给予答案。他认为这些问题本身就是没有终极答案的，这就是一些无定论的哲学问题。下面，我们就来分析一下这些问题。

第一个问题是物质和精神的关系。

罗素在导论中提出了第一个问题：世界是分为心和物的吗？如果是这样的话，那么心是什么，物又是什么？心和物之间的关系到底是怎样的？

对于这个“简单”的问题，任何一个中学生都可以理直气壮地回答：世界是物质的，心只是物的一种功能，心和物的关系就是物质决定意识。这种回答非常简单，这是中学生的水平，它是建立在一种流俗的成见之上的。一个学哲学的人，在学习哲学以前，以为自己什么都懂，什么都有确定性的答案。但是在学习哲学之后，就会感到糊涂，说明他已经开始对那些成见产生了怀疑，发现自己从小形成的成见可能是有问题的。这个时候就表明你开始有了哲学思维，有了哲学的慧根。当我们开始换一个角度来思考，当我们以某种“上帝之眼”来进行观察的时候，我们会发现，一种局限的、流俗的、从小形成的成见，往往是导致人生悲剧的重要根源。我们身处的文化环境使我们从小就确信，这个世界当然是物质决定意识。但是在全世界几十亿宗教信徒看来，是上帝或真主创造了世界，上帝、真主都是无形的，都是精神性的，所以这个世界从根本上说是意识决定了物质。即使你要跟他争论，你怎么跟他争论呢？我们谁也没有看到过世界最初产生的情形。这个物质世界是怎么产生的？上帝是怎么创造世界的？我们谁都没见过，所以我们都只能付诸信仰。

无神论者说，自然科学已经证明了宇宙大爆炸理论。130 亿年以前，宇宙从一个奇点爆炸，然后逐渐膨胀成为我们今天的世界。这就解决问题了吗？很难说。现在西方一些具有基督教背景的科学家，恰恰就是用这个观点来论证上帝的。在 130 亿年以前，宇宙大爆炸那一瞬间，时间、空间以及一切物理的效应都不存在，在爆炸之后我们这个世界才开始有了时间、空间和其他一系列物理效应。所以，追问宇宙大爆炸以前的情况，这本身就是一个荒唐的问题。面对宇宙大爆炸的假说，很多有基督教背景的科学家就援引《圣经》，强调上帝最初既不在时间中，也不在空间中，既不在天上，也不在地上；你根本就不能追问上帝存在在哪里，因为时空、天地都是他所创造的。

公元 5 世纪的时候，有一位非常著名的基督教神学家，叫奥古斯丁，当时有人就问他这个问题。奥古斯丁提出来，上帝是超越时间和空间的，他比时间、空间更原始，他不在时间和空间之中。因此你不能追问在世界被创造之前，上帝在哪里以及他在干什么之类的问题。因为按照我们的常识思维，世界是被上帝创造的，那么上帝没有创造世界以前就没有世界，没有世界当然就没有空间，没有空间那么上帝在哪里呢？

而且时间也是被上帝所创造的，历史过程是上帝创造世界之后的一个时间流程，那么在上帝创造世界以前，他在干什么呢？因此，奥古斯丁认为，这样的问题根本就不能问，因为它是超出我们的思维能力的。上帝在时空之上，俯视着时间和空间，时间和空间是与物质世界一起被他创造出来的。因此，追问上帝在创造世界以前在哪里以及干什么这样的问题不仅是超越的，也是渎神的。

宇宙大爆炸至今仍然是一种假说，并不能完全得到证实，只不过在今天的宇宙学中，它比别的假说更加具有说服力，因此天文学界和宇宙学界基本上都接受这种观点。根据这种假说，最终可以把整个世界还原到大爆炸的那一瞬间，但是至此，我们就无法再往前追问了。因为到这里，时间和空间都失效了。世界最初到底是怎么产生的，我们永远无法给出确定的答案。而且大爆炸理论还包含着很多不确定的东西，比如说黑洞。我们永远无法进入黑洞，因为任何东西进了黑洞就出不来了。那么黑洞是不是给我们提供了另外一种生存空间？这永远都是一个谜。而且还可能会有所谓的反物质世界的存在。因此，在关于世界最初的起源问题上，想象力或许要比任何经验的证据更加有助于我们的思维。所以从这个意义上说，心和物的关系问题，确实是一个悬而未决的问题。

第二个问题是宇宙是否具有目的性。

罗素提出的第二个问题就是，宇宙的发展是否具有某个确定的目标，或者具有某种目的性？整个宇宙的万事万物是不是坚定不移地向着某种方向、某种目的发展？

人是一种智能动物，我们做事情绝大多数时候都是有目的的。我们造扩音器是为了让声音能够更好地传播，造黑板是为了写字，造桌子是为了供我们吃饭或者写字，都是有目的的。正是因为人做什么事情都有目的，所以我们在观察世界的时候，很容易把这种目的性带到大自然中间，很容易觉得在自然界里面很多事情也是有目的的。从广义上来说，今天被我们称为生物链，或者生态循环的大系统，本身是一环扣一环的。万事万物好像都有一种平衡，把某一个物种从中间拿掉，整个自然界就可能失衡，就会导致一种不和谐，甚至会导致整个生态体系的崩溃。所以，中世纪的基督教神学就强调一种目的论的观点。以猫和老鼠的关系为例，有猫就得有老鼠，要是只有猫没有老鼠，那么猫就会饿死；反过来，如果只有老鼠没有猫，那么老鼠就会泛滥成灾。所以上帝在创造了猫的同时，也创造了老鼠，上帝创造猫就是为了让它吃老鼠，而创造老鼠就是为了给猫吃。老鼠虽然被猫吃，但是老鼠繁殖的速度要比猫繁殖得快，所以它们之间可以保持一个平衡。如果猫的繁殖速度快于老鼠，那么这个世界可能就比较麻烦了。诸如此类的生态平衡，在自然界里面可以看到很多。

因此，以前宗教神学就认为自然界的一切事物都是按照上帝早已安排好的计划来演进的，都是有某种隐秘的目的的。但是到了近代，尤其是达尔文提出生物进化论以后，那些否定宗教神学目的论观点的人，当然也包括无神论者和唯物主义物者，就找到了一个可以与这种目的论相抗衡的理论。他们指出，世界上根本就不存在什么目的，因为只要你承认自然界是有目的的，那么就必定会有一个目的的赋予者，即谁把目的赋予了万物。比如说，如果你在野地里面走，一脚踢出一块手表，你发现它具有精美的构造，一个螺丝扣一个螺丝，一个齿轮扣一个齿轮，而且它可以准确地计时。你很难相信它是自己长成这个样子的，你更愿意相信一定是有一个钟表匠把它制造出来的。同样，你如果相信这个大自然的一草一木、各种各样的飞禽走兽，各自都具有某种目的性，那么你就会相信，肯定是某个世界之外的存在者，把各种目的赋予了它们。在目的论方面，最具有说服力的，就是我们人类自身。在达尔文的进化论提出来以前，没有人会相信，这么美丽、这么高尚的人类，作为“宇宙的精华、万物的灵长”的一种高级生灵，竟然是从丑陋的猴子进化而来的。所以，达尔文进化论是对人类自尊心的一次严重打击。在生物进化论创立以前，大家都不知道人可以从别的物种进化而来。按照基督教的传统观念，人是上帝创造的。根据《圣经》的说法，上帝按照自己的形象创造了一个男人，然后又抽了他的一根肋骨变成了一个女人，这就是人类的始祖亚当和夏娃。我们所有人都是亚当和夏娃的子孙，所以我们都跟他们长得差不多，亚当和夏娃也跟上帝长得差不多，所以上帝也跟我们长得差不多。当然，这种观点到了 19 世纪，受到一批无神论者的颠覆。比如，当时德国哲学家费尔巴哈，他就提出不是上帝创造了人，而是人创造了上帝。人为什么这么像上帝，或者反过来说上帝为什么这么像人，因为他本来就是人创造的，人所创造的上帝当然就像人了！如果狗和马也能够进行创造，那么它们创造的上帝就一定长得像狗和马一样。所以，从这个意义上说，上帝和我们的相似性恰恰说明，不是上帝创造了人类，而是人类创造了上帝。当然，这种观点在西方并不占主流。但是在进化论创立之前，除了占主流的基督教创造论观点之外，人们很难说明人最初是从哪里来的。

人从猴子进化而来是一个普遍性的进化论思想。但是从事生物学研究的人可能都知道，进化论中有很多环节是无法解释的。因为猴子并不是最初的物种，猴子也是从更低级的动物进化而来的。这样就可以一直向前追溯到最原始的生物，例如蓝藻或三叶虫之类的原生生物。根据今天的古生物学研究结果，在云南澄江发现了一些寒武纪时期的进化水平比较高的生物种群。而在这个时期之前，整个生物种群的进化水平非常低。这就意味着在生物进化的序列中突然出现了一个断层，这个断层被称为生物学大爆炸，即在短短数千万年的时间里突然产生了大量进化水平较高的物种。生物进化论的一个重要理论依据就是渐进性，生物是在适应环境的过程中逐渐进化的。然而现在却突然出现了一个断层，出现了生物学大爆炸，这个现象对进化论是一个巨大的挑战。生物学大爆炸很容易引出上帝来。生物物种为什么会发生大爆炸？为什么出现跳跃？进化是日积月累的过程，不可能在短短的地质时间里发生飞跃性的突变。如果有一天早上起来，一些猴子突然变成了人，那么你当然就得从猴子之外去寻找突变的原因。

在两三千万年这么短的一个地质时间里，怎么会突然产生一些生物种群的大爆炸？这个问题确实被西方很多有基督教背景的科学家们抓住做文章，他们认为这恰恰证明了上帝在里面起作用，提出了智能创造论。智能创造论不像以前的目的论那样主张一种低水平的创造，即认为上帝一次性地创造了不同的物种，分别创造了人、猴子以及其他各种物种。智能创造论把上帝看作是一个程序设计者、一个软件工程师，上帝创造了最初和最原始的物种，例如蓝藻、三叶虫之类。同时他把一种自我进化的机能赋予了这些原始生物，让它们可以不断地适应环境，通过与环境之间的互动而生长，不断地发展和进化，直到最后进化为人类。这样一来，就把创造论与进化论结合起来，用进化论的事实来论证了创造论的观点。

进化论只能解释从一个物种到另外一个物种的变化，但却无法解释生物为什么总是从低级向高级、从简单向复杂、从单细胞向多细胞演进。进化为什么会有方向性，进化论本身是解释不了这一点的。自然选择、优胜劣汰、适者生存等说法都只是对事实结果的一种辩护，而不是对进化原因的一种解释。因此，当进化论本身不能说明进化的终极原因时，有神论者就会搬出创造论，认为一切进化的过程和方向都是上帝事先设计好了的。上帝就像一个高明的钟表匠，他从来不会在制造出钟表之后再来不断地调整它，而是让它自己有条不紊地运行。一个智能的创造者，他可以让被创造的物体具有自组织、自生长的功能，这才是最高明的。对于创造论的这种观点，进化论者也难以回应。所以，从这个意义上来说，自然界本身到底有没有目的性，这确实是一个无定论的哲学问题。

第三个问题是是否存在着自然律。

罗素的第三个问题有点危言耸听，他问道，是否存在着一种被我们称之为自然律的东西，还是只是因为人是一种喜爱秩序的动物，所以整个自然界在我们眼里才呈现出某种规律性。

这个问题更具有颠覆性。因为我们通常都会确信，客观世界是有规律的，科学就是要去发现客观世界的规律，然后征服世界。如果是像罗素所提的问题那样，说客观的自然律只不过是人类这种生物的一种思维定式，人类习惯于把各种事物放在某种秩序性中进行思考，才形成了所谓的自然规律。这种观点确实是有些惊世骇俗。

关于这个问题，实际上早在两个世纪以前，德国伟大的哲学家康德，就已经提出了“人给自然立法”的思想。他认为，自然界的所有规则都是人们在对自然现象进行思考的过程中赋予自然界的。他并不否认有一个客观的、不以人们意志为转移的世界，但是这个世界除了给人们提供知识的质料以外，并不提供任何规律，所有的自然规律都是人们在对自然质料进行直观和思维时赋予其上的。简单地说，自然规律不是源于客观世界，而是源于人类主观的直观形式和思维形式。

我们从小就通过教养形成了一套理性的思维逻辑，所以我们对世界的思考也是按照这套逻辑来进行的，世界的规律性在很大程度上就是这套思维逻辑的结果。我们这套思维逻辑本身是在人类理性发展的历史过程中逐渐形成的，具有一种约定俗成性。因此，依据这套逻辑而形成的自然规律本身，也难免会带有主观色彩，成为某种“人同此心、心同此理”的思维结果。

比如，现在这里有一张黄颜色的桌子。假如今天有一个黄红色盲在场，他看到的桌子就是红色的。并不是他把黄颜色说成了红颜色，而是黄颜色在他眼里分明就呈现为红颜色。于是，关于这张桌子的颜色问题，我们和他之间就会产生分歧。我们说这张桌子是黄色的，他却说是红色的。按照少数服从多数的原则，由于我们大多数人都不是色盲，所以正确的答案就是：这张桌子是黄色的。但是，如果不巧，今天台下坐的大多数听众都是黄红色盲，那么这张桌子是什么颜色的？如果当我们正在以少数服从多数的表决规则来讨论这张桌子到底是红色的还是黄色的时候，突然从外面飞来一群苍蝇，或者一群蜜蜂。它们都是复眼动物，复眼动物的眼睛结构是与我们完全不同的，它们看到的东西，不仅颜色跟我们看到的不一样，连形状也跟我们看到的不一样。如果苍蝇或蜜蜂能够听懂我们的讨论，它们就会觉得很奇怪，因为它们看到的桌子既不是红色的，也不是黄色的，甚至连形状也完全不同。人是一个认识主体，苍蝇和蜜蜂也是不同的认识主体，同一个世界在不同的认识主体的眼里呈现出不同的形象。这确实是一个问题，我们不能以人类的话语霸权来掩盖真理性的问题。我们必须承认，同一个客观世界对不同的认识主体可能会呈现出完全不同的形象，以此类推，客观规律本身也同样难免会被打上深深的主观烙印。

这个问题最具有颠覆性的意义就在于，到底有没有所谓客观本来的东西。实际上，所谓客观本来的东西，就是在不同主体的感觉和思维中呈现出来的东西。这个问题其实是很简单的，简单到我们都对它视而不见、充耳不闻。就像离我们眼睛最近的东西是睫毛，但是我们从来都看不见自己的睫毛。一个最简单的道理，我们往往视而不见。我们必须要重新思考这个世界本身的客观性。在某种意义上，或许是由于人类太狂妄了，我们总觉得我们看到的世界就是一个唯一客观的世界，但是其实这个世界只不过是我们眼睛看到的世界罢了。对于真理的问题，也是这样。

如此说来，罗素的发问是有着极深内涵的。所谓不以人的意志为转移的客观规律，或许真的是人类长期理性教养的一种约定结果？正如米兰·昆德拉的那句名言："人类一思考，上帝就发笑。"就像我们看到孩子们在认真地玩游戏时就会悄然发笑一样，当人类在煞有介事地从事一些严肃的工作的时候，如果真有一个上帝，他看我们也会像我们看孩子玩游戏那样，觉得很可笑。然而人类却是一种神圣而荒诞的生灵，即使是滑稽可笑的事情，我们仍然会非常认真地去做。也许我们永远也走不出这样一个怪圈，这样一种西西弗斯式的宿命，一直到生存的尽头。

第四个问题是"人"是什么。

罗素的第四个问题是，人到底是一堆碳水化合物，孤立无助地在一个渺小的星球上爬行着，还是像哈姆莱特所说的，是"宇宙的精华、万物的灵长"？

人到底是什么？按照以往西方基督教的观点来说，人是很谦卑的动物，人在上帝眼里就是一堆垃圾，而且人的本性就是罪，即原罪。所以人没有任何理由、任何资本可以在上帝面前傲慢，我们的所有东西都是上帝给的。所以在中世纪，人被看作是很卑贱的，人瞧不起自己，这就导致了中世纪整个社会经济、政治、文化的凋敝、贫穷、落后。但是到了近代以后，随着自然科学的发展，人的自尊心开始增长，人类社会也得以迅猛发展。

但近代以来自然科学的发展也使人类的自尊心遭受了三次沉重打击。

第一次是在15、16世纪的时候，哥白尼等人提出了日心说。这在当时可以说是不得了的事情。因为在此之前欧洲所有人都是基督教徒，按照基督教的观点，上帝创造了整个世界，并且最后创造了人。上帝最喜欢人，所以把人放在了世界的中心，放在了地球上，所有的星球都围绕着地球运转，地球上的所有事物都供人驱使、为人服务，人及其所在的地球便是宇宙的中心。而哥白尼却说太阳是中心，地球围着太阳转，那么人类的中心地位就没有了，所以，当时有很多人反对哥白尼，认为哥白尼的这种观点是异端邪说。这个观点在当时是对人类自尊心的一次大打击。但是，这个打击却有利于自然科学的发展。后来发现连太阳也不是中心，还有更广阔的银河系，甚至还有河外星系，宇宙无中心。从这个意义上来说，正是由于科学的发展，才使人的自尊心受到了打击。

第二次就是生物进化论的提出。生物进化论把人这么高尚的生灵说成是从猴子变来的，这又是对人类自尊心的一次大打击。但是从另一方面来说，这个打击同时也确立了人的自主性，因为我们现在不再需要上帝了。人是从猴子演变过来的，演变得越来越富有理性、越来越高级了。既然人可以从猴子甚至更低级的生物进化而来，那么上帝对人来说就没有意义了。这样人实际上就把上帝抛开，自己变成了上帝。

第三次打击是在20世纪，心理学家弗洛伊德认为，人类所有高尚的活动都是出于一种卑污的动机，出于性的冲动。所有高雅的艺术活动、劳动创造、经济活动说到底都是力比多冲动的结果。把人类一切高雅的活动全部都归结到一个卑劣的、不登大雅之堂的动机之上，人类自尊心又一次受到了打击。

但是，这三次打击实际上都在某种意义上促进了科学的发展，使人们越来越多地摆脱了宗教信仰的束缚，确立起科学观察的结论。自从“日心说”提出来以后，人类的中心地位就开始动摇，但是在人类的中心地位受到威胁的同时，人类认识自然和征服自然的自信心也随之加强。人失去了宗教信仰上的优越性，却获得了科学理性上的优越性。因此到了今天，我们的现实状况是，地球上的很多问题，特别是人与自然关系的不和谐等各种生态问题、环境问题，实际上都是人类的过分自信和狂妄造成的。培根有句名言：“知识就是力量。”这句名言固然促进了近代科学的发展，但同时也埋下了一个祸种。在培根之前，知识只是一种陶冶心灵、培育宗教情感的东西，培根却把知识变成了一种征服自然的力量。所以，现在人学知识就是为了征服自然，把自然当作奴隶，其结果是人类对自然的剥夺，破坏了我们生存的家园，结果必然会导致自然的报复。大家看看这几年，SARS、禽流感、水土流失、环境污染……我们生活在一个很不安全的环境之中。这都是人类自己造成的，原因就是我们把自己看得太高，把自己看作是宇宙的精华、万物的灵长。但是实际上，从宇宙的观点来看，在整个浩渺的宇宙中，人只不过是一堆碳水化合物，孤立无助地在一个渺小的星球上爬行着。从某种意义上来说，我们确实应该反思自身，反思我们自近代以来逐渐形成的，认为人可以主宰一切、可以征服自然的狂妄。

第五个问题是生活有没有高低贵贱之分。

罗素接着问道，有没有一种生活是高贵的，另一种生活是卑贱的?

这个问题属于价值问题。我们每个人活在世上都在追求幸福，都想很好地活过这一辈子，于是就去追求一种所谓的崇高生活。但是每个时代所追求的“崇高”都不一样。在我年轻的时候，那时社会所追求的高尚的东西和今天完全不一样。那时候年轻人都愿意去当兵、当工人，甚至上山下乡当农民。现在大家都不愿做这些了，现在大家都想当老板、当经理。所以，所谓高贵的生活和卑贱的生活，其本身也在不断地发生着变化。对于现在很多时髦的东西，我们应该持一种冷眼相待的态度。如今是一个“短平快”的时代，大家吃麦当劳、看好莱坞电影、崇拜明星。这个时代最大的特点就是轻松快活、感性简单。就像看好莱坞电影，追求的是感官的刺激，不用动脑子，看完就忘了。我觉得这是一件很荒唐的事情——大家再也不去看《巴黎圣母院》《战争与和平》《简·爱》的原著，而是买一张 DVD 看完故事情节就行了。看 DVD 能代替读小说的感受吗？很多情景性的东西、细腻情感的体验，不是看 DVD 的故事情节就能够感受得到的。很多知识就像磨牙一样，你要去咀嚼，而不能老是喝流质的东西。

今天我们说要建设和谐社会，但我觉得当今社会依旧有三个“不和谐”：一是自然与人的关系不和谐，如环境污染等；二是人与人的关系不和谐，如贫富悬殊等；三是每个人的肉体与精神之间不和谐，如心理疾病问题。第三个不和谐或许是最严重的。随着中国经济的发展，我们的肉体获得了越来越多的满足，但是在精神上我们却处于一种荒漠和畸零状态。现在的快餐式文化，正在抹平我们心灵中的一些深层次的东西，比如理想和情操。因此，我们思考到底有没有一种高贵的生活，并不是说你要当个什么、你有多高的职位，那只是表面的。高贵的生活应该是一种精神性的生活，就是要守住人心中的那一点最珍贵的东西。孟子说：“人之异于禽兽者几希。”他指的就是人心中的仁义礼智。在今天的自由社会中，每个人都有选择生活方式的权利，但是我觉得一个民族要想崛起，还是需要某种高尚的精神追求。

第六个问题是有没有一种永恒的善。

罗素问道，如果宇宙最终会走向毁灭，而人生又是如此短暂，那么人生还有必要去追求一种永恒的善吗？

我们知道这个宇宙终究是会走向毁灭的，当然这是一个大尺度的时间问题。宇宙不可能无限膨胀，膨胀到一定时候就会停止，就开始热寂，宇宙开始变得越来越冷，最后可能所有物种都会灭亡。但是人生却是那样短暂，那么我们有没有必要去追求某种善的东西呢？这确实是个问题。我们今天的社会也面临着道德滑坡。实际上，道德、美德、善这些东西跟我们生活的幸福之间存在着矛盾。如果在幸福的要求得到满足的情况下，我们当然愿意与人为善。而且按照儒家的观点，认为人生来就有“四端之心”，仁义礼智不是外来的，而是人天生固有的。但是在现实社会中我们却发现，当幸福与道德发生矛盾时，人总是更多地倾向于追求幸福，而不是追求道德。

道德和幸福如果可以一致，那就最好，也就不存在任何问题。但是在现实社会中道德和幸福往往是不一致的。用康德的话来说，在现实世界中经常出现一个悖论，那就是有道德的人往往不幸福，而幸福的人却往往不道德。这是实情。我们可以看到很多人很有道德，但是他一辈子过得很不幸福；反过来，有些人很幸福，但是他却净干一些违背道德的事。这是一种普遍存在的现象。所以，面对道德和幸福的两难问题，每个人都会面临选择。当人处在两难境地的时候，我们到底有什么理由要放弃实实在在的幸福而去追求崇高的道德呢？这样做总需要一个根据。

在 18 世纪，德国哲学家康德深受牛顿科学思想的影响。他认为当时的自然科学要想发展，首先要搬走的一个绊脚石，就是上帝。如果上帝存在于自然界中，那么科学家们怎么研究自然界呢？上帝一施展奇迹，就把自然律给破坏了。什么叫奇迹，奇迹就是自然律的破坏和中断。所以，科学家们要研究自然界，就不能让上帝用奇迹来干预自然界的规律，就必须把上帝从自然界中赶走。因此，康德在他的《纯粹理性批判》一书中的一个重要工作，就是把上帝彻底从自然界中排除出去。在自然科学研究的范围内，是完全没有必要谈上帝的。

但是康德紧接着又考虑另一个问题：自然界可以没有上帝，但是人的道德世界却不能没有上帝。如果人心中没有了上帝，那么道德又靠什么来支撑呢？所以在他的第二大批判，即《实践理性批判》中，康德又通过道德论证，说明了上帝存在的必要性。他论证的方式是这样的。我们每个人都具有与生俱来的道德律令，每个人心中都有一种道德的呼唤。但是人有一半是属于自然界的，我们的情感受自然界的支配，服从自然界的规律。肚子饿了就要吃，困了就要睡觉，有欲望就要满足，这是自然界不可抗拒的规律。但是当我们受自然律支配的时候，往往会做出一些违背道德律令的行为。我们每个人都会碰到这种两难选择：这样做是合乎道德的，但是那样做却是对我有利的。一方面，人内心中有道德的呼唤；另一方面，人是自然界的一部分，要受自然律的支配。在这样的情况下，人的行为就往往会背离道德而趋于利益。所以康德认为，一个人能够做到道德自律，即所有言行举止都完全服从道德律令，是非常困难的事情。但这也不是绝对不可能的，有些人就可以做到，比如康德本人。康德活了 80 岁，一辈子没结婚，一生基本上没有离开过哥尼斯堡这个小地方。他每天下午三点准时出来散步，过着非常严格的生活，一直在书斋里面从事科学研究。他可以说是完全按照道德律而生活的。所以康德就认为，只要坚持努力，就可以做到完全遵照道德律来生活。不过他认为严格遵循道德律生活的过程会非常漫长，甚至一辈子也不可能完全实现。

假如说我是这样一个人，当幸福和道德出现了矛盾的时候，别人都去追求幸福，我却始终坚定不移地追求道德，一辈子修身养性地追求道德，但是当我已经快达到至高的道德境界时，我的生命却结束了，那么我一生的道德努力岂不是白费了吗？所以我们就必须假定人的灵魂是不朽的，此生未竟的道德事业可以在来生接着修炼，否则我们此生此世的道德修为就没有意义了。这样一来，通过此生、来世坚持不懈地道德努力，我们终于实现了最高的善，实现了道德自律，即一言一行完全遵循道德律令。但还有一个问题解决不了——我虽然在道德上实现了完善，但是我并不一定会幸福，因为幸福和道德是两码事，甚至往往是互相矛盾的。为了解决这个难题，康德认为我们必须假定有一种理想世界，在这个世界里，道德和幸福是成正比的，是相互配套的，即“德福相配”。也就是说，一个人的道德境界越高，他所享受的幸福程度也越高；反过来，一个人的道德境界越低，他的幸福程度也越低。这个理想状态肯定不是现实世界，因为在现实世界中往往是有道德的人不幸福，幸福的人不道德。但是，相信这个理想世界的存在，构成了我们在此生此世坚持道德的重要的勇气和理据根源。

只有相信理想世界的存在，我们在此生此世中才会坚持道德。那么理想世界靠什么来保证道德与幸福之间的相互匹配呢？显然不是人，因为人无法解决道德和幸福的矛盾关系。道德固然是靠我们自己来坚持，但是幸福却是属于自然界的。因此必须假定有这么一个东西，它虽然不是评价道德的最后根据，但却是根据道德来分配幸福的权威，只有它才可以根据一个人的道德水平来分配相应的幸福。这就是上帝。这样一来，康德又把上帝给搬出来了。康德这样做的深奥之处就在于，他否定了上帝存在的必然性，但是却肯定了上帝存在的必要性。必然性是客观的，而必要性却是主观的。在一个受必然性支配的自然世界中，我们无法寻找到上帝的身影；但是在我们的内心中，在我们的道德世界里，上帝的存在却是有必要的。上帝是否存在在自然中，这并不重要；重要的是，如果没有上帝，一般人就缺少了坚持道德的理据，就无法坚持好人有好报的信念。这就是康德在宗教问题上的一个伟大贡献，大多数受过科学教育的现代西方人实际上都崇尚这种宗教观。

所以，在“9·11”事件中，当美国人面对恐怖主义的袭击时，他们首先想到的是上帝保佑美利坚。每个人都有软弱的时候，这时候相信上帝的存在，在情感上是巨大的抚慰。同样在道德上，许多人坚持道德，也是因为他们相信必定会有一个终极的公平分配者，会按照一个人的道德水平来分配幸福，这样人们才有勇气坚持在此生此世奉行道德。否则人们为什么要坚持道德，人生不过几十年，及时行乐多快活。

最后一个问题是什么是智慧。

罗素最后问道，是否存在一种叫作“智慧”的东西，或者我们称之为“智慧”的东西不过是一种精致的愚蠢？

关于这个问题，我只想简单地说几句。实际上，我在前面已经讲到了米兰·昆德拉的那句话，“人类一思考，上帝就发笑。”有许多所谓的智慧，其实不过是我们约定俗成的一种共识而已。有时候我们总觉得，这个事情按照逻辑、按照经验本来就应该是这样的，但是再想一想，那些逻辑和经验只不过是长期以来大家约定俗成的一个结果。也许会有另外一种完全不同的经验、另外一种完全不同的逻辑。这个世界的发展存在诸多的可能性，它完全可以往另一个方向发展。不同的物种，对于世界的感受和理解是彼此不同的。你有什么样的眼光，就会看到什么样的事物；你有什么样的思维模式，世界对于你就具有什么样的意义。因此，在某种意义上说，调整你自己的眼光，转变你自己的思维方式，你就会看到一个崭新的世界。我觉得这个很简单的道理，或许才是真正的智慧；而对这种智慧的热爱，就是哲学。

赵　林　武汉大学珞珈杰出教授、国家教学名师、享受国务院政府特殊津贴专家；兼任澳门科技大学特聘教授、香港汉语基督教文化研究所学术委员。

现代犹太教改革派的文化认同及其启示

傅有德

所谓文化认同，是指一个民族共同体对蕴含在自己的文化传统中的基本价值的体认，它在文化的意义上回答了“一个民族是谁”的问题。美国学者亨廷顿认为，“文化认同对于大多数人来说是最有意义的东西。”

文化认同是一个民族共同体的精神纽带，是其生命延续的精神基础，因而具有很强的民族性特征。在单一文化主导的国度里，文化认同一般不成为问题；由于不同文明的相遇，小到个人，大到一个民族，都不得不面临和自己的传统相异的文明的挑战，这时，文化认同就成了一个大问题。犹太民族早在《圣经》时代就曾先后与埃及、亚述、巴比伦、波斯、希腊、罗马等诸多文明相遇；从公元 70 年开始，一直到 1948 年以色列建国，犹太人散居世界各地，直接面对各个国家或民族的文化。与不同文明的相遇，尤其是散居在异国他乡，使犹太人很早就意识到自己的文化认同问题。由于现代性的冲击，文化认同成了关系到犹太民族能否自立的大问题。

犹太人的文化认同在于其宗教——犹太教；改革派犹太人的文化认同在于改革派的犹太教，而改革派的犹太教的主旨主要体现在改革派中央拉比会议通过的若干纲领性文件中。从 1885 年到 1999 年，美国改革派犹太教中央拉比大会发布过四个具有重大历史意义的文件，即《匹斯堡纲领》（1885 年）、《哥伦布纲领》（1937 年）、《改革派犹太教：百年回顾与展望》（1976 年，以下简称《百年回顾》）和《改革派犹太教原则声明》（1999 年，以下简称《原则声明》）。本文将通过引征和分析这四大纲领性文件，阐述改革派犹太人的文化认同，弄清改革派是如何处理传统与现代、民族性与普世性的关系问题的。本文还试图表明，改革派犹太人的文化认同观以及他们对待民族性与普世价值的态度和方式，对于当代中国人的精神文化建设是有借鉴意义的。

一、犹太传统之根

犹太教改革派对于犹太人的民族认同和文化认同与历史传统的关系有着清醒的认识。1999 年，中央拉比会议在匹斯堡通过的《原则声明》明确指出："纵观我们的历史，我们犹太人一直深深植根于我们自己的传统，即使我们学习了许多与我们相碰撞的文化。"尽管在该声明发布的时候，历史已经到了 20 世纪的最后一年，尽管犹太人在过去的两个世纪里经历了启蒙运动、纳粹大屠杀、以色列建国等一系列重大的历史事件，犹太人仍然坚信他们之为一个族群与其传统之间根深蒂固的联系。对于犹太人而言，是犹太教塑造了犹太人，没有犹太教，就没有犹太这个民族。关于这一点，《原则声明》之外的其他三个文件也都包含了类似的意思。

既然犹太人的文化认同植根于犹太教，那么，在改革派心目中，什么是犹太教？或者说，犹太教中最基本的概念或原则是什么？对于这个问题，《原则声明》作了明确回答："本原则声明肯定，犹太教的核心信条是：上帝（God）、律法（Torah）和以色列人（Israel）。"该声明表示：上帝，是"真实、唯一"的存在，他通过《圣约》与犹太人密切联系在一起。他创造世界，按照自己的形象造人，人们敬畏他、崇拜他，以祈祷等方式回应他。律法，"是犹太人生活的基础"，是犹太人珍视的"启示真理"，上帝通过它展现了对犹太人和人类的爱。对于律法，犹太人需要终生学习和躬行践履，学习和履行律法的结果是超凡入圣，使凡俗的生活神圣化。以色列人，是"一个渴望成圣的民族，一个因着古老契约被特选的民族，一个万族之中唯一历史地见证上帝临在的民族”。现在的以色列人，是一个“包容的民族”，既包括在以色列国的犹太人，也包括散居世界各地的犹太人。

实际上，用“上帝”、“律法”和“以色列人”这三个概念界定犹太教，是犹太教改革派的一贯立场和做法。早在1885年的《匹斯堡纲领》中就明确提出：“犹太教为人类保存并捍卫了上帝观念，并奉之为宗教的核心真理。”[①]摩西律法是古代训诫犹太人完成其使命的体系，“今天，我们仍尊之为具有道德约束力的律法。”以色列人不再是一个独立的民族国家中的一个民族，而“是一个宗教共同体”。1937年通过的《哥伦布纲领》开宗明义谈犹太教的基础，把犹太教的基本原则归纳为八条，上帝、律法和以色列人是其中的三条。该《纲领》写道，上帝“是犹太教的心脏。”犹太教对宗教的主要贡献就是其上帝观：他是活的神，上帝凭借律法和爱统治世界。“托拉（律法），无论是书面的，还是口头的，都铭记了以色列人不断生成的有关上帝的意识和法律意识。”关于以色列人和犹太教的关系，该文件称：“如果说以色列人是躯体，犹太教则是其灵魂。”1976年在旧金山发布的《百年回顾》也明确列出了上帝、以色列人和托拉三条（一共六条）原则。关于上帝，该文件写道：“无论个人还是社会，仍将生活植根于上帝的真实存在基础上，随时准备接受新的体验和神圣观念。我们视生命为神秘，相信人类由神创造，分享神的永生，虽然还有一种我们称之为死亡的神秘事物存在。”关于以色列人，该文件写道：“犹太人的特别之处在于他们与神有契约，进而可以洞悉人类处境。在我们漫长的历史中，我们的民族怀着救世主般的希望期待人类赎罪，我们的民族和宗教从来都是不可分离的。”关于托拉，该文件写道，“托拉源自犹太人与神的关系”，是历代的立法者、先知、历史学家、诗人、拉比“为我们留下的宝贵遗产”，“几个世纪以来，托拉从未停止过创新，当代犹太人也以其创造

① 大卫·鲁达夫斯基．近现代犹太宗教运动［M］．济南：山东大学出版社，2003：327.

力为这个传统链条添砖加瓦”。

要而言之，改革派犹太人把自己的文化认同植根于这样的犹太教：以上帝为最高的存在，接受并实践神圣的律法，相信犹太人是与《圣约》相联系的与众不同的民族或宗教共同体。这就是改革派犹太人的文化认同的基本方面。在我们看来，犹太教是犹太人的宗教，上帝、律法和以色列人作为犹太教的基本原则，体现了犹太教的民族性。

二、汲取西方的普世价值

改革派犹太人把自己的文化认同植根于以上帝、律法和以色列人为基本原则的犹太教。但是，应该指出的是，传统犹太教的内容并非是改革派犹太人文化认同的全部。上帝、律法和以色列人作为犹太教传统的核心原则只是他们文化认同的一部分，尽管是基础性的一部分。如果以上原则体现的是改革派犹太人文化认同中的民族性因素，那么，在上述四大纲领性文件中，我们还可看到一以贯之的普世性内容，即西方启蒙运动以后风靡世界的普世价值：公平、正义、平等、自由、爱人、和平、人权、公民权、女权，等等。《匹斯堡纲领》明确宣称：改革派“以积极投入现时代的伟大任务为己任”，“以正义和公正为依据，解决由这些问题引致的种种问题”。《百年回顾》也表示，“世界正义与和平”是犹太人的追求。《哥伦布纲领》肯定犹太教重视人类的血族关系的同时，认可“人类生命和人格的圣洁和价值以及个人追求自由和自由选择职业的权利”，“人人平等、民族平等、派别和阶级自由是所有人不可剥夺的权利也是所有人不可逃避的责任”（第6条）。这四个文件都不同程度地宣称，犹太人不只是聚居在西方国家中的一个民族或宗教共同体，而且认同启蒙思想家以及《人权宣言》《独立宣言》所阐述的普世价值。也就是说，西方思想家提出的普世价值对于改革派犹太人来说，不仅不是格格不入的，而且已经成为他们文化认同的重要组成部分。

应该看到，改革派犹太人接受西方的价值观是有历史原因的。历史告诉我们，犹太教改革既是犹太人“解放”的结果，也是启蒙运动的产物。前者的意思是说，犹太人在法国大革命后成了法兰西共和国的公民，获得了与法兰西民族同等的权利，至少在官方文件里改变了原来受压迫、遭歧视、没有任何政治权利的地位。继法国之后，欧洲多数国家也在法律上承认了犹太人的公民地位。这就是犹太历史上所谓的“解放”。后者在这里既指18世纪西方的启蒙运动，也指犹太人内部的启蒙运动（Haskalah）对犹太教改革的影响。犹太人的启蒙运动是西方启蒙运动在犹太人共同体内的反映。二者的共同点在于：对中世纪的传统宗教和教会持批判态度，大力提倡平等、自由、博爱、科学、人权等普世的价值，主张与时俱进的进步历史观。犹太启蒙思想家如门德尔松认为，作为现代犹太人，一方面应该融入西方的主流社会，实现自身的现代化，另一方面又要保留犹太教传统，在文化或精神上坚持犹太人的身份。[①] 在“解放”和启蒙的双重影响下，传统的犹太教已经无法应对现代价值的挑战，于是，从19世纪初开始，犹太教内部发生了改革运动，改革派随之登上了历史舞台。在这个意义上，犹太教改革是“解放”与启蒙双重作用的后果。在“解放”和启蒙的历史背景下，改革派犹太人把西方文化中的普世价值融入犹太教，可以说是历史的必然。

三、发掘并弘扬犹太传统中的普世因素

我们注意到，改革派犹太人除了接受西方启蒙运动以来的价值观，如人权、公民权、妇女的平等权以外，还努力发掘、弘扬或改造传统犹太教中的原则或价值，使之普遍化为全世界各个民族共有的价值或真理。改革派的做法是：或者把原本属于犹太人或犹太教的内容普世化，使之变为普世的东西；或者把犹太教固有的普世因素弘扬光大，使之完

① 这就是门德尔松在《耶路撒冷》一书中提出的犹太人的双重任务。该思想对后来的犹太教改革产生了积极的影响。

全与西方的普适价值等同起来。前面提及的公平、正义、平等、和平等西方价值是有其犹太教根源的。它们既是西方的，也是犹太的。改革派犹太人把它们发掘、弘扬，使之成为现代犹太教的重要组成部分。如《百年回顾》所说："蕴含在传统犹太教中的普适主义的伦理一定要成为我们犹太人的责任中明确的部分。"

关于上帝，《圣经》中常说"亚伯拉罕的上帝"、"以撒的上帝"、"雅各的上帝"、"以色列人的上帝"，而且，希伯来《圣经》中的上帝表现出对以色列人特别的关爱。例如，上帝和他们立约，赋予他们律法，使之成为"上帝的选民"；把他们从埃及的奴役中解救出来，赐给他们"流着奶和蜜"的土地，在他们需要的时候给以佑助；等等。这些通行的犹太教上帝观显然带有强烈的犹太性，即民族性色彩。但是，改革派纲领中的上帝已经不仅仅是犹太人的上帝，而是全人类的上帝了。如《匹斯堡纲领》在阐述犹太教的第一个原则时就说："任何一种宗教都旨在把握无限的上帝"，而"犹太人为人类保存并捍卫了上帝观念，并奉之为宗教的核心真理"。

在传统的犹太教中，犹太人期盼弥赛亚的降临，那时，弥赛亚将带领各地的犹太人打败敌人，回归耶路撒冷去建立一个和平正义的王国。显然，这种弥赛亚带有很强的民族性。但是，在《匹斯堡纲领》中，弥赛亚观就完全变成普世主义的了。该文件说："在精神和智力文化普遍发展的现时代，仍有途径通向在人类中建立真理、公正与和平的王国，这也是救世主（弥赛亚）的伟大希望。"这里突出的是，弥赛亚期盼不只属于犹太人，而属于全人类，因为其目标是"在全人类中建立真理、公正与和平的王国"。

犹太教改革之前，一个普遍接受的观点是，托拉是上帝赐给犹太人的律法，因而为犹太人所专有，它也是犹太人区别于其他民族的重要标志。但是，改革派的犹太人认为，托拉不仅是犹太人的，也是全人类的。如 1999 年的《原则声明》所言："我们相信，托拉是上帝对于犹太人和全人类的爱的展现。"

此类例证还可在改革派的文件中发现许多。由此可见，把原来属于犹太人特有的价值普世化，是改革派犹太人确立其文化认同的一个特别值得关注的做法。

《圣经》（《创世记》1:26－27）说：上帝按照他的形象，照着他的样子造人。这一本来具有普遍意义的观点在改革派的文件中得以重申和加强。正如《匹斯堡声明》所说："我们确信，每个人都是按照上帝的形象创造的，因此每个人都是神圣的。"每个人的神圣性和与此相关的人所固有的尊严和价值，有其《圣经》的根源，也是人类在过去、现在和未来都应普遍享有的。

我们都知道，《圣经》（《利未记》19:18）教导古代以色列人"要爱人如己"。这一原本具有普遍意义的"博爱"观也在改革派的文件中弘扬光大，因为《匹斯堡纲领》说得很清楚："我们承认，我们时代博大的仁爱精神是实现我们的使命的同道。"

公平、正义、和平在犹太教《圣经》里占有突出重要的地位。《摩西五经》的诸多律法体现的一个基本原则就是公平的判决，人所熟知的"以牙还牙，以眼还眼"的律法便是其中典型的一例。"惟愿公平如大水滚滚，公义如江河滔滔"（《阿摩斯书》5:24），先知阿摩斯的呼喊更是家喻户晓的。类似的观念在改革派的四个纲领性文件里被多次提及。例如《匹斯堡纲领》提出"以正义和公正为依据"解决现代社会存在的种种社会弊病。《哥伦布纲领》也说："犹太教将其教义应用于经济秩序、工商业和国内外事务以图建立一个公平社会。它旨在消灭人为的悲剧和痛苦、贫困和退化、专制和奴役、社会不公和偏见以及恶意和冲突。它倡导在平等正义基础上促进敌对阶级和谐关系的形成和创造条件使人性大放异彩。"（第7条）关于和平，它说："自先知时代起，犹太教就向世人宣示了追求世界和平的理想。"（第8条）犹太教"主张依靠精神教育、爱和同情追求人类进步。它视正义为一切国家福祉之基础和世界和平之条件"。（第8条）《匹斯堡声明》说得更加充分："我们寻求对话并与其他的信仰者联合起来，希望一起能为我们的世界带来和平、自由和公正。我们有责任去追求公平与公正，并缩小贫富间的差距，反对歧视和压迫，追求和平，欢迎陌生人，以保护地球生物的多样性和自然资源，摆脱自然、经济和精神的奴役。此时此刻，我们再度肯定社会活动和社会公正为改革派信仰和实践的核心性的、先知性的要点。”通过改革派的阐发，犹太教《圣经》中就有的公平、正义和平等价值与西方的价值观完全接轨，成为人类普遍认可和接受的东西，使古老的价值承载了现代的精神，从而焕发出新的生命力。

四、兼顾民族性与普适性

以上所述乃是改革派从传统犹太教中保存、发扬的因素，以及从西方文化中吸收的内容。除此之外，改革派还对传统做了大量“祛除”的工作。大致说来，改革之初是“破字当头”，许多信条、习俗被当作过时陈腐的内容被“弃若敝屣”，后来则逐渐趋向于传统与民族性的回归，继承了较多的传统犹太教特有的内容，基本实现了民族性与普适性的兼顾与平衡。

由于直接受到“解放”和启蒙运动的影响，1885 年的《匹斯堡纲领》凸显了对传统犹太教的批判与祛除，明显表现出对启蒙价值的青睐与靠拢。这一方面表现在他们把上帝视为“任何宗教”都具有的普遍观念和“宗教的核心真理”，倡导“全人类的真理、公正与和平”，另一方面表现在对于犹太教的某些律法的摈弃。该纲领明确写道：我们“仅仅坚持那些升华和圣洁我们生活的各种仪式。同时抛弃所有那些与现代文明观点和习惯不适应的陈规陋习”。具体说：“那些关于饮食、宗教洁净、服饰的规定，起源于不同的时代，而且受到了与我们的精神状态格格不入的观念的影响。它们不能给现代犹太人提供宗教的神圣性；在我们时代遵守这些规定，与其说进一步推动，不如说妨碍了现代精神的升华。”还有，“我们不信肉体复活，也不信地狱（Gehenna）和天堂（Eden）是永久惩罚和回报的场所，这样的观念在犹太教中没有根基。”对于重建犹太国家和恢复古代的献祭制度，该文件也很明确：“我们既不务求重返巴勒斯坦，也不向往在亚伦子孙的管理下从事献祭崇拜，更不会恢复任何犹太国的律法。”在较长的一个时期，改革派不再相信天堂、地狱，不再行“割礼”，不再坚持食用“洁净食品”（Koshah food），不再穿着与众不同的服饰，甚至不再于星期六过安息日而改在了星期日。对于多数改革派来说，“美国就是巴勒斯坦，华盛顿就是耶路撒冷。”犹太人没有必要回到巴勒斯坦建立自己的国家。50 年之后，改革派的态度有了转变。关于犹太复国主义，《哥伦布纲领》作了明确地肯定：“我们认为所有犹太人都有职责建立一个犹太家园，使之成为为受迫害者提供的避难港和犹太文化、精神生活中心。”（第 5 条）这是改革派向民族性回归的重要一步。宗教生活也得到了强调：“犹太教生活以奉献犹太教理想为特征。它主张教徒忠实参加犹太社区生活，并于家庭、犹太教会堂、学校和其他一切可以丰富犹太教生活、促进犹太教福祉的机构中得到体现。犹太教还要求人们保留安息日、各种节日和宗教节日，保持和发展这些传统、象征和仪式具有启发价值，在礼拜和引导中发掘独特的宗教艺术和音乐形式、使用希伯来语和其他本国事物。”（第 9 条）在 1976 年的《百年回顾》中，我们也看到了明显的回归民族性和宗教性的痕迹：“神要求我们以民族责任为起点延伸到犹太人生活的方方面面……庆祝生活中的重大事件；参加犹太教会堂、社区和其他促进犹太民族存续、增强犹太民族生存能力的活动。”在犹太教仪式中，“犹太人都要遵循犹太教传统的要求，践行个人自觉，以承诺和知识为基础进行选择和创造。”（第 4 条）。

如果说 1885 年的《匹斯堡纲领》更多地表现出了去犹太人的民族性与个别性和对普世性的追求，那么在以后的《哥伦布纲领》（1937 年）、《百年回顾》（1976 年）和《匹斯堡声明》（1999 年）等几个重要文献中则逐渐表现出民族性、个别性的回归，以及民族性与普世性的兼顾与平衡。正如《百年回顾》中所说的那样：“直到最近，犹太人的责任与全人类的责任才协调一致起来。这两者看上去是彼此对立的。我们不知道有什么简单的办法去解决这种紧张关系。然而，我们必须直面这两者而不放弃其中的任何一项。对人类的普遍关怀如不伴之以对我们独特民族的忠诚，就是自我毁灭；只对我们民族有热情而缺少对人类的热情，是和先知对我们的教导相矛盾的。犹太教要求我们同时负起普适的责任与个别的责任。”（第6条）从改革之初以祛除民族性、个别性，推崇普适性为主调的激进解构，到逐渐认识到传统与现代、民族性与普世性之间兼顾与平衡的重要性，并以此对传统进行重构，改革派犹太人用了100多年的时间。可以说，这种兼顾与平衡的认识是犹太人历史经验与教训的结晶。

至此，我们做出如下小结。

改革派犹太人的文化认同在于他们所接受的犹太教。而他们接受的犹太教，从前面的论述可见，一方面植根于传统犹太教，保留了上帝、律法和以色列人三大核心要素，因而坚持了其文化认同中的民族性，即犹太性（Jewishness）；另一方面又带有明显的普世主义内容。其普世性内容的获得主要有三个途径。其一是直接吸收西方启蒙运动以来流行的价值观，如自由、平等、博爱、科学、人权、公民权、女权，等等。其二是从传统犹太教中发掘本来就具有普世性的价值，并发扬光大使之成为完全普适的要素，例如公平、正义、和平、爱人，等等。三是改造传统，将其中原来是犹太人特有的，即民族性的内容转化、提升为普适的内容，例如将犹太教的上帝观转化、提升为全人类的核心宗教观，把犹太人的律法普遍化为所有人的律法，把犹太人的弥赛亚观普遍化为全人类的弥赛亚观，诸如此类。质言之，改革派犹太人的文化认同包含了三部分内容：传统犹太教的原则，它们保持了改革派犹太人的个别性或民族性；从西方文化中汲取的普世的价值观，以及从犹太教传统中转化、提升而来的普世性因素，它们构成了改革派文化认同的普世性方面。这三部分内容构成了现代改革派犹太教的有机整体。在过去的近两个世纪里，它塑造和改变着改革派犹太人（约占犹太人的一半）的文化认同。从方法论上看，改革派犹太教的纲领体现了兼容统合（Both/and）的特点，兼顾了传统与现代、民族性与普适性两个方面的因素，在它们之间保持了适当的平衡。

五、对当代中国人文化认同的启示

毫无疑问，今天的中国人面临着一个文化重建和确立文化认同的任务。与19—20世纪的犹太人类似，我们面临着现代性的挑战，有一个在传统与现代之间做出抉择的问题；我们同时也面临普世价值的挑战，有一个在民族性与普世性之间做出抉择的问题。不仅如此，在高度全球化的21世纪，我们面临更多样的文化传统，因此更难做出抉择。在过去的一个多世纪里，中国的知识分子在回应现代性与普世性的挑战中形成了不同的思想派别，如全盘西化论、国粹主义、中体西用论、西体中用论，等等。全盘西化论和国粹主义走向了两个极端，对文化会通与融合的大势视而不见，显然是不足取的。至于“西体中用”论，因其否认中国人文化认同的根在于自己的文化传统，主张以“西学”替换“中学”，属于“准全盘西化论”，在理论和实践上都不可取，所以也无须论述。

值得重视的是所谓的“中体西用”论，因为此论在理论上影响深远，至今仍有为数不少的支持和拥护者。“中学为体，西学为用”之论存在一个显而易见的问题，这就是“体用相分”，即作为“体”的东西基本上是纯粹的“中学”。张之洞在1898年成文的《劝学篇》中阐发了“务本”与“务通”并举的思想。“务本”要求人们持守“三纲五常”等儒家伦理、道德规范，通过传统的纲常名教来实现立身立命。“务通”则是在“务本”的根基上兼采西学，有限度地引进西方先进科学技术，学习西方的近代工业。张之洞的主张在朝廷的推动下风靡全国，张本人因之成为“中体西用”论的“最乐道之者”（梁启超语）。显而易见，张之洞的“中体西用”论没有对作为“体”的儒家伦理纲常有所触动和改造，这与前述犹太教改革派的做法大不相同，因为犹太教改革派恰好是对“体”，即犹太教自身进行了改革。正如犹太教是犹太人的文化认同，儒家思想是中国人——至少是相当一部分中国人的文化认同。如果说在闭关锁国的古代，儒家思想之为中国多数人的文化认同是合理可取的，那么，鸦片战争之后，尤其是在全球化愈演愈烈的今天，仍然坚持四书五经里的儒家思想，而不与时俱进地给予解构与重建，就是逆历史潮流而动，甚至可以说是冥顽不化了。犹太教改革派的经验告诉我们，现代中国人需要新的文化认同，塑造和确立新的文化认同的做法是“创造性地转化”传统文化，尤其是儒家思想。在这样做的过程中，一是应该将我们的文化认同植根于过去的传统，即坚持其中原有的符合人性、适应时代的原则，例如仁、义、礼、智、信；二是应该敞开胸怀接受西方文明和各国文明中的普适价值，如自由、平等、博爱、公正、和平、科学、人的尊严、妇女权利等；三是应该发掘与弘扬中国传统中固有的价值，使之转化为具有普世意义的价值，例如温、良、恭、俭、让、宽、敏、惠等。通过这样的解构与重建工作，一个植根于中国传统但又是更新改造了的新文化将问世于21世纪的中国，并成为当代中国人的个体或民族的“灵魂”。

傅有德　北京大学哲学博士、“长江学者”特聘教授、“泰山学者”特聘教授、中国宗教学会副会长，教育部人文社科重点研究基地——山东大学犹太教与跨宗教研究中心主创人、主任。

圆融东西文明·迎接信息时代

科学与哲学的对话

科学对话会：信息文明时代的趋势、机遇及挑战

李焯芬　郭毅可　谢　耘　李嗣涔

李焯芬：大家晚上好，前不久海航经济研究院出版了一套海航丛书系列，当时我们组织了几场座谈会，在座谈会里面，大家对海航企业的两个特点感受非常深刻。

第一个特点是，共同创造、共同享有。这种企业的模式是21世纪人类社会非常需要的，能够结合原来的高效率和重视企业的社会责任、重视共享的理念，对将来人类发展是非常重要的经济模式。

第二个特点是，海航非常有前瞻性，非常重视科学的发展，非常有科学视野。今天晚上我们第一场讲座就是讲科学，请来了三位顶尖的科学家给大家报告信息和大数据方面最新的发展。

我理解的郭教授关于人类未来的美好新世界的预言，大概是说，将来如果有病了要看医生，你是看一个机器，机器的技能就帮你判断，而且帮你决定怎么来治病。

另外一位校友谢教授也讲了大数据、人工智能、智慧城市未来的发展，还提出了一些挑战。李校长讲了金融方面的最新的研究成果。我想请教大家的就是，刚才郭教授和谢教授都讲了未来的发展愿景，郭教授提到人会越来越以自我为中心，谢教授提到人可以变成上帝，好像有点宗教的味道了。我是一个佛教徒，佛教一个很直白的观点就是人也是一个贪嗔痴的载体，人总有自己的那份贪性，如果人都以自我为中心，都是上帝，那这个社会将来会不会有由贪嗔痴引起的矛盾呢？能不能请郭老师指导一下。

郭毅可：我刚才讲到了共产主义的地平线。共产主义一个很重要的观点就是人不能以自我为中心。公有制的特点，社会化大生产，从根本上来说，是对人自我持否定态度，这和佛教的思想是很统一的。我讲的“以个人为中心”是一个经济载体的概念。现在一个大企业，因为共享经济、大数据、互联网、人工智能的发展，一个大的斯巴达克斯的组织形式正在瓦解，人越来越以个体的形式作为一个经济载体。其实我和谢老师讲的，家庭的淡化、国家的淡化分离，实际上是一个道理。从整个社会组织形式来讲，将来的技术发展使人类进入智能时代，以创造为目的，这我完全同意，但是有一个十字路口，就是现在，到底是以利己主义为主形成两极分化，还是以佛教思想、以无我、以共享的思维方式来思考。实际上选择这个路口的是人类本身。我个人的看法是这个路口存在着一种理想的选择，就是2%的人创造，与98%的人共享。这条道路就是一个广义上的共产主义。共产主义不是一个意识形态，或者说一个观点，我更把它看成一种哲学，一种社会经济模式，客观上，这样说比较好一些。从乌托邦到空想社会主义，再到共产主义，是人类美好的理想；现在我们有了这个条件，有了这个经济基础，人类不再担心战争、不再担心饥饿、不再担心瘟疫，这个时候我们应该选择后一条道路走向美好社会。这是我的观点。

李焯芬：非常好。其实前几天我们在报纸上看到一篇文章，讲未来党的理论建设要重视创新，讲的就是共产主义的创新。谢教授刚才也提到了人都变成了上帝，你怎么看这个说法？

谢耘：我觉得当人从求生存的状态中解脱出来，不再为生存等所困扰的时候，人性扮演的角色可能就越来越重要了。因为原来有生存压力，生存的压力可能有的时候会压过人性，当生存的压力大大降低之后，人性确实会起越来越大的作用。但是不同的宗教对人性的看法不一样，对于宗教理解不一样的人对人性的看法也不一样。我这么多年一直做企业，有一个看法，不一定对，就是人性的分布基本是一个正态分布。一边是有一些人性不好的人，你改变不了他，而另外一边，就是有一些可以舍生取义的人，你也改变不了他，大部分人处在中间。中间到底会偏到哪里？这个就受整个社会方方面面的影响。但是仅仅就我个人观察到的，这个偏离度是有限的。我们没有办法让绝大多数人都变得很高尚、很无私。我个人这么多年的经历，包括我在清华当学生、当辅导员的经历告诉我，这个空间不是太大；乱世的时候大家一定往坏的那方面走，盛世的时候大家普遍会更自豪一些、更好一些，但是这个空间还是有限制的。如果说这个假设成立的话，如何面对这种人性的现实，设计出一个合理的社会治理的方式，是一个天大的挑战，我也没有答案。

李嗣涔：我想，当你不求衣食以后，你追求的变成了人生的意味。这个世界有两套系统，一个是政治系统，一个是宗教系统。政治本来和城市合在一起，后来分开了，有太多的问题，政治就处理我们的生存问题。各位讲的很多都是生存问题，用政治制度来解决；心理问题用宗教来解决。三大宗教，基督教、伊斯兰、佛教，加上中国本土的道教，都在处理这个问题。西方对基督教是坚信不疑的，坚信只有一个上帝存在，他们不会认为自己是上帝，所以说不会产生这个问题。不过刚才讲到信息学创造了虚拟的世界，有一个 X 信息，其实这个虚拟的世界只是一个层面，浮在海面上的冰而已，底下还有一个巨大的体系，一个真正的虚拟世界。我们身处实数的世界，越来越向那个世界发展，所以心中的信仰变得越来越重要。如果真的有这个世界存在，它有它的规矩，你还不懂，可是宗教里面已经透露了，那个世界有它的规矩、它的行为规范。相信这一点会让这个社会的稳定度大幅度提高，因为当你相信举头三尺有神明的时候，那比法律还有用，它是你人生最后的归宿问题的时候，你会害怕，你的行为会在很大程度上局限。宗教的信仰会影响政治社会的走向，所以说必须要让这两个系统取得平衡，未来的世界发展才会更顺利、更美好。

李焯芬：谢谢李校长。还有一个问题请教三位专家。刚才我们提到了人类社会从工业文明走到信息文明。工业文明刚开启的时候，整个经济的发展还是非常快的，工业革命带动了经济的高速发展，一直到现在科技等方面的发展；工业文明发展到一定阶段，我们也碰到很多问题，比如污染问题。可能在工业文明开始的时候，我们没有特别注意污染的问题。我们现在已经进入了信息文明时代，三位专家能不能谈一下在信息文明的新时代，我们要特别注意什么？

谢耘：刚才郭教授提出了 2%、98% 的部分的概念。其实 AI 刚发明出来的时候，比尔·盖茨就提出警告，AI 会取代大部分人的工作。这些人怎么生存？工作都被机器取代了，这个社会会乱、会崩溃。但每个人都在创造信息，作为一个信息拥有者或者创造者，如果能够得到分配的话，那么，多多少少能够让这个问题缓和一些。在虚拟世界做什么都可以，但如果我们没有一个很好的规范的话，每个人都变成不受规范的上帝，那就会是一个很可怕的世界。所以，规范也要跟着改变。最大的问题就是刚刚的问题，大部分人都失业了怎么办，只有 2% 的人找得到工作，那剩下 98% 的人怎么办？这个社会是不会稳定的，会出巨大的问题。所以，如果能够成为资讯的提供者和创造者，多少会有一些改善的余地。

郭毅可：我完全同意。这 2% 和 98%，看来就是智能社会的一个重大的挑战，是不可避免的问题。

解决这个问题，刚才我讲到了共产主义这个概念：2% 的人贡献，98% 的人分享。如何让 2% 的人贡献，这里面有道德观念的问题，佛教的思想在这里很可能是非常有用的。独享是没有意义的，大众分享、大众成就是很好的思维方式。反过来讲，98% 的人也不能光享受，也要创造，大家都要创造，这是一个大众参与、大众认同的问题。其中有一个很大的问题就是教育。关于人工智能问题的讨论，很少谈及未来的教育体系。我们要培养什么样的人？我们不是培养那“2%”，因为他们自己会成为那2%的人，但是对“98%”的教育很重要，怎么样让他们真正承担创造的责任，制造数据，而不要制造垃圾。这样的教育体系，将是非常有用的。刚才茶歇的时候，张教授说：“我这个衣服你看怎么样，以后是不是都是机器做。”我说：“是。”现在的衣服一般都是机器生产了，将来那些98%的人中可能会出现有创造性的裁缝，会做出来一些机器人根本做不出来的创造性的东西。这些人就在“98%”里面，把这个东西作为享受、作为艺术。现在想的问题不是机器取代我们，而是怎么做好机器不能做的事，在未来培养各种有独创性、能够真正区别于机器智能的人。人在机器面前，有一种无谓的、没有道理的傲慢，认为机器就是人的附庸品。这是不对的。要想想机器对你的挑战。如果连机器都能做厨师的话，你就要能做出来比机器更好的饭，这就是创造。创造就是要承认机器人既是你的助手，也是你的对手，要承认它的智慧和你不一样，不能够判别好坏。所以，这个观点上我不太同意谢教授的观点，就是说，机器是人的附庸品，人是主宰者。不见得。我们谁都不互相主宰，很可能是在两条不同轨道上跑的车在为一个世界服务。从这个角度讲，我觉得考虑那98%的人的教育是非常重要的。我们下一代的下一代的教育很可能是和现在不一样的教育。

机器是人的一个助手，人是有意识的，我完全不相信机器可以创造意识。意识不是物理的范围。笛卡儿在17世纪提出“我思故我在”。之后，“心”和“物”走了两条路，“物”走向了科学、走向了唯物论，“心”走向了哲学和心理学的范畴。在物理学和经济学中，意识只是大脑复杂网路涌现出的现象，这个涌现出的现象就像电晶体，每个都能放大，但是适当地结合起来，就变成一个记忆体，创造出了一个新的现象。人相信唯物论，相信意识第二性，相信意识没有基本的物理。现在不同了，很多的量子物理学家开始进入这个领域，开始想象意识是一种量子的现象。大家知道量子纠缠太奇怪了，两个东西纠缠在一起，以超光速的方式在传递信息，这是违反爱因斯坦狭义相对论的。但是科学就是这样，我们有不懂的地方，不懂的地方就是虚拟世界，一旦真正了解虚拟世界，意识就不同了，就会进入一个状态，可以从另外一个世界取得资讯。艺术家、音乐家都有不得了的创作，你问从哪来的，他说灵感。灵感是什么意思？那就是来自另外一个世界的资料、信息。所以，人有这个能力，可以用灵感创新，机器目前没有灵感，但是有深度学习的能力，可以创造出智能。机器的智能和另外一个更大的智能是有距离的，所以，我相信机器是没有办法取代人的，只能做人的助手，帮助人解决很多问题。像手术，机器可以帮助医生做手术，但是真正的创造者还是人。因为人可以有灵感，可以有取得其他世界信息的能力，这个能力机器目前还不具备。

谢耘：您刚才讲的包括环境污染的问题，我理解本质上可能还是人有没有自我约束的问题。我个人理解东方文化和西方文化有一个本质的差距，就是中国的文化是一个有自我约束的文化，而西方的文化是一个自我膨胀的文化。这是我的理解，不一定正确。

在生存压力下，人类掠夺自然，做很多“伤天害理”的事，这是可以理解的。当人解决了基本生存的问题之后，如何看待自我的约束，我觉得这可能是一个很本质的问题和挑战。这个挑战怎么回答？我觉得仅仅用信仰等解决可能不足以服众。所以，我就提出一个问题，是不是确实需要圣贤的出现，真正从本质的角度，针对我们今天的状态，发展出一套让普罗大众普遍可以接受的理论来约束我们、指导整个文明的走向。

李焯芬：非常好。谢教授刚才提到文化的差异。我们现在的世界有西方的基督教文化圈，有东方的文化圈，还有占了世界四分之一的伊斯兰文化圈。这三个大的文化圈都是可以朝着人工智能、信息时代这个大方向发展，还是要有一些文化碰撞才能走上信息时代的征途？三位专家怎么看？

郭毅可：我的看法是现实的世界一定是趋同的。一个新的科技出现改变了这个生态的文明，大家都会往这个方向走，所以，在科技的文明上大家都会趋同，都会往这个大家觉得好的方向走。可是在另外一个人生的意义的问题上，各有各的信仰，信仰也不是空的，几千年来那么多人在一起信仰，一定是有东西在里面。所以，在中国，儒家带来了几千年的规范行为的方式，佛、道这些信仰对中国人来说就是关于人生意义的问题。这个问题会变得越来越重要，一个人的年龄越大，这个问题就会变得越重要。宗教在过去是科学不能碰的，和科学是两条路。但是也有一个开玩笑的说法：科学爬上了山顶的时候发现宗教坐在山顶等他。我是完全相信的。因为宗教看到一个宇宙的真理在那边，科学家慢慢走上去的时候发现宗教家以前讲的东西其实很多都是对的。宗教会改变人性。基督教在各种文化下是不一样的，基督教有自己的规范，那种对行为的规范力量是非常强大的。这是一条路，问题是我们要不要走这条路。我认为这条路是解决问题的一个方法。

谢耘：在现实世界中，科技的力量还是非常强大的，摧毁了无数的传统，包括改变了宗教，在历史上我们可以看到这个过程。我也比较相信科技的力量会让大家必然走向一个新的文明的状态。至于大家能不能融合在一起，可能要看机缘。比如中华文明在农业文明时就融合在了一起，中华大地上大家就建立了一个大家庭，但是欧洲到今天也没有建立起来。大家的本质差异在哪里？我不是搞这方面研究的，但我觉得两千多年前，中华文明在奠基的时候，我们的奠基人确实是感悟到了天道的，或者说彻悟了天道。我认为中华民族的奠基人、中华文明的奠基人应该是彻悟了天道的一群人。西方人可能只是摸到了边儿，没有真正彻悟天道。所以，西方的文明这些年其实是非常曲折的。纵观人类几千年的历程，未来会不会有一个真正彻悟天道的人提出一套让大家接受、信服，并造福于大家的思维框架，来指导人类往前走，这是另外一个问题。

李嗣涔：其实中国古代文明的跃进就是靠一些圣人推动我们人类文明往前走了一大步，一直到黄帝，甚至到孔子。各位是否注意到中国的孔子、老子，中印度的释迦牟尼和西方的苏格拉底、柏拉图、亚里士多德，他们几乎在一百年间同时出现。影响东西方文明的圣人都在那一百年间出现，大家不觉得奇怪吗？里面一定有一些我们不懂的道理。

郭毅可：我不是太懂宗教的，但是我觉得宗教有一点是共同的，就是对人的约束，这点没有错，而且约束的目的是让人从善，这也是对的。大学的时候看一部小说，叫《高山下的花环》，我们这个时代的人都知道。其中有一句话："科学追求真理，艺术追求美，宗教追求善"，给我的印象很深。我还是很赞成这个观点的。既然是殊途，应该有同归，但是不同的宗教有一个根本的不同点。我在西方生活了三十年，在英国我接触了很多基督徒，现在也在学习一些佛教，两者还是有不同的基本观点的。所以，从这个意义上来说，不同的宗教有不同的智慧，我觉得宗教是不能融合的。一个非常好的、非常伟大的、智慧的宗教，就是我们具有千年传统、有智慧的中华民族应该追求的。

李焯芬：谢谢，非常感谢三位专家今天晚上的分享。本届高峰论坛的主题就是"圆融东西文明，迎接信息时代"，今天晚上我们听三位专家都讲到了。刚才郭教授也特别提到了，在信息时代，人类走向了共享社会主义的前景，东西文明也走向了一个大同世界。条条大道通罗马，我们正朝着同一个方向走。让我们以热烈的掌声感谢三位专家今天晚上精彩的分享！

哲学对话会：东西方文化圆融

赵　林　潘宗光　傅有德　叶少勇

赵林：各位领导、各位嘉宾，我是今天的主持人。今天是一个哲学对话，谈科学、哲学和宗教方面的问题，而论坛的主题是东西方文化圆融。实际上文化的圆融问题，确实让我有点为难。但是我想我们可以更多地从思想、宗教的角度谈谈文化圆融的问题。

在这里向大家展示一张地图。在六百年前的1405年，郑和率领两百多艘船，浩浩荡荡下西洋，一直到了非洲的东海岸。经过了28年，一共七次下西洋，郑和的足迹遍布了亚洲、非洲，而且按照一个西方当代学者孟席斯的说法，郑和的舰队还去了世界其他地方。孟席斯曾经是英国皇家海军的一位舰长，退休以后专门研究郑和下西洋的历程，出版了《1420：中国发现世界》。在这本书中，这位对海洋航行有着丰富经验的研究者，认为郑和远不只是到了非洲东海岸、印度洋和红海。他认为郑和的部下还分别到达了南、北美洲，还有的人往南走，到了澳大利亚，甚至到了南极洲，就是没有绕过好望角发现欧洲，因为当时苏伊士运河不存在，从红海进不了地中海。一直到1433年，明宣宗才停止了下西洋的活动。

再看另外一张图。就在郑和下西洋半个世纪以后，欧洲人开始走向海洋，有的往东走，有的往西走。葡萄牙人绕好望角进入印度洋，到达印度，之后又穿过马六甲海峡到了南中国海，到了澳门。西班牙人则往西走，结果发现了美洲新大陆。西方殖民主义者首先征服了中、南美洲和非洲海岸，然后逐步影响到北美洲和大洋洲，最后开始染指亚洲。经过了几百年的时间，整个世界就变成了西方人的殖民地和半殖民地。相比而言，中国人当时下西洋的规模要比西方人大得多。郑和第一次下西洋率领 27800 人，有 62 艘宝船，200 多艘大大小小的舰船，浩浩荡荡；而当年哥伦布发现美洲，一共只带了 3 艘船、75 个人，达伽马发现印度，只有 4 艘船、150 个人，麦哲伦环球航行，也不过 5 艘船、250 个人。如果时光可以倒转，西方航海家们在印度洋上遇见郑和的舰队，可能要被吓死。但是很可惜，明宣宗一道圣旨，就把这件事情叫停了。如果当年有一位像我们这样了解世界格局的人，给明宣宗讲一堂课，那么世界后来五百年的历史就完全不一样了。

这段话就算是关于东西文化圆融对话的一段抛砖引玉之言，下面就请潘教授从科学和佛教角度，发表关于东西方思想圆融的高见。

潘宗光：现在世界的发展速度惊人，也轻易打破了东西方的隔膜，当今趋势是不同文化融汇在一起，特别是在科学范畴更不分彼此。其实，佛教和科学两者的理念没有根本的分别和对立，比如，科学就是探索宇宙中的各种规律，佛教也是佛陀了悟宇宙的自然规律，并应用于心灵和伦理。两者对象或许有差别，但运用因果律来探索现象的规律在原理上是相同的。可见，宗教和科学其实是有统一性的，两者的哲理可以融会贯通一起来理解。

现在东西方文化的紧密关联令人们着重于圆融，但同时也应留意文化自身的传承和中断。西方文化一般历时较短，也有过中断，例如希腊文明和罗马文明等。反观中国文化，五千年来也没有中断，现代人亦可直接解读远古时代的甲骨文。宗教是文化载体，既然文化能够留存那么长久，宗教亦肯定有存在的价值，这是应该加以维护的。

2500 多年前，出了很多非常伟大的哲人，东方有中国的孔子、老子、墨子，还有印度的释迦牟尼，而西方则在稍晚时出现了耶稣 。在中国的文化土壤上出了那么多圣人，还可以孕育来自印度的佛教让其生根发展，显而易见，中国的文化土壤是珍贵的而且应该加以珍惜。中国文化和西方文化的交流和碰撞是在所难免的，当今的圆融是要建立在科学知识基础上，我觉得这样可使中国文化再次站在主导的地位。

赵林：我们大家都知道，犹太教是一个充满苦难的宗教，犹太民族是一个充满苦难的民族。我想请傅教授给大家谈谈，犹太教长期遭受基督教的欺凌，也长期受到伊斯兰教的敌视，在当今世界，犹太教依然面对着西方的基督教和东方的伊斯兰教。在现代化的改革和转型当中，了解犹太人如何处理这样的东西方关系，这或许对中国文化很有启示。

傅有德：今天晚上听三位教授讲座，学到了很多东西。这个论坛的主题是东西方文化的圆融，对于圆融，我觉得犹太人有一些不同的理解。1993 年 10 月，我在伦敦的一个犹太教拉比学院学习，当年 9 月刚刚召开了世界宗教议会，通过了《全球伦理宣言》，这是一份划时代的具有重要历史意义的文件。

当年 10 月底的时候，有人通过我所在的学校的院长找到我，请我到他办公室去。到他办公室以后，他把《全球伦理宣言》给我看。这个人叫斯滕博格，一位八十多岁的老人，“二战”大屠杀的幸存者，犹太教改革派的一个英国领袖式的人物。他是参加世界宗教议会的三个犹太代表之一。斯腾博格说：“你看看这个宣言，能不能把你的想法给我写一篇东西。”我就把文件拿回去了，花了几天时间，用钢笔大概写了四五页纸的样子。他让秘书用打字机打出来，包括我拼错的字母都保留了原样。他给了我一份，说要把我的看法给中国的大使馆、给某些大学看，让他们知道中国人是如何看待《全球伦理宣言》的。我对《全球伦理宣言》持一种赞同的态度。我的基本意思是这样的，各大宗教在一起讨论，取得共识，“己所不欲、勿施于人”，这是人类基本的道德底线伦理；还有公平、自由、仁爱这些最基本的价值观。我觉得宣言是一个求同存异的结果。他看了以后说，这个文件并不够好，因为不同的文明、不同的文化之间应该相互理解、相互尊重，但不要整合在一起，犹太人对此不是太感兴趣。他所说的话符合我讲的犹太人“求异存异”的基本思维取向。照他的想法：中国的传统文化很好，基督教也好，其他的宗教文化也好，我们相互理解、相互尊重，但是不要你吃掉我，或者我吃掉你；在这样的基础上，我们相互尊重甚至相互学习。我想，这代表了相当一部分犹太人对于文明之间的关系的看法。

我对文化的建设和重构有一些初步的想法，主张文化的“同素异构”论。我觉得各种文化中都有共同的元素，比如说文学、艺术、神话、宗教、伦理等各个方面。就拿伦理来讲，儒家的伦理讲仁、义、礼、智、信，但是不能说希腊哲学就没有这些。很多人都读过希腊哲学，读过美德伦理，知道亚里士多德讲的诚信、友善、仁爱、勇敢。这些在希腊哲学里照样有。各种文化都有共同的元素，但是其结构不同，就像石墨和金刚石都是碳元素构成的，但是结构不同就变成了两种不同的东西。各种文化当中都有类似于“己所不欲，勿施于人”，仁、义、礼、智、信这样的元素，但是搭配是不一样的。比如说天、地、人三者的关系。犹太教对上帝的信仰是第一位的，信仰优先，其他的都在其次。而对于儒家来讲，人是最重要的。儒家从人出发看问题，给人以首要的地位。因此，在人际关系中，孝为人之本，孝是最重要的。也就是说，文化之间虽然同素，但结构不同。因为结构不同，所以文明不同。这样看来，所谓“文化转型”，其实就是文明要素的重新搭配。那么究竟怎么搭配？各个文明要互鉴互补。有一些文明在某些方面得到了充分的发展，很健全，或比较健全。我们的文明在某些方面也得到了很好发展，而在另一些方面我们是弱的。这样的话，不同文明之间互鉴，博采众长，重新构建一种新文明。这也是符合海航精神的。

赵林：1993 年，美国哈佛大学著名国际政治学专家塞缪尔·亨廷顿教授在美国《外交》杂志上发表了一篇非常重要的文章，《文明的冲突》，在全世界掀起了轩然大波。当时也有很多华人学者纷纷撰文。其中我记得汤一介先生有一个观点非常有意思，他认为 21 世纪不会出现文明之间的冲突，恰恰相反，21 世纪是儒家普世和谐的观点流行整个世界的时代，汤先生表示他对 21 世纪充满了乐观。我想请教一下叶教授，您现在研究佛教，我们暂且不讨论佛教关于“空”和“有”的问题，至少从佛教慈悲为怀、悲悯众生的观点来看，佛教宣扬一种与世无争的隐忍精神，它对于 21 世纪各文明之间的冲突具有什么样的重要启示？我注意到，王健董事长在讲到海航的企业精神时，强调佛教精神是一个非常重要的思想形态。佛教精神可以在一家企业中推广，但是在超出海航几十万人之外的更大的群体里面，在超出华人群体之外的整个世界，这种精神还能够流行吗？

叶少勇：这个问题其实是对未来的预测和展望，我觉得真的是超出了我的能力，但是我想从另外一个角度切入这个问题，就是您刚才说的“阳光之下无新事”，也就是通过回顾过去来展望未来。我们这个会议的主题是东西方文化圆融，其实佛教本身就是一个东西方文化圆融的范例，而且我觉得是人类文化史、思想史上的一个范例。我们现在当然把佛教以及我们的儒家、道家都归为东方文化，其实在古代，佛教对于我们来说就是西方文化，去印度学习佛教叫作“西天取经”。印度不仅仅是在地理位置上的西边，印度的经典语言是梵语，佛典也有巴利语文献，这些语言都属于印欧语系，也就是说，传承佛经的这些语言，和我们现代属于西方文化圈的英语、德语、法语，以及古代的拉丁语、希腊语，是同一个语系。所以，当年西方人发现梵语这个古老形态的印欧语的时候，是非常激动和兴奋的。而我们知道，语言的结构和模式会深刻影响一个民族的思维。

佛教刚刚传入古代中国的时候，对儒家文化以及汉语的思维方式的冲击，我想不亚于西方文化在清末的时候带来的思想冲击。但是我们现在一谈佛教，没有异域感，觉得佛教就是我们的传统文化，佛教的概念就是我们传统的思维和概念，我觉得这是一个范例，未来的问题或许可以从这里找到一些启示，谢谢！

赵林：我也作一个补充，不仅佛教是这样，基督教也是这样。基督教最初从犹太教中产生的时候，只是一个东方宗教。但是，后来在希腊、罗马生长发展，越来越变成了一种有着希腊、罗马文化特色的宗教，乃至于在希腊世界中生长出了希腊正教，后来发展为东正教；在拉丁世界中生长出了罗马公教，即中国人所说的天主教。再往后，基督教又影响了入侵西罗马帝国的日耳曼人。日耳曼人首先皈依了罗马天主教，但是在近千年以后又进行了宗教改革，产生了具有日耳曼文化特色的基督新教。所以，我们说基督教的三大部分：天主教、东正教、基督新教（即中国人所说的基督教），是同一个基督教在不同的文化土壤中生长出来的不同花朵。同样的道理，就像马克思主义，在俄国产生了俄国特色的马克思主义，在中国产生了中国特色的马克思主义。由此可见，同一粒文化种子在入乡随俗的过程中会产生出不同的文化品种，这种情况在古代世界和现代世界中都具有普遍性。

另一方面，从相反的角度来谈谈这个问题。一旦这些宗教成熟以后，形成了一定的势力范围、思想影响和社会影响以后，就很可能逐渐成为一个比较排外的保守性力量。1993 年《全球伦理宣言》提出来，所有的宗教在核心思想上都是一样的，可以用儒家观点的八个字来表述，那就是“己所不欲，勿施于人”。所有宗教的核心都是这样的，所有宗教的基本宗旨都是与人为善，都是向往和平。但是在人类几千年的文明历史中，不同的宗教之间却不断地发生冲突，尤其是西方基督教与伊斯兰教之间的冲突。

亨廷顿的那篇文章发表以后，1995 年我在香港的一个杂志上发表了一篇很长的文章。我是比较赞同亨廷顿关于未来世界可能发生文明冲突的观点的。我在这篇文章中举了一个例子，在 19 世纪末，西方人比当今中国人更有资格对未来世界充满乐观的态度，因为在 19 世纪末，全世界不是西方的殖民地，就是西方的半殖民地。在维多利亚女王执政 60 周年的时候，即 1897 年，西方人头脑里充满了历史终结的想法。在他们看来，以前的世界历史充满了各种冲突暴力，但是到了 1897 年，随着德国和意大利这些西方国家的统一，随着全球都成为西方的殖民地和半殖民地，西方人完全有理由认为，世界历史终结了，以后的故事就是全世界人民都跟在西方文明后面走向普世和谐的前景。那个时候，无论是土耳其的凯末尔，中国的孙中山、陈独秀、胡适，还是印度社会的上层精英们，基本上都认为只有一条路，那就是走西方化的道路，甚至“全盘西化”。所以，当时的西方人更有理由踌躇满志地认为，20 世纪肯定是一个充满了和平的世纪，是西方文明的价值观念流行于全球的和谐时代。但是曾几何时，第一次世界大战爆发了，然后第二次世界大战又爆发了。事实证明，20 世纪是人类充满了苦难的世纪，死于“二战”的人数是死于此前所有战争的人口的总和。所以，我认为，当我们在 21 世纪初面对着文明冲突的可能性时，我们既应该怀着东西方文化圆融的理想，也必须保持一种现实的冷静。

在现实世界中，总是充斥着各种各样的文化冲突。在 20 世纪是西方文明造成的资本主义与共产主义之间的冲突。资本主义和共产主义都是源于西方文明的意识形态，都带有浓郁的西方文化色彩。西方文明曾经用一只手拥抱了半个世界，叫作资本主义，又通过俄国这个中介拥抱了另外半个世界，叫作共产主义，这两者在全球化的时代舞台上发生了激烈的冲突。但是到了今天，随着东方各文明的崛起，中国文明、印度文明以及正在痛苦中挣扎的伊斯兰教文明都在逐渐显示出自己的文化影响。在这种情况下，未来世界舞台上的主角，将不再是资本主义和共产主义这样的西方文明体系的产物，而是不同的文明体系。这些文明体系数千年前就已经在亚洲和北非的土地上扎下了深厚的文化根基，有着悠久的历史传统。下面我想请教一下潘教授，您可以提出您的不同意见。

潘宗光：我的看法是，宗教对西方文化影响很深远，当然也同时塑造了西方人的意识形态。基督教强调一个创造和主宰一切的上帝，而所谓主宰一切的心态就是：你听我的话。西方人会自以为得到神的眷顾而变得自我，亦成为过往殖民主义压迫其他民族的借口，对其他民族采取独断的态度。相反，东方的佛教也好、道教也好、儒教也好，都没有主宰一切的创造神，而是强调一切平等、包容。不难发现，中国文化是从人本出发，从而和自然、他人建立更和谐的关系。

近代世界变得缺乏包容，才导致那么多纷争和问题。我们应集中发扬东方文化的优点，例如培育包容心态来减少人类纷争，让世界慢慢重新融合而向健康方向发展。包容是心灵的修养。东方文化特别强调个人修心，故儒家有“吾日三省吾身”之说。佛教相信一切唯心造，意思就是心可以决定生命的好坏。现代科学也发现，人的主观意识能影响事物的存在，一些著名科学家也开始承认这点。现在也有研究意识形态是怎么改变人的性格和健康的，这和佛教可以说是殊途同归，即必须塑造一个充满正能量的意识形态，世界才会变得美好。相信东方文化一定能做出有价值的贡献！

赵林：东方文化倡导这样一种普世和谐的观点，这是一种与人为善的观点。可以说，中国文化在与不同的异域文化和宗教打交道的时候，相对来说是比较能够隐忍为怀的，主张以和为贵。但是问题在于，现在世界上还有西方的宗教，这里也涉及东西方的关系，比如犹太教对于基督教来说就是东方的，犹太教对于伊斯兰教来说又是西方的。在今天的犹太教世界里面，犹太教和伊斯兰教之间的矛盾，在我看来，可能很难展望它们会有一个握手言和的前景。

傅有德：大家都知道犹太教和伊斯兰教的冲突，但是我们现在看到的巴以的冲突，以及其他地方发生的冲突，实际上不是一个宗教问题，或者说不主要是一个宗教问题，而是一个民族生存权利的问题，是一个领土的问题。主要是 1967 年的战争造成了现在的结果。就这么一片弹丸之地，两个民族在这里生存，都有他们的历史根据。犹太人公元 70 年之前生活在这里。公元 70 年以后，先是罗马帝国，之后是奥斯曼帝国，阿拉伯人成长起来。都有自己悠久的历史，都有理由，但是就这么一个地方，怎么办呢？实际上，他们最关注的是约旦河西岸问题、加沙地带问题、水源问题、难民问题。在这些冲突中，如果说和宗教相关，主要是东耶路撒冷的地位问题。东耶路撒冷是三教圣地。巴勒斯坦要建国，说一定要以耶路撒冷作为首都，因为我们的祖先祖祖辈辈就在这里生活。犹太人则说，大清真寺下面就是我们的哭墙，是我们犹太人最神圣的地方，我们怎么能够让出来呢？这个问题和宗教有直接的关系，其他几个问题应该说和宗教没有太多的关系。

关于文化重建的问题，刚才提到了文化要素的重新搭配问题，昨天谢教授也谈到了这一点。人类最初的时候，解决的是生存的问题，进入工业社会以后，到了现在实际上解决的是发展的问题，以后解决的是自由发展的问题。怎么自由发展呢？谢教授谈到了人性，要让人性得到全面的发展，这和马克思早期讲的人全面自由的发展的理想是一致的。但是，到底哪一些文化要素是符合人的本性的？人的本性是什么？其实，人的本性是一个向善的东西。我们知道一定有人的本性存在，但是本性是什么，各种宗教、各种哲学都提出了种种不同的理解。在我看来，那是一个非常形而上的问题，我们没办法给出一个确定的答案。但是我们可以来这样规范，肯定有人性存在，为什么呢？因为人的需要是存在的，人的生存、人的尊严、人的认知、人的审美、人的信仰等各个层面的需要是存在的。这些需要肯定有一个根基，这个根基就是人性。如果说我们的文明要往前推进、往前发展，重新搭配现在的价值，我们以中国传统文化为根基，面向所有的文明，汲取那些符合人类需要的文化要素来重新搭配。一方面，物质的充分发展满足了人最基本的生活的需要。人活着无非有两条，一条是活着，另一条是活得好。怎么活得好？另一方面，我们还要追求家庭的归属、人与人之间的友谊和爱情，追求认知，追求审美，让这些都得到充分的发展。但是有一点，我觉得非常重要，就是这些因素都要保持平衡地发展。不是说物质要素发展了，但没有尊严感，或者没有艺术鉴赏的能力。我们一定要考虑到人的方方面面和多个层面的需要，把凡是符合需要的优秀传统文化要素都结合起来，重新搭配，而且要考虑到它们之间的平衡，以这样的方式来建设一种新的文明。

赵林：陈云君先生谈到了佛教、佛法和佛学，但是我发现还有一个很有意思的问题，那就是佛教的组织性。这一点至少在中国是不太强的，同样，儒家也是这样。儒家有仁、义、礼、智、信，有一系列内涵的东西，但是儒家没有太强的组织性。我发现在世界上，组织性比较强的宗教，除了作为宗教具有一套神学理论和宗教实践以外，还有比较强大的教会组织，这个宗教与其他宗教之间的冲突往往也会比较厉害。

比如说伊斯兰教、基督教和犹太教，这些宗教都有很强大的教会组织。所以，在讲西方基督教的时候，我总是强调基督教不仅有着博大精深的神学理论，而且还有一个强大的教会组织。这个教会组织在中世纪时更加强大，甚至凌驾于世俗王权之上，形成了所谓的“君权神授”。当宗教具有强大的组织时，虽然从理论上说上帝的国代表另一个世界，但是上帝的国却是由人组成的。人是血肉之躯，难免沾上污泥浊水，难免会执着于世俗的利益，因此不同宗教组织之间必然会发生利益的冲突。基督教如此，伊斯兰教如此，犹太教同样如此。我们想请问一下叶教授，佛教这种没有组织性的宗教，如何在当今的世界中发扬光大，难道仅仅只是靠心性的感悟吗？当然，这个问题我也想请教一下王董事长，这种缺乏组织性的宗教，如何在人间运行？

叶少勇：正如您所说，佛教是非常特殊的。民国时期一位佛学大师欧阳竟无，他有一篇文章名为《佛法非宗教非哲学》。其实“宗教”是西方的概念，从很多角度来衡量，佛教并不属于这个范畴。佛教中有很多特点，在其他宗教里面没有对应的形式和说法。例如，佛教对自己的未来命运是有展望的，但是这个展望极其悲观，叫正法五百年、像法五百年、末法一万年，当然数字有不同的说法。佛教自己很清楚，这个教法传不了几百年就要走样，再传多少年就要灭亡，所以佛教没有一种强烈的信念，说我们这个教法一定要万古长存。

再例如，我们都知道佛教有一个特点，就是其在发源地印度已经灭亡了，却在本土之外大获发展。这一点也很值得思考。佛教也好，佛法也好，这算是成功呢，还是失败呢？成功在何处？又失败在何处？我只是提出问题，没有答案。

印度佛教为什么会在印度本土灭亡？有人曾提出来一个现在来看比较令人信服的答案，就是缺乏组织性，尤其是俗众的组织性。我们知道佛教有和尚、出家人，这个组织性还是比较严密的，但是对在家人就没有组织性和专属性。有学者认为，印度的俗众，所谓佛教徒，今天来供佛教的僧，明天就去供印度教的僧。穆斯林军队打来以后，对所有本土宗教都予以打击，而当穆斯林的影响慢慢弱化松动以后，其他的教都在，只有佛教没了。

赵林：印度教有组织性，所以可以在印度发扬光大。但是缺乏组织性的佛教却被挤到了东南亚的那些小国家，这些国家永远都是在大国之间求生存的。在今天的中国，儒家的情况也是如此。儒家在今天已经成为余英时先生所说的“游魂”，所谓皮之不存，毛将焉附？儒家赖以在中国传统社会中扎根的宗法体系、科举制度和官方推崇，这三者在今天已去其二。在这样的情况下，怎么能把它重新树立起来？没有一个强有力的组织作为现实基础，儒家是很难真正重建起来的；但是说实话，现在要想建立一个儒家组织，那就会更有问题。在这样的情况下，面对西方的各种有组织的宗教，东方宗教，如佛教，也包括儒家，它们的优势地位就显现不出来。在这个问题上，我是比较悲观的。最后请各位老师针对东西方文化圆融的这个主题，简单地发表一下自己的展望。

潘宗光：我讲讲个人对宗教的体会。我曾经是天主教徒，后来才皈依佛教，其中理由是明白到佛教的因果观，那是人本的认知方式，即像科学一样探求事物的规律；佛陀开悟的十二因缘，就是明白心灵的因果规律。主观的因果规律其实也从根本上影响着客观问题，因为人的烦恼就是违背因果规律来做事以致出现冲突和矛盾。举一个客观问题，北京雾霾很严重，我们从因果来思考这问题，即先要有正确的提问：它的成因是什么？雾霾是怎么来的？从客观来分析，大自然是动物吸入氧气、呼出二氧化碳，树木森林在光合作用中吸入二氧化碳、呼出氧气，这是一个平衡的循环过程。可若再深入剖析其中的主观心灵因素，便会发现是因为人类的贪念，为了满足物质诉求而在生产和运输过程中制造大量的二氧化碳，再加上不断砍伐树木来满足需要，导致空气循环失去平衡。现在环保运动强调的就是回归自然、减少二氧化碳排放及多植树以保持生态平衡，这就是要求人们重回大自然的因果规律。可见，宏观的环保问题也涉及主观的心灵层面。

佛教说，我们应从平等、慈悲、包容的心态来看待宇宙和他人，这是心灵的因果规律。违反因果就会产生烦恼，例如因为贪念和嗔恨而变得自私，心中总想着好的给自己、不好的给他人，结果导致烦恼不断。这就是因为没能理解心灵规律而违背了自然本性，即是佛教所讲的无明或愚痴。佛陀教我们明白心灵规律的重要性，通过修行实践便可回归自然，慢慢减少贪念占有，减少嗔恨排斥，提升内心的素质，扫除无明，这样便能处理烦恼。故此说：理解心灵和明白自然规律两者是没分别的，其实是解决烦恼问题的一体两面。佛教是一种宗教，因为它要求我们终生的实践；佛教是一种哲理，同时也是科学，因为佛法基于因果规律来认清事实真相。

科学也是通过事物因果关系来研究自然规律，最纯粹的模式就是物理学的范畴。而近年又发展出宇宙学：宇宙怎么来，怎么变化，其中因果是怎么样……出奇之处在于，在研究宏观世界的过程中，需要以微观量子力学的理论作基础，而量子力学则指出微观世界的存在赖于心识的参与。换言之，现代物理学对宇宙的探索过程显示了宏观世界的问题可以归结为主观心识的问题，即我刚讲过的具体例子——环保问题可以归结为心灵问题。佛法的任务在于使人摆脱烦恼，这既是心灵问题，也是科学问题，也涉及了价值观和认识论，更是终生的实践。所以不论其组织性如何，佛法无可置疑是宗教！

傅有德：文明发展重构的时候特别要考虑其中具有永恒价值的因素。今天潘教授和叶教授讲的内容给我很大启发，他们讲的不是传统的时间和空间的观念，但是，我还是按照传统的思路理解空间和时间。什么叫空间呢？就是物体存在的长、宽、高所占有的方位。什么叫时间呢？按照亚里士多德的定义，时间是物体运动的度量。等于说空间和时间都是客观存在的物体所具有的属性。但是我们想想，我们的精神、价值观念，如仁、义、礼、智、信，我们对人际关系的看法，我们的精神和审美艺术，是不是属于物理世界的时间和空间呢？我想说不属于，它们是具有永恒价值的东西。如果说不用“永恒”一词，至少我们可以说它们“长久存在”价值。这种具有永久意义的价值是值得我们在重构新文明的时候特别关注的。

叶少勇：佛教被称为智慧的宗教，我认为从佛教中我们所能得到的最大启示，就是智慧。当然这个说起来像是陈词滥调，谁不知道智慧是一个好东西，但是如果把东西方各种宗教放在一起来看，佛教作为一个宗教，或者说意识形态，强调智慧，把智慧放在信仰之前面，这一点真的是很了不起。我们看其他宗教，大多强调先知，强调神谕，强调不可怀疑，不强调自己的探索，而佛教则鼓励怀疑和探索。智慧其实往往和怀疑是联系在一起的。在佛教里、佛学里，没有什么东西是不可以讨论的。鼓励思考，不怕“上帝”发笑，我认为，这是佛教对我们的启示。

赵林：最后表达一下我自己的看法，我觉得我们可以怀着东西方文化圆融的崇高理想，提升我们的智慧，同时也应该对世界上各种文明之间发生冲突的现实可能性充满警醒。就像中国正在大力推进的“一带一路”建设，这是一个宏大的眼光，但是也存在着各种现实的挑战。

近五六百年以来，从地中海中心到北大西洋中心，再到太平洋中心，往西走的势头是全球化历史潮流发展的基本趋势，“一带一路”正是顺应了这个历史大趋势。但是我们也要看到，“一带一路”也面临着很多挑战，比如俄罗斯和印度的南北走廊问题、土耳其建立大突厥伊斯兰教文化圈的问题。在这些挑战中不仅有着利益的竞争，而且存在着文明的冲突，存在着不同宗教、文化之间的隔阂与抵牾，这些因素我们都应该充分考虑到。海航文化的发展也是这样，海航的领导人都对佛法有很深的研究，而且身体力行，佛教已经成为海航文化建设的一个很重要的内容。我相信海航的领导人也好，广大的员工也好，在海航走出中国、走向世界的时候，一定会在心中怀着很高的智慧，同时也会比较清醒地去面对各种现实的挑战。

今天的对话会到此结束，谢谢大家！

科学与哲学对话会：量子物理与佛学

李焯芬　李嗣涔　王守常　叶少勇

李焯芬：各位嘉宾晚上好！今天晚上的第一场对话会，主题是“量子物理与佛学”。我们有好几张图片，先把这个问题带出来，然后再请三位专家来讨论。

大家现在看到的是我们的宇宙。宇宙中，按照量子物理的理解，宇宙中物质的占有量大概是4%，包括月亮、星辰、地球、恒星等。暗物质占23%，这种暗物质，肉眼看不到，不过科学家通过引力的研究，判断有这种暗物质的存在。一位留美的、拿过诺贝尔奖的物理学家丁肇中教授是专门研究暗物质的。另外，除了4%的能看到的物质，23%看不到的暗物质，其他的73%，我们什么都判断不出来。这里讲的是无的能量场，不是完全什么都没有，其实有一个能量。潘教授在他的主题演讲中提到了爱因斯坦能量和质量互变的方程式。在茫茫宇宙的能量场里面，能量可以高度集中，就产生了物质，产生的物质也可以转回到能量，能量和质量之间可以互相转变，这点大家都比较熟悉。

爱因斯坦的相对论说明，能量可以转化为质量，高能量的地方可以产生物质，物质也可以转回能量。

从量子物理来看，茫茫的宇宙里面有73%是能量场，好像什么都没有，但通过能量的集中又可以产生物质。昨天晚上叶教授给大家讲了“空”在佛教历史的不同发展阶段，有不同的解释。从原始佛教到大乘佛教，今天我们一般的解释是，因缘具备了就“有”，因缘不具备就“没有”。刚才也提到的物质和能量互变，佛教里面也有“生”“灭”

的概念或看法。我们能看到的东西就是物质，就是“有”；看不到的东西就是“空”，当然量子物理的“无”和我们佛教讲的“空”还不完全是一回事。量子物理认为能量和物质可以互为转化，就是物质可以转为能量，能量也可以再转为物质，这是不是就是《心经》里面讲的，色即是空，空即是色，色空不二，刹那生灭？我把这些问题带出来，请教三位专家。李嗣涔校长多年来都研究量子物理与佛学的关系，先请李校长给我们讲讲。

李嗣涔：谢谢主持人。我想 20 世纪最伟大的两个科学理论，一个是量子力学，一个是相对论，狭义和广义相对论。这两个理论非常成功，塑造了今天的科技文明。到 21 世纪初，2011 年，上帝粒子希格子被发现，基本粒子的标准模型再次得到证实；2016 年，发现了重力波，爱因斯坦的广义相对论也再度获得了证实。

看起来科学似乎走到了终点，你能够想象到的物理都已经发现了。真的是这样吗？20 世纪末和 21 世纪初，人类发现这个宇宙充满了 73% 的暗能量，23% 的暗物质，我们所谓的正常物质只占宇宙能量的 4%。什么叫正常物质？各位从小到大所学的物理、化学、数学、生物中告诉你的事情，只占这个宇宙的 4%，剩下 96% 的世界在你的旁边但是你看不到、不知道是什么东西。这表示我们现在的科学是非常粗浅的科学。我们只能理解这个宇宙的 4%，剩下的 96% 是不能理解的，也就意味着有一个更大的世界存在，科学还会继续演进，演进的后果当然会有更多的惊喜出现。

以我粗浅的了解，佛教主要是在研究我们的内心，研究我们的意识，佛学其实是门研究意识的学问。你怎么修正这些意识的层次，一个层次一个层次地往上走，讲得清清楚楚，比现在的心理学更加先进。佛学能了解我们的心智，了解我们的想法。

回头看看 20 世纪两个伟大的理论中，有没有意识的地位。意识一直不在科学的范畴里面，不在物理学的范畴里面，因为 17 世纪笛卡儿提出了心物二元论，心（意识）和物质就分开了，唯物论变成了最终大家承认的唯一的科学理论。纯粹物质的世界是第一性的，意识变成是第二性，是复杂神经网络涌现出来的现象，没有基础的物理。唯物论世界相信人死了，神经没有了，意识就没有了。所以说科学不敢放意识进去，觉得它没有基础的物理存在。

可是在量子论里面，我们突然发现意识开始扮演一种角色。大家都很清楚波粒二元论。你把一个镭射的能量降低到只有一个光子的能量，后面放一个储存式的示波器，把一颗一颗的光子放出去，时间久了你在示波器上看到了干涉条纹，表示光子是以波动的特性，同时通过了两个夹缝，所以才会产生干涉。之后你想看看到底是经过夹缝 A 还是夹缝 B，于是在夹缝 A 放一个极化器，让它的极化方向是垂直的，在夹缝 B 放一个极化器，让它的极化方向是水平的。等一颗一颗光子过去，干涉条纹永远不会出现，出现的是绕射条纹。如果实验者想要看波动特性，让它同时走两个夹缝，就会显示波动。如果实验者要看粒子特性，到底走了夹缝 A 还是夹缝 B，结果它就变成了一个粒子的特性。

刚才主持人提到了“色即是空，空即是色”。粒子就是波动，波动就是粒子。我是教量子力学的，我和学生讲释迦牟尼在 2500 年前就在讲量子力学，他告诉你这个世界是不定的，而且更神奇的是，用同样的实验看十亿光年外的星星的光源，到底是光子还是波动，它已经发出了十亿年，但是作同样的实验发现是同样的结果：可以是光子，可以是波动，完全是由你意识所决定的实验设计来决定的。

所以，我们又看到意识参与了建构物理的真实世界。物理要研究远离观察者影响的一个客观的现象，要寻找真实的世界，应该是客观的，应该和意识没有关系的，结果发现意识的决定竟然参与了物理的实相。这表示物理的实相是什么呢？就是没有真实的物理，没有真实的实相，因为意识会干扰实际。

20 世纪末期到 21 世纪初期，科学家又发现宇宙的大尺度很奇怪，我们所认识的世界只占宇宙的 4%，过去所建立的科学的架构只能理解这宇宙的4%，表示现在的科学是有问题的。到了我们人类的中尺度规模，我25年来从事的特异功能研究，更是惊人。小朋友经过短期的训练，会产生手指识字、耳朵听字的能力，再加训练会出现念力的功能。我见过很多高功能的人，他的念力简直不可思议，可以搬运物体千里传功。我作过从北京到台北的实验，我在电脑上写了一个程序，功能人在两千公里外竟然把我的电脑搞坏了，真是惊人。这是怎么回事？量子力学或相对论都不能解释这个现象。所以说宇宙大尺度、中尺度、小尺度都有问题。小尺度量子力学是一个大家公认的真实理论，近代科技文明都建立在其上，但是实际上量子力学的矛盾太多了。薛定谔在1926年第一次导入他的波动方程式，碰到的第一个问题是什么？描述电子。电子的波函数是一个复数，有实数有虚数，所有物理世界能测量的都是实数，怎么会跑出个复数？复数是不能测量的，描述电子的波函数是一个不能测量的东西，怎么办呢？不过很快就发现用波函数乘以它的共轭复数可以得到实数，这个实数变成了或然率（音解释）。这下又有问题了，这个问题是很多物理学家到年老的时候才发现，2016年底，发现弱作用力的诺贝尔物理奖得主Weinberg写了一篇文章来表达他的看法，他认为薛定谔方程式是有决定性的，当时间等于零的时候，如果你知道这个粒子所在的位置及起始条件，就可以根据薛定谔方程式计算到时间t的时候，粒子应该在什么位置、应该是什么速度。所以是决定论的。那怎么会变成或然率，在哲学上说不通。哲学上讲不通表示有些问题是我们不了解的。

大家都知道量子叠加特性。薛定谔的猫到底是死还是活，20世纪90年还在辩论。大家都相信哥本哈根诠释，但是一定是对的吗，谁也没有把握。现在大家承认量子纠缠是用超光速的信息在通讯，两个粒子如果是纠缠的，各自飞到天边，对其中一个粒子测量，会导致另外一个远在天边粒子马上就决定了物理性质。它们之间的传递的速度是超光速的，这是违反爱因斯坦的狭义相对论的，可是为什么没有人质疑？爱因斯坦狭义相对论错了吗？没有人敢挑战。现在的量子力学虽然很成功，但是在哲学上是有矛盾的。所以说大的世界有矛盾，小的世界有矛盾，中的世界也搞不懂，我们不懂这个世界。2014 年，我提出一个理论可以解释这些矛盾：整个宇宙至少是一个八度的复数时空。原来除了我们的四度，也就是长、宽、高、时间的实数时空之外，还有另外一个四度的虚数时空存在，那是一个意识的世界。2011 年，1973 年诺贝尔物理学奖得主约瑟夫森说，这个世界还有一个精神的世界，就是我称为的虚数世界或信息场的世界。这个世界有实有虚，实就是阳间，虚就是阴间，关键是我们不知道期间的通道。而量子力学告诉你，量子波也是复数，也有一个 i。所以说薛定谔其实早发现了 i ，但是没有朝这个方向去解释，i 就是意识，就是虚数世界。所以说物体一进入量子状态，就会窜入虚空，两个东西是在超光速的虚数空间里面纠缠，不是在这个世界里纠缠。所以我开始理解了佛教的“八识”。虚数是意识，但是意识是抽象的东西，也会笑，也会愤怒，也会计算，但没有实质内容。所以要有一个内容，内容在实数。虚数是意识，实数是时空的结构，由广义相对论决定的时空的结构。所以，在这个层次，广义相对论和量子力学是可以结合的，意识和时空的结构成就了意识的层次，不同的层次有不同的时空结构。对我而言，宇宙的矛盾一个接着一个获得解答。第一天我讲 X 信息，但没有讲 X 信息是如何穿过障碍的，其实是虚数那部分穿过去了。所以当那个神奇的世界在我们眼前展现，由此我们开始明白五官感觉，例如嗅觉、味觉的原理。我们现在正在作实验，作了半年，我可以把香味改变，因为我知道怎么改变它。意识到底在捕捉什么信息？我认为只要你接受有另外一个虚数的世界存在，很多的科学矛盾都可以获得解答，甚至佛教或其他宗教也会获得完美的解答，也可以用科学来理解，而不是说不能理解。

李焯芬：谢谢李校长！我们接着请王守常教授也讲讲。

王守常：我讲之前先声明两点：第一，哲学不是一套真理标准、价格概念的判断系统，哲学只是一个道理，我讲的都是道理。第二，哲学是对思想的思想，既然是一个道理就没有对错的问题，自然人看到社会总是要作价值判断，这不属于哲学范畴，这属于常识。

李校长讲到意识决定世界，可以用量子物理解释。大多数现代教育已经分门别类，我们不是搞物理的，听起来有点搞不懂。

这个问题用中国文化传统来解释还是可以的。我们看得见的世界和看不见的世界，一个现实的世界和一个虚无的世界。如何认识？老子讲得最清楚，他说万物从道生起，一生二，二生三，三生万物。这个“道”怎么解释呢？他说：“道之为物，惟恍惟惚，惚兮恍兮，其中有象；恍兮惚兮，其中有物。”又说：“有物混成，先天地生。”“我不知其名，强字之曰‘道’。”所以说如果一定要用这种语言表述，“形而下者谓之器”，“器”就是形的世界、我们可以感觉的世界。这个可能大家听得懂。

李校长讲的第二点，物质无限可分，这个也没有问题。中国古代惠施就讲了：“一尺之棰，日裁其半，永世不竭。”一尺长的木头，每天用一半，永远都用不完。有形的世界“至小无内，至大无外”。惠施讲了一个很有意思的故事，比希腊哲学还要早一点，希腊哲学家芝诺讲的是“飞矢不动”，飞的箭是不动的。惠施讲的是“飞鸟不动”。运动是相对静止的，也是绝对运动的。这样大家比较好理解，也是李校长讲的物理学中的量子问题。

李校长说我们的意念是可以改变一切的。意念改变一切，这个“意念”是单数还是复数？如果是单数，世界会变得非常可怕，某个人一发意念，这个宇宙就麻烦了。这是要追问的。当然，我的问题也可能是很无知的。

主持人给我安排工作说，既然不懂量子物理，就多讲讲佛学。其实佛学我也不懂，我讲的都是汉传大乘佛教的东西。我和叶教授虽然都在北大，但是他们做的是从梵到汉翻译教刊。叶教授昨天为什么把大家讲糊涂了，因为他的课是给研究生上的。今天在座的读理工科研究生的，或者社会科学的比较多。这个问题又牵涉量子物理学问题。爱因斯坦的老师普朗克说量子物量学与佛教不谋而合。第一个就是所有的时空都是虚幻的，“有”是从“无”生出的。第二个就是宇宙起源问题。第三个问题实际上和佛教有关系。佛教讲的是“空”和“无”的问题。叶教授昨天从佛教文献角度讲，从原始佛教到大乘佛教，最后3—5世纪提出的“中观”问题。其实“中观”不是讲“空”，龙树讲的是思维方法。因为佛教大体上分两种，一个说“有宗”，一个说“空宗”。刚才提到的问题大家都知道，即《心经》中说的“色即是空，空即是色”。“色”就是物理现象，包括心理现象，那“空”是什么？“空”不是“无”，不是一会儿开会结束后礼堂空了，不是这个空。什么是“空”，什么是“色”，就是佛教辩论的中心问题。佛法的“空”是说，所有的东西都因缘和合而成，这就是“空”，不是说没有，不是说空无。比如我的手有皮肤、有血液、有血管、有神经，这些东西和合成了我的手。因为没有自我的规定性，因此，“空”就是从这个角度讲的。中观学讲的是这个概念，不要从世俗角度去理解。佛教讲两个“方便门”，一个是“俗谛”，另一个是“圣谛”。为什么要讲“俗谛”，因为讲法必须得让人听得懂，这就是“方便门”。所以“色即是空，空即是色”就是有宗和色宗的纠缠。中观学告诉我们宇宙万物是“真空妙有”，把“真”“空”两个东西放在一起讲，我想大家应该可以听得懂。所有的东西都是因缘和合而成，没有自我的规定性，所以是“空”。但是，无论是从量子力学还是从文献学的角度去分析这个问题，都忘了应该有一个“方便”让大家明白这个问题。

我们学哲学的恐怕更喜欢跟人讨论思辨或思维方法的问题。我们没有提出过什么价值的观念。我们天天就在和别人议论，这个东西是否有思维的缺陷。你说我是哲学家，我们哪敢称哲学家。我们只是对某些理论提出一些质疑，这些质疑不一定对，也不一定错，有这样的争论才推动了我们的思想的进展和发展。

李焯芬： 谢谢王教授的分享，有请叶少勇教授也讲一下。

叶少勇： 非常感谢。刚才王教授说我之前讲佛教的空观，把大家给讲糊涂了，从某种角度来说，这也就是我的目的。正像王老师所说，哲学很多时候就是一种道理，没有定论，没有定论就是糊涂，不糊涂肯定是有定论的，或者说你下意识地做了一些自己都没有意识到的定论、一些习惯性的先入为主的思维。而糊涂了，是不是就向着量子力学所描述的不确定世界又近了一步？

今天的讨论主题是量子力学。真的很惭愧，我对这个领域非常无知，只能从我熟悉的角度和领域给大家分享一点感受。这些年确实有很多人把量子力学和佛学的观念进行比较，还有一句话不知道最早是谁说的，"当科学家费尽千辛万苦爬到山顶的时候，发现佛学家已经在这儿等候多时"。这个话是不是准确，我觉得还可以讨论，比如说，他们是不是爬到了山顶？山顶意味着无可攀登了。还有一个问题，是不是同一座山？这个也可以讨论。一个物理学家爬山，看到了佛学家，很可能他们并没有站在同一座山上，但看到了对方。量子力学是怎么千辛万苦爬上来的，李校长和李教授比我懂得多，我就像小学生，应该回去补物理课。我想，物理学家在这个地方看到佛学家，也许会产生疑问：我是费了千辛万苦一步一个脚印，从牛顿到爱因斯坦这样上来的，你佛学家是怎么上来的？

很多人觉得佛学不是爬上来的，是飞上来的，佛学没有一个像科学那样论证检验然后不断推翻前人理论的过程。事实上，如果我们仔细看古代从印度一直到中国留下来的佛教文献，梳理先哲们的思考，会发现佛学家绝对不是飞上来的。佛学讲的"空"，不是心灵鸡汤，不是故弄玄虚，不是蒙上的，不是瞎猫撞上死耗子，而是一步一步有证明过程的。当然，佛教是先有结论再来证明，还是证明之后才有结论，这个次序的问题可以讨论。有人说佛学是一种结论后的探索，科学是探索后的结论，两者形式不一样。但是从文献上看，佛教决定是有证明过程的，而且这个证明过程不是铁板一块，大家从不同角度切入，有不同的观点和论争。

那么，佛学怎么就爬到了看似和量子物理一样的高度了呢？我认为就是空观。我本人这些年所做的工作，是梳理从古至今佛教的空观。如果在历史上找有代表性的思想和论证过程的话，无非是两点。第一，是《般若经》，我们常说的《心经》、《金刚经》都属于这个部类，这类经典的特征就是大量的讲“空”，这也“空”那也“空”，畅快淋漓，但是并没有给出详细的论证过程，为什么“空”。第二，就是龙树。他给《般若经》里的“空”的结论，提供了一个完整的论证过程。这两点，可以告诉我们佛学家是怎么爬上来的。

李嗣涔：刚刚王教授提到了，其实哲学是远超过科学的，是一切的根源，哲学思想是指导科学的根源。通常一个人年纪大了才会变成哲学家，像那么多厉害的量子力学科学家，直接往前冲，冲到后来发现哲学上出了问题，表示这个东西事实上是有问题的，过了九十年再回头找那个真正的东西。波兹曼，是自杀的，他为什么自杀，就是一个哲学家一直质疑他：你老是讲空气要用统计力学分析，空气是一颗颗的粒子，满足牛顿力学，怎么会变成统计，你这是不合理的。他解决不了这个问题，最后自杀了。很可惜他死后两年就发现了原子。所以说你要找到根源，才真正解决科学的问题。像量子力学，也会碰到同样的问题。现在发现有问题，才去找解答，已经是一百年后了。其实我们需要一个指导思想在前面铺路，我们在后面研究，才不会浪费。

李焯芬：刚才叶教授提到了一个说法：科学家爬到山顶，发现佛学家在那里等他。我们不敢说一定是这样的情况，但有一点，我们搞科学的人感到原来佛教讲的一些基本的理念，随着科技手段越来越先进，可以用实验去论证或研究。第一天晚上作主题演讲时，李嗣涔校长讲经络气功，他用的是科学的手段。我想一百年前大概还没有这种手段，因此没办法去证明经络的存在，但近几十年我们可以用科学手段去做点研究。另外一个领域，李校长肯定也知道，就是脑科学与禅修的研究。过去十几到二十年间，从美国到欧洲都有一些研究成果。香港大学也有一个团队，由一名中科院研究脑科学的院士，和我们心理系的系主任组织了一个团队，专门研究禅修对脑细胞的影响。他们的手段主要是两种，一个是脑电图，另一个是磁力共振仪。他们的方法是找一些经常作禅修的人、出家人，一组可能有二三十人，再找一些没有禅修经历的人，作个对比。无论是止观禅还是慈心禅，他们都有研究。欧美国家一般研究藏传佛教比较多，在香港，我们研究南传佛教的出家人比较多。研究成果显示：在管专注能力的脑细胞区，经常作禅修的人有不同的反应、比较活跃说明经常作禅修的人专注能力比一般人高。慈心禅也有这种情况，经常修慈心禅的人，对于周边环境的变化，不会那么容易产生情绪波动。这种研究，和李校长讲的用现代科学的手段来研究经络气功，有相同之处。你有什么看法吗？用科学手段来印证佛教的一些理念，我们是否可以将来多作一点研究？

李嗣涔：最后一定要科学化。本来是信者自信，只有一部分人相信，经过科学的手段，变成每个人都相信，这是现在的法则。我们必须要走这条路，我相信一定可以解答这些问题。

李焯芬：论坛的主题是量子物理与佛学，在座各位有什么意见，有什么问题？大家知道我们在座的人中有一位大专家，多年来研究量子物理和佛学，就是潘宗光教授。他也愿意到台上来和我们分享。有请潘宗光校长。

潘宗光：今天晚上的主题是“量子物理与佛学”，我觉得最主要的是怎么样用量子力学来体会佛法。佛法和量子力学是什么关系呢？我有一本书叫《佛教与科学》，里面解释量子力学和佛学的关系，其中指出佛学有两个重点：第一个重点是佛陀开悟的是什么。他领悟整个宇宙是非常奇妙的、不能讲出来的，但不讲出来又不行，就用“空”作为代名词。“空”，是从本体里面衍生出来的，包括很多重要的自然规律，如因缘所生法，即通过因缘产生果。第二个重点是讲人的心态，即意识会对整个宇宙产生非常深远的影响，意识够强大就可以影响整个宇宙。

现在谈谈量子力学。它奥妙非常，甚至有助于解释宇宙的形成。现代很多主要的科技发展都是以量子力学为基础的，可以说没有它就没有现代科学发展，同时量子力学已被证明是正确的。它讲解了两件事：第一，粒子的存在形态没有确定性，在未被观测到之前以能量波或粒子的形态存在，所以说未被观测到的粒子根本不知道什么样，不能讲出来。第二，奇妙的是，当人用观测粒子的方式看它时，它便会呈现出粒子的状态；当用观测能量波动的方式看它时，它便会呈现出能量波的状态，这叫作波粒二象性。总结以上两点，量子力学显示了在空间里面不知道什么样，而人的意识能影响的微小空间的粒子。同样的推理可得，宇宙是存在的，但宇宙本体是什么样却并不知道。

量子力学是这样认为的：我们并不知道粒子存在的空间位置，但我们的意识可以决定它所呈现的方式。比这更诡异的是量子纠缠。它是非常重要的科学发现，显示了关系密切的粒子之间可以互相沟通。在平常的情况下，粒子是自由自在的独立个体，但可以与和它有密切关系的粒子产生量子纠缠的关系，这是量子力学家波尔研究出来的。举个实例来解释，现在一门最新的生物学研究——细菌通过量子纠缠能让人生病。最近科学发现，一个细菌的能量是非常小的，其实并不能侵害人类宿主令其生病；但是很多细菌可以通过量子纠缠来互相沟通，就可以集合力量一起攻击宿主，是那种强大的能量才造成了宿主致病。这门医学的发展方向是研究如何打破细菌之间的量子纠缠，这样的话人类就不会再受到细菌侵害。

脑神经科学家哈梅洛夫提出了量子意识理论，即意识可以通过量子纠缠将信息传送至宇宙中。我这样设想：只要人们把相同的意识纠缠在某一点，它的谐振所产生的能量便会非常强大，从而对外面的影响也会非常大。这样，量子力学的理解和佛学关系便显得非常密切，它让我们明白了为什么我们的意识可以有那么大的作用。我们明白了整个宇宙是那么不可思议，也明白其中的理论和量子力学有密切的关系。量子力学是非常深奥的科学理论，两三个小时也讲不完，连它的创始人波尔也说："假如你以为你懂得量子力学，那你就真不懂量子力学了！"现试将两个理论放在一起，看看将来可以怎么发展。目前只需知道量子力学和佛学的关系非常密切，这就是今天的主题——量子物理与佛学。量子力学能够让我们明白佛法是正确的，佛教是一个很科学化的宗教。

科学与哲学对话会：人工智能与哲学

徐二明　熊召政　郭毅可　赵林　谢耘　傅有德

徐二明：海航的各位领导、各位专家，大家晚上好！今天晚上由我来主持。在座的是“二二二”结构，因为我们讲科学与哲学，所以在座的有两位科学家，两位哲学家，还有两位X学家。我们的讨论主题是人工智能。郭教授说不叫人工智能叫机器智能。我特意在谷歌上搜索了一下，人家说“人工智能”，“亦称机器智能”。所以说这个命题是真命题还是伪命题，我们不讨论了。

人工智能和哲学的讨论，这个问题比较大，相当于“创造亚当”。“创造亚当”这个题目不是我说的，是米开朗琪罗在梵蒂冈的西斯廷教堂屋顶上画出来了的。我们在创造机器人，在讨论机器人的思维，讨论机器人的判断，也就是智能问题。有这样一个争论，机器智能是强智能还是弱智能，是被赋予智能还是主观智能，这就引发了意识的解释问题。

再谈意识的解释。前两天我们享受了盛宴，这个盛宴中间都谈到了宗教问题。宗教，包括哲学的核心问题是语言的问题。很荣幸我们在座的有一位X专家，就是文学家、作家，或者说剧作家，上次他非常高兴主动给我们讲了“鸡的故事”，引得我们郭教授一年都很痛苦，所以为了引发对这个题目的讨论，我们请熊召政先生先讲讲。

熊召政：今天上午快下雨了，我去找车，慌慌张张中看到一个很熟悉的人，结果没想到就坐在我旁边。他说今天晚上我们一起上台，你别再骂我了。我说我很喜欢你，怎么可能骂你。我说我的性格就好调侃，也不知道你能不能造出像赵本山那样的、有点幽默感的、感情上有点奔放的机器人。我说今天晚上我要讲讲你让机器人写的那首诗。你把所有的唐诗列出来，给一个题目，机器人就写出来了四五二十个字。那天你在念诗的时候，有人问我这个是不是诗，我说平仄基本是对的，这是第一。

第二，毕竟是拾人牙慧，离真正的诗还差很远。今天我和郭教授讲，晚上我给你念两首诗，你看看两个“文盲”，没有受过任何诗词训练的人，也没看过那么多模板的人，怎么写诗。第一个是朱元璋。这个老哥们是文盲。天上下雪，他让刘伯温写诗。他说你们咬文嚼字写得不好，下雪这么小的事，你说那么多典故，老百姓听不懂。我给你说一首诗：“天上捅窟窿，江山成一统，他要当皇帝，黑狗身上白，白狗身上肿。”你觉得再好的人工智能赶得上这个文盲吗？第二件事是我亲身经历的。那个时候，我作为知青被从村里抽回到县里搞创作辅导，每天的第一件事是必须在每天早晨每个社员出工的时候读日报，第二件事是让每个人写一首诗。人工智能是辅助人类的，郭教授作为科学家，他觉得机器一定是独立成才、自学成才，一定要和人并肩在地球上主宰，我听了以后觉得很可怕。我认为人工智能一定要有道德底线。比如说，那天和王健董事长聊天，说到海航，讲到天道，他说这招——天道和人的智慧关键就不能教给机器人。我讲一个小例子。

陈抟老祖，是赵匡胤得天下的真正大推手。在联合国教科文组织评选的人类的智慧标识中，中国的太极图排在第一，伊斯兰教排在第二，佛教还评不上。这个图就是陈抟自己画出来的，之前中国有道教但没有太极图。他画的，赵匡胤看不懂。陈抟告诉赵匡胤，你按照这个东西要注意两点：第一，不要烧文人，第二，不要用南方人做宰相。为什么不用南方人做宰相，他不说，赵匡胤就按照他说的办了。到了宋神宗改革，用了第一个南方人王安石做宰相，宋朝的风水从此大坏。王安石当了宰相之后不久，邵康节先生带着他的弟子到了开封，过桥的时候，他突然一愣，返回来了，闷闷不乐。弟子就问他为什么闷闷不乐，他一天不回答。到了晚上喝茶，他说我过河上桥的时候，听到杜鹃鸟说过了淮河，节律发生了大的变化。这和用南人做宰相形成了一个统一的意象。他说宋代的国道危险了，危险来自东北。直接讲，中国的八卦如果教给机器人，可能比人算得还准，所以不能教给它。中国历来把西北叫生门，东北叫命门，中国的生命之门在西北、在东北。向东北跨过黑龙江到了西伯利亚，向西北到伊斯兰地区走向中东。向东南走向南海，中国历来认为南海那些地方会给中国找麻烦，但是西北和东北一定是中国拓展的方向。可是我们的东北振兴战略很多年，东北我们搞得不好。邵康节就觉得南方的杜鹃鸟，现在从开封汴梁城的上空飞来了，他觉得是不祥之兆，危险来自东北。他说东北方是绕城的黄河，容易发水，会冲掉汴梁城的风水。他说要在这个地方修一个塔，我们今天称之为开封大铁塔。我来开会之前又去了开封。我去了以后发现一个问题，按照记载，开封大铁塔是在 33 米高的一个山坡下面修的一座 55.6 米高的塔，今天的塔和整个汴京城的地面一样低，就说明宋朝的国都被全部掩埋了。他当时说，灾一定来自东北的黄河，谁也没有想到其实是来自 3000 多公里外的东北，哈尔滨，就是女真。这样一个密码，就是天道。他是怎么拿到的？人工智能也好，哲学也罢，恐怕都没有办法解释。这里面有很多中国古人创造的八卦、阴阳，所以我说阴阳是中国的智慧，是智慧的最高阶段。我说，海航的智慧就是阴阳鱼，这两位领导人就是阴阳鱼的两个暴风眼。对于人工智能，我既害怕又不怕。我怕什么呢？我怕像郭教授这样的人，最后观念发生变化，倒向了机器人，把我们这些最机密的东西传给它，那我们就危险了。但是只要像猫一样，永远不把上树的本事教给老鼠，那就还有逃生的可能，我可能就会进入虫洞。

徐二明：中国文学博大精深，和哲学一样，其中有很多成语。有一个成语“听话听音”，上一次熊主席讲完以后，我们的谭总听出音来了，不知道这回谭总又听出什么音来了？

昨天在亚历山大教堂的时候大家有发现，在做礼拜，或者说作弥撒的时候，神父在群众中间，而不像我们一般看到的在群众对面。我们非常需要讨论的过程，因为对话的过程当中有和大家的互动。刚才熊主席提出一个问题，就是八卦，逻辑演绎这一套是真正东方的概念。昨天赵教授讲到了罗素先生，又讲到杜威，这是我们小的时候听的批判最多的，也是影响最大的两位西方的学者，不过那个时候知道得很少。

昨天赵林教授提出了六个问题，很遗憾只讲了两个半问题，其中核心的问题就是哲学的逻辑、哲学的思维，包括李校长提到了意识的思考问题，请赵教授简单地介绍一下。

赵林：我本来想听郭教授讲完以后再回应。昨天确实是时间关系，所有的问题都是说不完、道不尽的。实际上是七个问题，七个问题中的前三个我讲了两个半，第三个问题已经展开了。前面是关于世界的问题，关于到底是有客观规律还是人喜欢秩序的东西，所以我们觉得世界充满了规律性，这都是关于世界的问题；后面四个问题没展开，都是关于人的问题。关于人的问题就涉及人本身，人本身的生活方式。人类的智慧到底是一种精致的愚蠢还是真正的智慧，“人类一思考，上帝就发笑”，这些问题是对人的智慧的反思。由于没展开这个问题，我们不能谈到人工智能。但是我觉得人工智能也好，量子力学也罢，自然科学是在一个有形世界中发展，是关于这个物质世界我们怎么认识、怎么征服、怎么创造、怎么驾驭方面的学问。而昨天我们也讨论了佛教，也谈到了宗教。宗教是更多地关注另外一个世界的问题，至少是要从这个世界通向另外一个世界，更多的不是用逻辑来推、不是讲道理，更多的是诉诸一种信仰和领悟。我非常赞同刚才陈先生的观点，无论是科学能够反对佛教，还是科学能够正视佛教，实际上这两者是完全不同的话语体系。如果要用科学来证明什么是宗教，我觉得这是非常荒唐的，就好像用科学来反对宗教，也是很荒唐的。因为这两者属于两条道上跑的车，没有共同的语言体系。我们可以说，科学的某些东西从某些意义上和佛教的和各种宗教的东西殊途同归，只不过是不期而遇，但是并不能说这两者之间可以相互印证或者相反。我本身不管是作哲学还是宗教的研究，因为是学历史出身，总想把宗教放在西方的发展历史中间来。实际上我们发现，从西方的角度来说，基督教产生的时候，在有一定科学思想的希腊罗马人看来是野蛮的、低级的迷信，后来当基督教羽毛丰满、罗马帝国崩溃以后，基督教一统天下一千年，成为主流的意识形态。这样的情况下，科学受到压抑，很多科学思想被看成是异端邪说，包括哥白尼的学说不敢发表等。到了近代以后，科学开始发展，就开始批判宗教。一直到18世纪法国启蒙运动，把这个过程推到了极端，科学和宗教反过来了。现在科学理直气壮，宗教就向隅而泣。但是这样一个矛盾，到了19世纪以后开始逐渐得到了一个很明确的分工。这是两件事情，一个是管我们头顶的星空，一个是涉及我们内心的道德和情感的归宿，一个科学家在实验室里面无论把世界了解得多么清楚，也找不到灵魂的安顿之处，也无法回答在世界终了以后，在4%的世界的背后，或者说在那27%的世界背后，究竟是什么世界。这是可以让宗教来解决的问题。我们今天所有的科学思维没办法回答这个超出科学思维之外的那个世界的问题，我们只能站在我们的立脚点上，不可能拽住自己的头发把自己拔起来。我们所有的科学的思维方式是这在4%的世界中形成的，所以用在4%的世界形成的思维方式，去思考73%的世界的问题的时候，就错位了。也就是说，秤不能量身高，只能称体重。从这个意义上很简单，宗教涉及另外一个世界，所以更多地靠信仰和感悟，是另外一套系统。科学和逻辑思维是不一样的。说到人工智能，实际上今天人工智能发展的最高水平，仍然是按逻辑思维来制造机器，来制造人工智能。熊教授刚才讲了留下一招，这一招按照今天人工智能的发展，留不留都没用，人工智能一定会无师自通的，人工智能高明的地方就在于此。下围棋人类下不过AlphaGo，但有一点是人工智能达不到的，就是情和意。人的主观是由三个部分组成的，知、情、意，而人工智能最多只能达到知，达到逻辑可以达到的层面，达到自然科学这个领域可以达到的层面，但是在另外一个世界是无能为力的，另外一个世界是留给宗教、哲学等的。

当然，我也有一个忧虑。我觉得人工智能当然是一个好东西，给我们提供了很多方便，极大地提高了人类的福祉。但是人工智能有一个很要命的东西，我昨天听郑教授讲，当人工智能发展到一定阶段时，我们人就被它驾驭了，我说这只是今天科幻电影中描述的状态。当人把机器提高到人的水平的时候，人实际上也把人降低到了机器的水平，这个是更要命的。实际上，有了人工智能以后，人的智慧能力是在下降的，用郭教授讲的2%和98%的例子，98%的人将来都变成了没有很高能力的人。如果说人是从猴子进化来的，从猿到人进化了几百万年，但是今天由于人工智能的发展，由于信息社会不断提高的生活的便利性，我们发现人类正在大踏步倒退到猿的水平，这可能是更令人担忧的。这是我从哲学方面思考的内容。

徐二明：谢谢赵教授。赵教授讲了跨界不跨界的问题，讲了人工智能的程度问题，实际上他的讲法是弱智能不是强智能的概念。郭教授讲的2%是强智能，但是我先不让郭教授发言，他是最后一个。关于跨界不跨界的问题，我们请谢耘教授谈谈他的看法。

谢耘：接着刚才熊教授的话来讲，留一招不要教给机器。我的感受和赵老师的感受不一样，不是说教不会，而是说人也不知道怎么教。实际上这是真正的问题。刚才赵老师描述了智能，知、情、意，其实这是哲学的语言，不是科学的语言。

为什么我觉得人工智能会是一个辅助人的工具，我从科学的角度来看这个事情。

第一个原因，我们目前对人的智能只有哲学上的描述，而没有一个完整的科学意义上的描述。实际上，对于智能是什么，大家争论很多。为什么会有争论？哲学就可以争论，而科学一经验证，就没有什么好争论的了，而且科学的语言一定是无歧义的、严格描述的一种语言。我们今天对于人的智能，实际上认识远远没有达到这个程度，甚至连一些基本的问题都回答不了。比如说，人的大脑最底层的机制是逻辑与计算吗？这个问题是没有答案的。给大家举个非常具体的、生理学上的例子。我们的大脑是由神经元构成的，大家都清楚。有一种小虫子，叫秀丽线虫，长度只有 1.5 毫米，寿命只有 3.5 天。这个虫子非常简单，所以神经生理学家非常愿意先从它开始研究。这个虫子的生命是由 320 个神经元来控制的，而这 320 个神经元的连接，包括它们的信号，都是可以测出来的。

但是到今天，神经生理学家依然没办法解释这 320 个神经元是如何主宰这个小虫子 3.5 天的生命的。大家知道人的大脑有多少个神经元吗？最保守的估计是 160 亿个。所以对于智能是什么，今天我们在科学上没有一个完整的理论来描述。我们对智能的描述，感知层和认知层，很大程度上属于哲学语言，是一种非常定性的、意向性的描述。所以我们仿造人脑，复制人脑的智力的源头就不存在。

第二个原因，如果我们可以抛开人脑，发明一套科学理论，我们可以证明这个理论无论是从理论上还是从实践上，都能够达到和人脑相同的效果，就像用轮子走路和用腿走路效果是一样的，但是机制是完全不同的。那么，人造机器就可以抛开人脑另外走一条路，也实现智能，实现同样的效果。但我们今天有这样的理论吗？实际上没有，不论是从理论上还是从实践上都是不存在这个东西的。

所以我说，严格地守着科学的界限谈这个事情，从科学的角度来讲，我觉得在可预见的未来，人类要造出一个在一般意义上和人一样，具有自我意识，具有主动性、能动性的机器，我觉得在科学上，第一，没有理论上的依据，第二，没有足够的实践来支撑。因为今天我们实现了的智能都是所谓的弱智能，就是解决一些具体问题的方法。我大概阐述一下为什么我会有这么一个判断，当然这个判断依然可能是错的，但是确实是我从科学的角度出发来看待这个事情。

徐二明： 谢谢谢教授。谢教授用科学的例子，不像郭教授那么主观积极，郭教授上次就告诉我们，以后打仗就是两个机器打仗，通过机器就把疆土问题解决了。

人的创造，无论是信仰、宗教和世俗的，还是在创造创新这方面，傅有德教授您是怎么看的？它既超越科学又在科学之中，如何看待人的创造问题。

傅有德： 今天我们的对话是关于人工智能。郭教授讲的一个观点令人印象非常深刻，将来 2% 的人从事劳动，98% 的人可以娱乐，以娱乐作为生活。

一方面，感觉这是一个非常奇妙的愿景，也可能非常地好。因为我们整天玩就行了，不用劳作来满足我们的需要。另一方面，当然也产生一种担心，那人活着究竟为了什么，人生存的价值和意义是什么。我们生活的目的就是要获得幸福，要达到一种良好的生存状态，怎么来达到这样一种好的生活的状态，要活得好，就要做得好。假如有一天机器智能、人工智能发展到那种程度，人都无所事事了，或者说整天玩，都玩腻了，不真正地从事创造性的劳动，那么人的价值何在，生活的意义何在。那天听了郭教授的发言以后，我是这么考虑问题的。人作为一个存在，就像刚才赵林教授讲的，实际上是各种需要的集合，至少是知、情、意、信仰多方面的复合体。我们可以想象，是否某一天机器的智能、知识、智力的发展真能够那么完善，包括人的情感、人的审美、人的信仰都能够模仿人甚至替代人？如果能够做到，那我们生活的意义和价值何在？说到这里想起来了卢梭的一句话，“人本身有一种自我完善的能力，尽管有人说这就是我的土地，占有了土地，有了社会不平等剥削压迫，但是人本身有自我完善的能力，会产生某种有效的组织来管理社会，让社会公益得到实现。”人工智能也可以这么来想。机器人谁造的？人造的。人工智能再智能、再发达，也是人先赋予它一个程序，然后它才能这样做。但是当我们发现机器人如此聪明，把人都要取代了，让人活着没有意义和价值的时候，这个时候机器人就会被制止，就应该停下来，因为人本身有自我完善的能力，不能让人类被机器取代。这是最起码的，人活在世界上得为了人自己的利益。我说的有点人类中心主义的意思，人类中心主义并不是和自然作对，来征服和克服自然，一定是顺应自然、改造自然，对于人工智能我想也是这样的。那天谢教授有一个说法，人工智能作为一种辅助的能力，实际上是让人实现幸福，而不是相反。谢谢大家！

谢耘：我认为人工智能在可预见的未来是辅助人的工具，但是这并不意味着人工智能不会带来翻天覆地的变化，不会带来很多今天完全想不到的事情，这是两回事。

徐二明：谢谢傅教授。刚才谢教授又补充了一句。王教授在那个位置上，要给听众说明白，就不要像上研究生的课一样。郭教授非常聪明，他用两个数就让大家明白了，98% 和 2% 。主席说这个比例可能是 95% 和 5% 。我听完了以后，有一种淡淡的忧愁。海航的 40 万名员工，剩下 2% 只有 8000 名员工，董事局中可能就剩下董事长、主席和一个机器人，独孤求败。我不知道郭毅可教授如何解释这种现象？

郭毅可：每次开这个会，都是一种智力上的享受。我讲讲我的看法。听完刚才大家的发言，包括前几天的发言，我一直在想一个问题。赵林教授昨天讲过一句话，为什么世界上有这样的规则，为什么猴变成了人，不是人变成了猴，等等，好像冥冥之中有一个造物者。这句话很有道理。虽然我们是计算机科学家，但是我们不是一般意义上的科学家。因为计算机科学和其他科学不是一回事。一般科学研究的目的是发现真理，寻找自然的奥秘，寻找上帝的规律。造物主造完了世界，没告诉你密码，你要把它找出来，那是自然科学家干的活儿。我们现在拼命找上帝的规律，找得很累。而计算机科学不一样，从计算机科学而言，我们有点像上帝了，我们在造机器人，我们让它们这么走，让它们这么下棋，所以在某种意义上来说，计算机科学更像是一个创造性的科学。我不能说我们扮演上帝的角色，这个话太过分了，但我们至少在创造一个未来，创造一个不存在的东西。我们不给存在的东西定规则、定约束、定各种想象。对于我们这些人来讲，学哲学、学宗教比自然科学家学这些有意义得多，因为你创造的社会要有一定的规则，要有一定的道德，要有一定的规范。这是第一个问题。我为什么不喜欢把我们的创造称为“人工智能”，因为人工意味着模拟，但是机器人不一样。有一个概念，机器智能可以和人的智能不一样。飞机会飞，但我们不能管飞机叫人工鸟，汽车会跑，但不能管汽车叫人工腿。机器智能有它自己的功能，有些功能可以超过人。所以说“人工智能”这个定义，非常狭隘，充满了人类的傲慢。现在我们说“人工智能，亦称机器智能”，过不了几年会倒过来，“机器智能，曾称人工智能”，会这样的。你想想看，我们对人脑的理解不到5%，我们今天用机器模仿人脑，最多创造出一个解决问题的机器，我们定义为机器智能，这是可以的，这不过分，也不狂妄，而且非常现实。当我们定义了这个机器智能，我们不能假定这个机器智能一定不如人，你要希望创造出的机器智能比人强，那是好事。车跑得比人快，飞机飞得比鸟快。造一个车比人还慢一点，不把跑得快的秘密告诉它，这是不对的。

我们希望我们做的机器在我们指定的功能上比我们好，但是有一点，我们人要做好机器不能做的事。这是矛盾的两个方面。你需要机器做的事比人做得好，人要做机器不能做的事，这是两条腿，这是我讲的一个规则。现在我们那么多人做人工智能，这次国家要搞“人工智能2.0”，我一听头就炸了。人工智能还不够，还来个“2.0”，这是一个非常不科学的定位。要认认真真地想我们要做什么事情，我们要把人智力中的机器可以做的部分，越来越多地拿出来，制造一个这样的机器去做比人做得更好的事情，让人更好地去做机器不能做的事。这是第一个问题。

再讲讲2%和98%。这个不是我想出来的，是吴军的《智能时代》的说法。他第一句话就说，2%的人将主宰未来，你要么加入他们，要么被淘汰。这句话说得有点惨。这不对，这完全不是个路子。首先我同意2%，因为在未来人的很多工作已经被机器代替了。举个例子，在伦敦坐出租车，原来开出租车要考试，一个牌照得考三五年，伦敦出租车司机得把地图背得滚瓜烂熟。今天任何一个人，训练都不用训练，英语都不会讲，开着车就可以带我走，人工智能可以告诉他怎么走，报地名都不需要听。机器取代了人指路的能力，机器指路比人强，有全局观。这个时候，机器已经在操纵人了。这个操纵是好事还是坏事？当然是好事。它增强了人的能力，使原来不能工作的人能工作了。所以我讲，对于那98%的人，绝对不是让你去享受，而是给你自由，这是很重要的。不管你是马克思主义者，还是人文主义者，都明白这个观点，人是追求最大的自由的 。什么是自由？自由就是你不被强迫干活，而是做你想做的事情，这绝对不是享乐。当他获得了更多的时间，他就会做更擅长的创造，能更好地为社会贡献。我说的98%是在这儿。机器智能解放了人，使人可以按照自己的逻辑、爱好，把自己擅长的事情发挥到极致，而不被琐事所局限，这是我讲的第二点。

最后我再讲一分钟。两周前，我被叫到日内瓦国际电信联开会，谈人工智能的未来社会，说人工智能将来要把人搞惨了，我们要搞规则，否则失业了怎么办。我觉得这个不对路子，因为你考虑的那些东西根本不存在，是假命题。你要考虑给机器人社会定一些准则，这是需要的。机器人是我们造的，要给它们的发展制定一些准则，这是有意义的。有些规则是存在的，比如说有人提出过机器人社会三大规则：第一条是机器人不能伤害人，不能直接伤害人，也不能通过和人交互伤害别人；第二条规则是要听人的话，但是要在不能违背第一条规则的前提下；第三条是机器人和机器人之间要互相鼓励、互相创造、互相进化，但是不能违反前两条规则。现在，我们计算机科学家很愉快，我们做着上帝的事，我们模仿着上帝的思维，但是我们要有上帝的品质，要有对社会、对自然、对人类发展的理解。所以，有时候我们要跳出科学，看看哲学，看看佛教，看看其他宗教，想想我们创造的机器人社会应该是什么样的。这是我的观点，谢谢！

徐二明：谢谢郭教授。通过郭教授可以看出来，一个科学家本来应该是冷冰冰的，只要被“烤”就会激动。他最后讲的很重要的问题就是制度。今天我们没有讨论制度，通过制定合法制度，使所有的事物纳入一个规律当中，这是我们对话所要达到的目的。

海航神秘密码

东西文化圆融与海航精神

张 平　潘宗光　王守常　熊召政　葛 荃　孙晓春　门洪华

张平：尊敬的陈峰主席、王健董事长，很高兴今天有机会在这里主持这样一场论坛，来讲述海航神奇的故事。今天这场论坛的主题是“东西文化圆融与海航精神”。这里面有两个基本要素，一个是东西文化圆融，一个是海航精神。这两者之间是什么样的关系，我希望用一个犹太教的故事，解释一下我对这个主题的理解，请嘉宾们来探讨。

有一个村庄的居民得了一种奇怪的病，任何办法都治不好，所有医生都试过了，只有村子里面的一个法师能治。这个法师创造了一套办法，造了一根法杖，去森林里找一棵神树，背诵祝祷文，这个病就被治好了。这是第一代法师。这位法师死后，第二代法师来接任，第二代法师找不到神树在哪里，他所能做的事情就是拿法杖读祝祷文，但是病人也治好了。第二代法师死后来了第三代法师，第三代法师找不到森林里面的神树，也找不到法杖，他记住的只是一段祝祷文，但是读了祝祷文以后病还是能治好。第三代法师死后来了第四代法师，第四代法师不仅找不到神树、找不到法杖，把祝祷文也忘了。这个时候他能做什么呢？就是讲述一个故事：从前有一位法师，他有一个法杖，他能在森林里面找到一棵神树，能够读祝祷文，能够治好这个病。这个故事同样可以起到治病的作用。这个故事在我看来，海航精神就是第一代法师，第一代不是说出来是干出来的，这是第一代法师做的；东西文化圆融是第二代到第四代法师做的，因为没有第一代法师的创造，第四代法师的故事就没办法讲。今天这个题目，如果离开了一个具体的文本、具体的世界、具体的人物，就没办法讲，海航精神就是今天题目的基础。第一轮我想问各位嘉宾的是关于海航精神本身，如果我们用法师做比喻，第一代法师的道行到了什么水平？第一轮首先问潘教授。潘教授既是科学家又是非常高深的佛教学者，海航的领导人和领袖都是佛教徒，在海航精神里面，佛教到底起到了什么样的作用，是不是起到了一个领袖作用？

潘宗光：非常感谢有这个机会来分享今天晚上的主题“海航的神秘密码”。前几天我和大家分享《时空的神秘密码》，提了两个重要的问题：信息可不可以超越时空传递出去？人类意识形态如何面对现在的整个环境挑战？前几天陈嗣涔教授也谈到了虚妄空间与实在的物质空间，我觉得人的信息传递和人的意识形态有密切的关系，现在的科学家也认同意识形态是非常重要的。比如说非常著名的科学家惠勒，他和爱因斯坦是同期的科学家；斯坦福大学的科学家林德也相信人类的意识可以改变人的命运，可以创造未来；干细胞的权威科学家兰札提出一个新的理念“生物中心主义”，他说整个世界的核心就是人类的意识，假如生命没有意识，现实世界就不会存在。

每个人所感受的世界是不一样的，是受到个人意识形态所影响的。科学证明人的意识影响很大，一个人的心如果是慈悲的、安宁的、关怀的、包容的，发出来的能量就是正能量，就会影响一生。佛教教我们修心，因为修心能产生正能量；如果我们有正能量，就有更多机会和宇宙产生感应；假如我们能保持一个慈悲心态，有正能量，就有更大的机会可以感染未来，因为信息很可能穿越时空令人感受到过去和未来；如果真的能够感受未来的信息，对现在作决定就会很有用。我相信，海航的成功在于它的最高领袖是以众生心为心来领导企业，他们没有私心，而是为了众生利益发展海航，这是很重要的！他们在最前瞻性的板块，在禅修的状态下，很可能感应到了未来可能会发生的事情：企业会怎么发展、大环境会怎么变化、海航集团如何来配合这种发展……我觉得这是海航的神秘密码。

张平：非常感谢潘教授给我们解释了海航密码，及佛教思想在海航精神里面所起的作用。讲到东西方文化圆融，海航归根到底是一个中国的企业。在中国的传统理论中，佛教是非常重要的，但是最基本的精神还应该是儒家精神。海航是佛教领军，那儒家思想在海航精神里面扮演一个什么角色？请王守常教授给我们讲一下。

王守常：我参加了海航三次讨论会，很受教育。说起神秘密码，其实前面的“神秘”两个字可以拿掉，“密码”不是看了就可以明白的，已经够“神秘”的了。其实不是光是在我们讨论里提到的海航精神，如果和海航接触多了就会发现，海航人才非常多。今天有幸和海航的随团医生沟通，他对西医的知识非常有研究，而且在治疗方面也非常优秀。海航精神从一个员工的言行中就可以看出，而在平时你可能看不见。

海航精神自然有很多层面去理解。今天我要讲的是海航成功中最重要的“圆融”的问题，其实就是中国优秀传统文化中最重要的一个字，即“和”字。这个“和”字，不作任何解释，可能会让人们理解“和”就是没有差异性、没有原则性，“和气生财”等。如果要把这个“和”讲清楚，我今天用儒家思想来做一个说明。

“和”字最早出现在中国古代音乐史，“音因序和律而和”。中国古代音乐有5个正音阶，即宫、商、角、徵、羽。所以“和”不是抹杀差异性，而是多元化、多样性。春秋战国时期有一场辩论，齐国的第四代国君景公和晏子当时有一个“和同之辩”的故事。齐景公问晏子：“我与我喜欢的内臣据，我们俩是‘和’还是‘同’的关系?”晏子说：“你和你最喜欢的大臣是‘同’不是‘和’。”齐景公问：“何谓‘同’?”晏子答：“‘同’是要统一思想，统一意志。”景公问：“为什么是‘同’而不是‘和’。”晏了解释道，“同”是君说是，臣就是，君说否，臣就否。即永远要和领导保持一致。而‘和’是君说是，臣可以否。可以否就是“和”。依我看，多元化是自然界的规律。2016

年，北京电视台报道了北京的西北片种的树林出现了大面积死亡。为什么会出现这种情况，因为种的都是速生的杨树，同一类树种在一起，一棵树有问题马上就会传染一片。如果是杂交林就不会发生这种问题。春秋战国时期的“和同之辩”之后，就有“和则生物，同则不继”的结论。不同的东西放在一起就会产生新的事物；相同的东西放在一起就没办法生长了。从而又有孔子“君子和而不同，小人同而不和”的认知。君子有海纳百川的胸怀，可以接纳不同的声音；小人不会虚怀若谷，只爱听吹捧奉承的话。海航的精神就是君子之风。

“和”是强调多样性、多元性，而“同”是强调决定性、统一性的。集团内要统一思想、统一步伐，否则无法发展。但是再统一思想也要尊重发表反对意见的极少数，要给提反对意见的人制度上的保护和人情上的关怀，才能使海航集团健康发展，成为这个时代之先锋。谢谢。

张平：非常感谢王守常教授。虽然海航的领袖都是佛教徒，但是不要忘了佛教在海航精神里面存在的核心框架是由儒家提供的。王教授基本是这样一个意思。

作为作学术研究的人，我们基本的思维是分析思维，我们把海航精神定位为佛教的或者儒家的。但是下一位嘉宾的思维方式和我们不一样，他是一个著名的文学家，熊召政教授。我是文科出身的，我对文学家非常崇敬，文学家的思维和我们不一样，他们是综合思维。接下来请熊召政教授讲一下他对海航神秘密码的理解。

熊召政：我到这儿来之前收到了这套书，电子版的，打印出来很厚。我看到这儿，我就想，密码是需要破解的，神秘就不是我们的认知能够理解的，所以为什么要在密码之前加一个神秘？还是用大家知道的理念，海航的发展轨迹可以用六个字概括“佛道、顺势、创新”。佛道，道有人道、有天道，天人合一谓之道。孔子说：“朝闻道，夕死可矣。”有的人一辈子没找到这个“道”，海航为什么找到了这个“道”，并且发展起来，这里面是信仰起第一作用。但是，唯有信仰是不足以成这么大的事的。当年我有一个朋友，公司也很大，也是虔诚的佛教徒。那一年他请了几个大师，每逢大事要和几个大师商量，后来赚了三十个亿。他在年终股东会上说，大师在房顶上安了一个利器。公司的总经理很不爱听，和我讲："熊老师你说，大师安个东西就能赚三十个亿，那怎么不安自己家房顶上，给你干什么。"第二天我和这个董事长说："你的总经理这个话问得好，为什么大师不安他们家房顶上，因为大师没有这个命，你有这个命，"他听了以后很高兴。所以说"得道"要看你们是什么人。

第二个是顺势。"势"这个东西可借不可逆。我有一年到瑞金，在一座小山上，有一所当年的红军总医院。周恩来和博古等老一辈无产阶级革命家曾在这里商量走长征的人选，哪些人走哪些人不走。本来毛泽东和瞿秋白都不走，可不走就等于死，周恩来和博古两个人在医院里面住了三天，说服了当时的领导，把毛泽东的名字加到了长征和名单里。加上去以后，很多高级干部问，毛主席我们怎么办，他说，你们八仙过海各显神通，顺势跟着走就能达到目标。结果年纪大的人马都没有也得跟着走。所以爬雪山、过草地、四渡赤水等一定不是预先设计的方案，而是被打得没办法了，不然为什么四渡赤水。但是最终追求的东西是符合潮流的，这是个势头，借过来就是对的。所以，如果没有跟着走，就没有遵义会议，就没办法成事。借势、顺势非常重要。"海航"这两个字，都是十道笔画，水为财，木是动量，水生木，金生水，所以海航把金融板块和航空企业摆在第一，暗合了中国的传统；这种势，和表面上的国运、世界的大运，也是一种暗合。西方遇到了危机，过去我们的意识形态也遇到了危机，这两种危机之下，就会出现很多空间，让懂得借势的人优先进驻。

第三是创新。佛教可以让中国精神体现在企业文化上，是相当重要的。因为"得道"解决的是"道"的问题，中国古代推动中国前进的两股力量是政统和道统。我在全国人大开会的时候，2016 年谈的就是

“道”的建设，2017 年谈的是建议把佛教列为中国国教，还有很多领导人找我谈话，问我完整的思路。我说，中国的道统还没有勇气和能力来和政统一同承担建设中国的责任，把文化作为重要的抓手，坚持道统的尊严，在这一点上我们远不如国外。所以说，海航是跟着道统的规律往前走，但是借了政统的势。

陈峰主席有一颗印，这个印里面的一个符号是地藏王的，符号中间有一个字，完整组起来是一句咒语，我说你这颗印的法力很大。1992 年，我上普陀山，看到石头上刻着菩萨，当时真的热泪盈眶。地狱未空，誓不成佛，众生渡尽，方证菩提。如果人人心中都有一颗菩提，只要众生中还有一个人受苦受难，你就没有资格成佛，这就是海航的大众认同、大众成就。我顺便说一句，众生，应该承担国际责任。我们应该遵守《巴黎协定》，如果地球变暖，很多生命都会灭绝；仅仅解决人的问题，一定是一个比较低级的目标。我前年带着学生到莫高窟，看到了一句话：“看到王子跳下去”。学生当时问我：“他怎么能跳下去，明明是骑着马来的，可以把马推下去。”我说：“马也是生命。”所以说海航的“四个大众”，我理解的不仅仅指的是人，也不仅仅指的是中国，海航要建设、保护地球，保护地球上的各种生命形态，在这个基础上进行创新。一些专门做航空的公司，对海航今天取得的成就和发展不以为然。我经常和其他航空公司的人探讨这个问题。你做得再优秀，不论是在西方还是在中国，都有人扎堆来攻击你。有一个领导问我，海航这么大的企业，福布斯富豪榜里面却没有一个海航的高管，他们赚钱不为自己，还要和强权人物一起拿资源、拿方案，何苦呢？我说，你们误解了海航的精神，海航的精神是，精卫填海、愚公移山、女娲补天、后羿射日；这四个就是中国精神，海航在这个方面实践了中国的精神。谢谢！

张平：到现在为止谈海航精神，我们只谈了东方的没有谈西方的。下一位嘉宾是葛荃教授，他的研究领域是中国政治思想史。想请葛荃教授讲一下在海航东西方文化圆融的精神里面，有多少是中国传统政治思想精神，除此之外，从西方文化里面有哪些借鉴。

葛荃：谢谢主持人，你难住我了，我不太懂西方。对海航文化、海航精神确实了解了一些，学习了很多。我觉得海航文化、海航精神的内核一句话说不清楚，大概包括几个层次。第一个是发心。发心立意非常重要，是佛学、佛法的思想，这个在海航文化在里面起了非常重要的作用。在海航二十多年的发展过程当中，提出的“四个大众”的精神，包括“同人共勉十条”，还有新时期的商业文明，实际上都是在指向一个目标。海航作为一家企业不仅仅是要赚钱、创造财富——企业当然要创造财富，由于发心不同，把企业进一步向前推动就是一种事业，而且这个事业的视野面向整个人类社会，最高的理想和目标是世界的和平和人类的幸福。在这种情况下，企业在拓展过程当中，由一个偏安一隅的地方性小企业，发展成为现在的国际性企业，我们面临的问题确实包括东西方文化的差别。

在这个过程当中，连着开了几次高峰论坛。本届高峰论坛的主题很明确，就是东西方文化的圆融。我从第一天听会，就感觉到这次高峰论坛确实体现了不同文化的交融，包括基督教、犹太教、佛学等。在这个过程当中我有一个想法，就是海航神秘密码给我们规划、描绘了海航文化的基本精神是如何走向成功，这种描述的目的不是让我们在这儿念念词，像祷文一样，而是要变成海航的执行力。那么不同文化之间怎样才能形成一种执行力？我觉得这个有点难，教授们坐而论道可以，但是真的要能起而行之，把这些想法、思想、观念、理念形成一种可操作的规范手段，并不容易。据此，我有一个想法，我觉得不同的文化都有自己的传承发展的过程，在发展中构成了主流文化和亚文化，也形成了民族的地方性文化。文化的普及会融入人们的日常生活。但是文化的核心是什么？是一套价值体系，是一套价值观，是一套规则，这些规则带有原生性，带有标的性，是我们人类思想观念、制度构建、行为选择的合理性的依据。当我们把中国传统的儒家文化和西方的文化——文明内涵的价值系统勾连在一起进行比较的时候，我想是不是可能会从中梳理出来一些能够被我们共同认可的规范、规则，成为执行力的一种体现方式。

“四个大众”这个口号，我觉得特别棒。我觉得第一条最难，“大众认同”。怎么认同？语言不同、生活习惯不同、思维方式不同，怎么才能认同？所以说，我觉得海航密码确实是把海航的基本精神、主旨给我们描绘出来了，但是还有更多的、更重要的工作要去做。因为海航面对的不仅仅是排在五百强第多少名的问题，而是用郭教授的一句名言讲，“世界因为海航而不同”，我们的事业和目标是让将来世界因海航而不同。所以海航精神的发扬、海航事业的创建，我们面临的和我们将来要达到的是一个更高的境界！这是我对海航精神的想法。谢谢！

张平：非常感谢葛教授。非常精彩的回答。我很同意他的一点是东西方文化的圆融要找出共同价值观的问题。如果我们回到最开始讲的故事，第一代法师和第四代法师，他们之间的差别就在于第一代法师做了非常具体的事，必须要到树林里找到神树，必须拿到法杖，而第四代法师只需要讲故事。东西方文化圆融，讲到了普世意义，无论东方文化还是西方文化，大家都可以得到启迪，得到激励。接下来请孙晓春教授进一步阐述一下东西方文化的圆融。

孙晓春：刚才各位教授都讲得都差不多了，轮到我这可能没有太多可说的了，我比较感兴趣的就是，我们今天的主题是东西方文化圆融，尤其是“圆融”这两个字。海航集团从一个地方性的航空公司，在二十年左右的时间里能够发展成为世界五百强中排名一百多的企业，可以说创造了一个奇迹。什么叫奇迹？奇迹一定是不可复制的。因为我是学历史出身的，我对时间特别感兴趣。海航扬帆起航是在 1993 年，前一年恰好就是邓小平同志的南方谈话。海航的企业腾飞得益于赶上了一个伟大的时代。从十一届三中全会，到南方谈话，以后又有一系列的事件，如中国加入世贸组织，之后又鼓励中国企业走出国门，于是产生了海航这样的充分国际化的企业集团。可以说，如果没有这样一个历史环境，就不会有中国的经济起飞，也就不会有今天的海航。

我们在海上走了这么长时间了，在讨论中，有些学者对当下和未来的中国经济很乐观，也有人比较悲观；但不管是乐观还是悲观，有一点大家一定是同意的，我们应该珍惜过去的二十多年。这二十多年可以说是中国历史上绝无仅有的黄金时代，中国人真正从贫困状态中走出来，这是我要说的第一点。

现在我们再说东西方文化。海航有一套书叫《海航的神秘密码》，解读海航成功的奥秘。这本书不错。说这本书不错，不是说看完这本书就可以发财，这个可能性不大，而是说这套书告诉我们海航作为一个企业是如何成功的。我读了这套书以后，我感觉海航作为一个企业，有着其他企业不具备的人文情怀。实际上企业需要有人文情怀，尤其是像海航这样的企业，从一个地方性的航空企业走向世界，成为一个真正国际化的企业，需要赢得世界市场。市场的背后是人，要想赢得市场，得赢得人们的理解。在文化上如果不能理解这个世界，也不能理解你自己，很有可能你如何走出去，接着就如何灰头土脸地回来。海航在这一点上和很多企业不一样，一方面努力理解世界，另外一方面也在努力理解自己，这是海航成功的真实原因。

实际上，东西文化之间的关系是个老问题，早在清末张之洞那个时代，或者比张之洞还早一点的时代就已经提出来了。到了五四运动时期，再到 20 世纪 80 年代，人们都在讨论这个问题。我用一个线索来贯穿这段历史的话可以这样理解，近代以来的中国人一直在努力找到我们在世界上的位置，如何在这个世界上获得公平的对待，当然也有一个问题就是我们如何公平对待别人；找到了自己在世界上的位置，我们也就找到了我们在现代文明中的位置。

文化是一种历史现象，东西方文化关系也是和某些偶然性的历史事件相联系的，就像佛教说的那样万事皆有因缘。文化对中国来说也有因缘。假如 1840 年的时候不是英国人的炮舰打到广州，而是大清炮舰一直开到伦敦，开到布鲁日，把他们打败了，那这个世界有可能是这样：现在欧洲人脑袋后面都扎着小辫子，带着瓜皮帽，穿着中国人的长衫，一人手里捧着一本《论语》，至少今天在这里讨论东西方文化关系的不应该是我们，而是西洋人。但问题是这些事情没有发生。鸦片战争以后的历史对于我们中华民族来说是一段屈辱的历史，这段历史决定了东西文化之间的关系，也决定了中国在相当长一段历史时期内在世界上的位置。同样，这也是我们今天讨论东西方文化的现实起点。这是东西方文化问题的一个方面。

另一个方面，我们也得承认，这里面有一个很有意思的历史逻辑。中国文化和西方文化有很大的差别，前面有几位先生在谈到中国文化与宗教时讲了很多有意义的内容，不过，我们应该看到，中国文化在历史上没有经历过一个从传统向现代转换的过程。比如说宗教，中国的佛教不是本土的，是外来的，但问题是中国的佛教和基督教不一样，基督教在宗教改革以后成为一种很有近代性的宗教，而佛教则不是。当近代西方文明被殖民者传播到全世界，一套近代的价值理念、近代的科学技术以及近代的知识体系被传播到整个世界的时候，我们中国传统的很多东西到了近代就不灵了。因此，如何在走向世界，或者说加入世界潮流的过程当中，形成一套能够和世界文明相对接的知识，这对我们来说很重要。

在以往有关东西文化的讨论中，人们给出了许多答案，有中体西用、西体中用、全面西化等，而海航对这个问题提出了一个新的设想，就是圆融。

当今世界不同民族的文化是有差异，这个差异是在长期的历史过程中形成的。人类进入文明时代之初，世界各民族都生活在相互阻隔的状态下，所以形成了不一样的文化，每一种文化都有自己的语言、概念、道德习俗，后来又有了各不相同的宗教信仰，所以说文化之间的差异是存在的。但是，假如说各民族之间没有相互联系，就像古代中国人所说的“我居北海君南海”“风马牛不相及”，在这种情况下，文化的差别是没有意义的。当东西方的人走到一起的时候，当原来生活在不同历史条件下的人们需要建立起共同生活的时候，文化的差异便有了意义。在一定程度上消解文化上的差异便成为很重要的事情。假如在一起生活的人们想的事情不一样，追求的东西不一样，这个世界大家庭的日子便无论如何也过不到一起。日前，巴曙松教授在谈到国内金融市场如何走向世界的时候说，要实现国内金融市场与国际金融市场的对接，就要在国际与国内金融交易规则之间建立一个接口。实际上，这是一个很好的逻辑。一个好的逻辑不仅仅适用于金融市场，也适用于我们理解东西方文化。中国文化、西方文化之间存在着很大差别，但是当我们走到一起的时候，并不是说我们作为后来者要改造这个世界，或者说让西方人来改造我们、让我们这个民族放弃我们文明里面有价值的东西。这是不可能的，所以我们需要在东西方文化之间建立起一个可以对接的接口，我们需要在某个层面上达成共识。至于在什么层面达成共识，在哪一点上达成共识，则需要我们的共同努力。如果我们能够在价值观念这一层面上达成共识，东西方文化的对接就有了可能。所以，我认为“圆融”是一个很有意义的提法，它的真正意义就在于看到了东西方文化共识的重要性。

要使东西方文化在道德信念这一层面上达成共识，首先要从理解我们的传统文化做起。那么，从我们的传统文化里面找到哪些元素、以什么样的态度对待我们的传统文化，这本身就是一个问题。五四运动时期，鲁迅在评论中国文化时说，中国古代的仁义道德在本质上就是“吃人”。我们这一代人在读中学甚至在读大学的时候，历史教科书里的主要内容也是说过去的人们是如何相互厮杀的、不同社会等级之间是怎么残酷斗争的。其实，你自己在主观上喜欢什么，有什么样的认知意向，认为什么样的社会生活是应该的，也就会以什么样的方式去理解我们的传统文化和历史。

我们所说的文化是一个复合体，里面既有善的东西也有恶的东西。问题是在我们看来，哪些东西对当代社会生活是有益的，哪些是值得我们弘扬的，这完全取决于我们的态度。《海航的神秘密码》这套书阐发了中国文化中最有价值的东西，即传统儒家、墨家等许多学派以及佛教所倡导的“爱人”。从东西方文化的本质来说，按照我们的理性可以接受的道德信念来说，广大无边的人类爱，是人类文化中最有价值的东西，可以唤醒我们内心深藏着的道德良知，可以使我们的生活变得美好。海航给我们的一个重要启示，就是当我们在反省自己的文化、在理解自己、也在理解别人的时候，首先要把自己的心灵洗得干净，这一点恰恰是以往我们注意不到的。用一种积极的态度来理解我们的传统文化，来理解人类文明，这是海航人富有意义的道德努力。海航为我们做出了一个榜样，那就是：以开放的心态走向世界，用谦卑的态度对待人类文明。我就说这些，谢谢大家！

张平：谢谢孙教授。如果我的理解没有错误的话，我觉得孙教授和葛教授两个人和前面三位对海航精神有一些不同的表述，他们不认为海航精神里面是东方文化在起主导作用，最重要的部分的是人类共同的价值、人类共同的精神。到目前为止，我们谈的是文化问题，从国际战略角度来看，有请国际战略问题专家门洪华教授谈谈，文化圆融或者这样的海航精神有什么样的意义。

门洪华：谢谢主持人，您讲的以色列法师的故事给了我很多启发。确实，对海航密码的解读不是现在才有的，十几年前我就听过很多关于“如何解读海航”的说法，还有海航的决策者也曾经讲过，外界是看不懂海航的。2007 年，我撰写出版了《海航软实力》一书，该书的导言就是“解读海航密码”，并作了一个初步的解释。随着海航的转型发展，海航从海南走向全国，从中国走向世界，越来越引起世界的关注。关于《海航的神秘密码》系列，我很认真地读过，这是海航外部观察者和海航内部研究者共同完成的大作，值得深入研究。但是，想把海航解读清楚并不那么容易。我想从国际的角度、从世界的海航和海航的世界这一角度，谈谈我对海航发展的粗浅看法。

当我们讨论这个问题的时候，首先我们看到的是世界变迁。一些在这个变迁的过程中，中国全面崛起和世界深入转型相辅相成，世界转型与中国崛起并行推进，推动着中国时代的到来，海航由此奋发。“冷战”结束以来尤其是进入21世纪，世界进入深入转型期，并具体体现为权力转移、问题转移和范式转移。所谓权力转移，即行为体及其权力组成发生了巨大的变化，尤其体现在非西方国家的群体性崛起，西方大国总体实力的相对下降，传统大国和新兴大国开始进入相互调和适应、合作竞争的磨合期。期间，我们不仅仅看到了国家作为传统力量的作用，还有一些非国家行为休尤其是跨国公司的作用；到海航作为一家跨国公司的影响力远远超出了一些国家。其次，权力转移导致具有重大战略意义的问题转移。这具体表现在全球性问题激增、国际议程愈加丰富、安全趋于泛化、非传统安全影响力上升。问题转移导致国家战略的必然调整，生存不再是国家唯一的关注核心，发展和繁荣在国家战略中的重要性进一步提升。世界在发生变化，我们说这是一个新全球化的时代，也是逆全球化潮流彰显的时代，在这个碰撞的过程中，中国推动的新全球化正在发挥其应有的力量。为什么推动新全球化？因为世界面临的问题发生了变化，我们需要合作，这是全球发展的使命所在。再次，上述权力转移和问题转移导致了国际关系的范式转移，即全球性挑战需要通力合作来应对，在一定程度上促成了世界共存共荣的全球意识，合作得到更多鼓励，基于共同利益的合作与协调具有更基础性的作用。当我们这样看待这个世界转型的时候，我们可能就会看清楚世界的趋向性。这两天，我们听到很多专家在判断世界未来的发展，也让我们有更多的思考，比如大战之后还有没有大战，中美之间会不会出现激烈的冲突。我个人认为，核武器的存在、新型武器的开发，都在抑制战争的发生。因此，我们还有相当长的时间保持和平的状态，就像海航CEO谭总所讲到的，我们都渴望和平，这是世界非常重要的一个发展趋向。只有和平的环境，我们才会有更大的制度化的发展。

与此相关，我们是否在迎来一个霸权之后的时代？我们从 20 世纪 60 年代开始预测美国的衰落，似乎美国的衰落就在眼前。我觉得，我们要用发展的眼光看待世界的转型，说美国衰落为时尚早，我们不可操之过急。我们必须看到美国的力量所在。刚才有人讲现在是“东风压倒西风”，真的是这样吗？可能在某些方面上，东方世界、发展中大国的崛起给了我们更大的想象力，但是这个世界还没有走到霸权之后的时代，我们要有耐心。当然，权力转移给了世界更大的发展空间，我们要善于抓住机遇，避免直接挑战，聚精会神谋发展。另一方面，中国走到了应该谋划崛起之后的时刻，这是中国要研究的重大战略问题。与此同时，随着海航的发展，崛起之后的战略布局确实值得深入思考。海航在世界五百强企业中排名第 170 位，创造了世界商业史上的奇迹。这个时候，我们是否应该思考崛起之后的海航什么样，海航下一步将走向何方。这是我们要深入研究的重大问题。

中国的问题已经成为世界关注的核心，而世界正在为此产生一场巨大的思想激荡。追求终极目标、人类的终极价值的哲学思考正在显现出其价值。海航组织的东西方经济文化对话非常好，哲学问题是对终极价值的思考，海航能够有今天的成就，正是因为对哲学的思考。第二个要思考的是文化的问题。文化是一个国家一个民族精神的最终表达，我们现在确确实实迎来了东西方文化交融的时代，东方文化崛起与西方文化反思并行。对中国来讲，我觉得这真是迎来了一个可以同等对话的时代。这个时代给了中国一个机会，因为在中国这个舞台上，像在海航的舞台上一样，一场伟大的文化实验正在上演。如果说我们真正有自信，我们足够的开放包容，我们可能在中国的土地上促成新的世界文明出现。新世界文明的形成是中国真正崛起的重要标志。要做到这一点，我们要有更多地深入思考。从这个意义上讲，海航的案例变得越来越重要，海航在哲学、文化、国家发展等各方面的努力，表明海航是国家文化发展的先锋队。这是我想谈的第一点。

我想谈的第二点是海航的发展对世界的贡献。海航要对世界做出贡献，首先要做好自己。我们很高兴看到海航奇迹。海航发展首先创造了经济奇迹，创造了商业文明的制高点。更重要的是，我觉得海航的奇迹是战略的奇迹，对世界级企业、世界级品牌的追求及其实现堪为例证，人类新时期商业文明的创造者和传承者，慈悲、利他、智慧伟大思想的践行者，这样的追求跨越了时空的限制。海航也创造了哲学奇迹。海航追求人类幸福与世界和平，圆融东西，助力世界文明新时代的塑造。此外，海航的文化奇迹也值得深入研究。刚才孙教授讲的几点我非常同意。我们过去讲经常有一颗心，放下自我、放下小我，成就大我、成就世界，这种追求才是圆融追求。正是有了这样的发展，我们才有了海航这样一个共同体。海航命运共同体以利益共同体为基础，强调个体利益的尊重、共同利益的汇聚和整体利益的追求相结合 ；命运共同体以责任共同体为路径，强调相互体谅、责任共担的意识；命运共同体是一种哲学，其核心要义就是分享、合作、共赢、包容；海航对内打造命运共同体，对外建立利益共同体，其间积极贯穿企业社会责任，建立连接个人与集体、社会与国家、中国与世界的责任共同体。海航的发展，温和而坚定，稳健而从容。

我想谈的第三点是，海航未来会为世界做出什么样的贡献。海航秉持世界主义情怀，自觉履行全球公民责任；从天下角度进行思考，以全球为事业拓展的舞台，推动世界和平发展；秉持多元一统的文化精神，在积极创造财富的同时，致力于构建开放、包容、独具传统特色的海航精神文化哲学体系，提出 BIM 理论，贡献于世界企业发展。我们都期待海航做出更大的贡献，海航的目标是做人类幸福和世界和平的推动者，做一个卓越的世界级企业。2006 年 9 月，我向集团董事局提交了《造就一个伟大的企业》研究报告，提出伟大企业的标准：拥有宏大的梦想，具有了普适的价值和战略的意义；拥有良好的社会意识和强烈的社会责任感；具有强烈的国家民族观念，勇于承担国家和民族赋予的历史使命；胸怀人类利益，为世界的和平与发展作出积极的贡献，尽其所能使世界变得更加美好。概言之，一个伟大的企业应是始于足下、胸怀天下。10余年来，我确实看到了海航在这样发展，就像王健董事长指出的，海航要“打造一个创世之作，利益众生，给众生带来光明和福祉”。

我们所期望的海航不仅仅是中国的海航，也是世界的伟大企业。世界需要这样的标杆企业，期待海航为世界带来一个文化先进、体制创新、引领文化发展和思想潮流的企业。展望未来，时代需要宏大理论和理论实证，海航在哲学、文化、思想、精神等方面应该有更加沉静的思考，以天人合一、圆融共生思想为指引，坚持以分享、共享为特征的共赢主义导向，引领理论发展的潮流。我相信，推动这样的思考，能够对世界有所贡献。世界迎来了共赢时代，在这样一个时代，海航的战略空间更为广阔。谢谢！

张平：非常感谢门教授给我们作的全面的概括。从国际战略的高度，如果我理解没错的话，大体上和葛教授、孙教授站在一边，更多的不是讲总体希望、不是从世界的角度，而是从人类共同价值的角度来谈海航。潘教授已经等不及要做出他的反击了，现在请潘教授回应。

潘宗光：我先谈谈东西方文化的问题。西方文化主要是受到基督教的影响，相对比较自我，东方文化强调无我，我觉得海航的精神和无我的精神是分不开的。我非常佩服海航的领导，他们已经把一部分的股份捐出来成立慈航公益基金会，他们承诺将来把全部的股份捐给这个慈善基金，无论海航做得多成功，他们做的一切主要是为了基金会。海航的宗旨是做慈善事业维护社会，帮助推进世界和平。这和一般企业完全不一样。一般企业成功了，某个主要的投资者就成功了，但是海航完全不一样，没有财富传承的概念，也没有领导传承的概念，非常无我。在这个概念下，他们非常无私地推动海航的发展，他们主要不是为了自己，而是为了推动世界和平，没有自私的心态，这才是海航精神。现在海航最大的股东是慈航公益基金会，将来持股的比例会更高。所以海航领袖最让我敬佩的是无我的心态，这不是他们自己的成就，是整个海航的成就，是所有员工的成就。向社会贡献、回馈社会，我觉得这是最好的海航精神。感谢大家！

张平：我问第一个问题，海航主要精神是无我、慈悲。我们的商业世界是一个竞争激烈的世界，我胜利了他就失败，在这样的世界里面，怎么样解决无我和慈悲和竞争之间的矛盾？

潘宗光：他们不是为了自己，是为了更伟大的成就，他们赚的钱主要是为了大家，出发点是为了大家好，所以说他们的无形利润更大。只要人的意识是正能量，影响就非常大。一般人的意识经常会被外面环境干扰而心随境转。当一个人通过修心、修禅定、修慈悲，意识变得强大，便能够影响周边的环境，变成境随心转。最后可以说，海航的成功在于有非常好的领导，他们有无私的心态、无我的心态，工作不是为了自己的，是为了更广大的员工、为了世界和平。故此说，他们意识的正能量比一般人强大，对周边环境的影响更深远，直接加强了他们的竞争能力。

张平：您的意思就是海航的无我和慈悲精神会影响到竞争对手。

潘宗光：现在很多非常权威的科学家都认同，当人的意识足够强大便可以影响环境和其他人。更重要的是，意识可以改变企业的命运和创造未来的发展空间，这不是一个竞争对手轻易就可以做到的。

张平：现在看看几位教授谁愿意回应一下。我问门教授一个问题。门教授提到了命运共同体的问题，中国现在国家层面有一个提法，“人类命运共同体”。从我的研究来看，到目前为止，有关人类文化共存或者说文化交流的理论基本上分成四个基本种类。从文化完全不可交流，到文化可以完全统一。第一个种类称为文化基要主义。文化产生的特性是不可改变的，如果文化产生的特性不可改变，文化之间的交流就毫无意义。

第二种称为对话哲学。其要义是不同的文化主体之间可以构建有意义的对话关系，但是两个主体保持独立性，并不构成另外一个。

第三种称为世界主义。世界主义包括康德的人类的共同道德基础，或者儒家中和谐一体的概念。这种理论就是说我们尊重你的个性，不同的文化互相尊重，但是我们合起来构建一个共同体，共同体的价值超越个体的价值。中国讲的共同体，或者儒家讲的和谐一体的概念，都是在这个层面上。

在这之上还有一个更激进的理论，我们把这第四种理论称为乌托邦主义。这种理论认为存在着完美的人类社会、人类文化，可能在每个文化里面都有一点，但是大家都没达到那个境界。我们试图把人类社会建造成这样一个乌托邦，包括宗教里面天堂、地狱的观念，都有乌托邦的意味。

这些不同的理论，谈的不是具体的文化不一样的问题，而是文化如何共同生存的问题。不同文化基本的规则和模式是不同的，你提出要建一个共同体，这个共同体是在世界主义这个框架里提出来的，对于那些不愿意参加共同体的文化主体或者国家，你觉得应该怎么办？

门洪华：您谈到的是文化的本源问题。每一个文化既有自己非常坚持的传统，同时又必须开放，所以任何文化尤其是古老的文化，都有一个现代化的问题。

我们观察世界各大国的文化，哪一个国家的文化不是吸收了其他文化的精髓？英国、美国、古罗马，这些在世界上留下重大影响的国家，它们的文化都是开放的，又都有自己坚持的传统。反观中国历史，每一个时代的文化都经历过洗礼，经过多种文化的杂糅，中国文化的本质应该是多元一统。谈及中华传统文明，我们不能避开儒释道，不得不追溯到上三代，这是我们的文化根源所在；与此同时，中国文化在发展历程中不断地吸收外来文化，这也是一个必然的进程。我们再往前发展，必然面临文化现代化的过程，必然经历再次吸收外来文化的过程。我刚才讲，圆融是放下，但是放下并不意味着我们放弃进取心，作为一个中国人我还是很坚持的。但是我觉得我们要有一个谦卑之心，就像张平教授从事东西方文化交流的研究。交流不是为了比较，不是为了分出高下，而是相互启示，形成新的文化。新全球化时代的到来，给了我们更多的机遇和空间，为复合、相互依赖的形成创造了必要和充分条件，造就了共同体时代的到来。全球化冲击到世界各个角落，没有人能够置身事外。对那些选择不融入全球化的人士，我从内心深处对他们的特立独行表示敬意和同情，但这是一个多元包容的国际社会，是一个共同发展的国际社会，你再反对全球化，它也会裹挟着我们向前走。对企业来讲，创建共同体，意味着敞开心扉，通过自己的努力与大家一起往前走，这就是利益共同体、责任共同体和命运共同体的结合。

张平：最后回到最初讲的故事。这个故事我仔细想了一下，听起来三代法师的变化是偶然发生的，但是实际上，他们忘掉了或者说找不到了，但是他们都是朝一个方向发展的：让他们的法术体系变得竞价、有效。做更小的工作，达到同样的目的，如果把三代法师的努力放在一起看，那些忘掉了、找不到都是故意的，不是偶然发生的。下面一个问题就是说这个故意或者说这种存心是怎么发生的。一个最基本的根源就是对第一代法师的出色工作，他们采取质疑和批判的态度。第二代法师就问，我为什么一定要找神树，我们是不是可以不找神树也达到这样的效果。第四代法师从根本上推翻了前三代法师的构想，不认为治这个病真的需要做某件事情，只需要把信息传达出去就行了。我的意思就是海航精神和海航故事是两个概念，讲海航精神记录海航经验，但是我们讲海航故事，希望升华海航的灵魂。把局限在一个实体里面的精神，升华成具有普遍性的体系或者说价值观。这个升华的过程就是讲海航故事的过程，不只是说海航怎么好的过程，更主要的是有学者们的质疑和批判在里面，在讲故事的过程中进行质疑、进行批判、进行完善，最后达到一个升华的境界。

今天我们这个论坛，大家都在讲海航出色的地方，确实海航值得我们讲，但我希望未来在我们讲海航故事的时候，有更多地从学术角度出发的质疑和批判。这是我今天的基本的总结。谢谢各位专家！谢谢大家！

信息文明新时代与海航发展模式

徐二明　郭毅可　胡鞍钢　李稻葵　朱云汉

徐二明：尊敬的陈峰主席、王健董事长，我们组织最后一场对话。这两天我们讨论了太多太多，各位专家给我们带来了很多概念，比如说“98%、2%”“信息水”“更年期”“一带一路”“10%是拐点”等。我们的密码是什么呢？刚才几位贤人与我们讨论密码，这个密码和达·芬奇的密码又有什么区别呢？虽然我们海航的各界领导都很慈悲、很耐心地听我们讲，但我们还是说点实际的，从海航的发展模式来看，我们的建议是什么？我们来看一下台下的张维为教授有什么观点。

张维为：我发现美国的前任驻华大使也在讲合作、讲包容，这是中国一直主张的理念。我们过去对西方和美国有一些意见，很大程度上就是你们觉得真理都在你们手里，现在反而自己讲要发扬海航的精神。我觉得这是一个比较好的意见，我真的希望这不仅是前大使一个人的意见，而且是美国今后主流的意见，那就非常好了。我就说这点体会。谢谢！

徐二明：谢谢张教授。请朱云汉教授谈谈对海航的发展有什么样的建议？

朱云汉：谢谢。如果要从政治学、国际关系学的角度给海航领导提出一些建议的话，我想起了陈峰主席在第一天晚上的欢迎宴上的致辞中

“世事难料、乱象丛生”的感叹。

我从陈峰主席的这句话开始展开。如果我们未来的确会进入一个世事难料、乱象丛生的时代的话，海航集团会面临什么样的挑战和什么样的机遇。为什么会世事难料、乱象丛生，海航的成功就是要看清楚接下来的世界，看清楚接下来全球经济的变化。过去的成功是顺势而为，海航是趁势而起，才有今天的增长。

总体上来看，放眼亚洲或者放眼全球，今天这个世界的确有很多相互冲撞、相互抵触的力量在同时作用。一方面，我们有很强大的融合，把所有的人、社会资源、经济资源和思想迅速串联起来的力量就是全球化，但是有很多力量在同时发生作用。比如说很多社会内部的贫富两极化、宗教之间的摩擦和地缘政治。今天印度的军队还在中国的领土上，中国和印度之间的冲突一触即发，美国、日本和印度又在印度洋进行军演，这是一个很不协调的世界。但是，总体上来讲，首先我认为国际秩序虽然没有一个世界政府，但是基本上还是有序的，而且有序的力量是足够的，冲撞这个有序状态的力量确实存在，但我认为不太可能取得决定性的作用。

当然，这个有序状态绝不是天经地义的，也绝对不是像日月星辰一样。讲一个小例子，还记得2001年的“9·11”事件吗？一刹那，我们讲的全球化暂时冻结了。为什么？所有飞向美国的飞机都要调头，所有的美国机场都要关闭，所有的船都在外港不敢进来，美加和美墨的边境全部关闭。所以我们想到原来这个世界不是日月星辰，不是在天衣无缝地运转。反过来讲，美国遭遇了前所未有的恐怖袭击事件，必须在两个礼拜之内恢复，压力巨大，不恢复损失更大，如果这件事情从短暂的危机变成常态的话就更危险，所以说要很快地恢复常态，否则的话涉及太多的利益、太多的工作。这个时代的确充满着不确定性，局部的冲突也会发生，而且我们正好处在一个次序和结构上的短期。讲到海航，我觉得东西圆融这个智慧在此时此刻特别重要。为什么呢？我不认为未来十年、二十年是“东风压倒西风”，而是东风和西风并存，既有东风又有西风，既要借用西风也要借用东风。就像巴教授讲的，香港处在特殊位置，中国的资本市场金融体系和美国主导的不可能完全适应，所以，香港将它们连接起来，既能适应华尔街主导的那套监管秩序，同时后面又有一个巨大的趋势，一个蓄势待发的大国要进入这个世界的资本体系。以后不仅香港站在这个位置，所有的跨国企业、所有的“一带一路”参与方，包括海航集团都要适应这两套不见得完全趋同的体系，它们之间有太多的合作共享的利益空间。圆融东西，既借东风又借西风，这个智慧是将来海航领导和每一级干部都需要探讨的，并且要从实践中累积经验，这是我简单的建议。

徐二明：您提到“9・11”事件。那天我在美国，刚开始做赴外学者的头一个月。当时美国教授问我，中国人对此不关心吗？我说，你错了，中国人民是爱好和平的，我们同样痛恨这件事情。我参加了他们下午的祈祷弥撒，尽管我不太信教。

讲到“一带一路”，我不知道台下的王文教授怎么看海航在“一带一路”中的发展模式，应该做点什么？

王文：现在讲的“一带一路”非常地粗略，领导也没有更多的细节、更多的政策想法可以进一步推动。中央领导只是提出“一带一路”的畅想，至于怎么规划、下一步的政策方向、税收减免各方面的保障措施现在都没有。中央决策层肯定是希望像海航这样的全球级的企业提需求。这个时候像海航这样的大企业需要主动塑造决策层的思维路径和未来的思考方向，所以海航有数据、有各方面的经验，这个时候我认为在“一带一路”上，海航不只是在商业上服务人类，更重要的是塑造下一步的行动方向。我认为海航有这样的潜力。

徐二明：谢谢王教授。他告诉我们有一张白纸。既然有这样一个机会，而且前不久《海航的神秘密码》这套书在西安发布，西安又是丝绸之路的起点，西安的张总对“一带一路”的设想有没有思考？

张伟亮：各位老师好、各位领导好。本来我想作为一个学生在这里听讲做笔记，没想到教授点我，感谢给我这个机会。

实际上对于“一带一路”的倡议，刚才王文教授说得特别好，我也特别赞成王文教授的观点，就是说国家的倡议实际上就是国家给我们搭了一个台子，提供了一个舞台，在这个舞台上需要我们来自方方面面的力量一起演好这出戏。作为一个企业，尤其是像海航这样排在全球第170名、具有大国际影响力的企业，在这出戏上扮演一个重要的角色，我想是海航义不容辞的一种责任。我理解这也是我们集团决策层领导专门在2017年初调集全集团2300亿元的资产，在西安布局一个新产业集团的内在目的和意义。就像王教授介绍的，西安作为“一带一路”的新起点，在这样的一个定位和意义以后，政府层面并没有一个清晰的概念。应该怎么做“一带一路”的起点？我们提交了打造“中国的孟菲斯”，也就是中国的航空货运国际门户的一个大的发展战略，用这个战略支撑西安未来在“一带一路”上的物流、产业与对外交流的基础。在这个战略里，我们提出了西安和陕西政府应该有哪些政策支持，应该做哪些事情，怎么吸引更多的企业做这些事情。尤其是这次我听了这么多专家学者给我们指点迷津，给我们指明方向，所以，我想未来在“一带一路”的大舞台上，海航一定还能发挥出更大的能量、更大的作用。除了西安，我们会一定在全世界都这么支持国家的战略。当然在这儿多说一句，就像上一个环节论坛当中大家探讨的，海航把人类的幸福和世界的和平作为自己的责任和使命，国家“一带一路”倡议同样是一个关乎全人类未来发展和未来命运的大决策和大战略，我觉得海航的发展一定会和国家的战略紧密联系在一起。2017年年中会，王健董事长专门给现代物流布置了一个万亿级的发展规划，我也相信在各位教授、各位专家的指导和支持下，我们现代物流的目标、我们海航人的目标和我们国家的伟大愿景一定能实现。谢谢各位！

徐二明：刚才提到了很多金融的问题，从投资的角度，海航应该怎么做？请教李稻葵教授。

李稻葵：前两天说美国到了“更年期”，这句话很有争议，但是我仍然坚持我的观点。这个词是我造的，用它来形容美国。但是这个话不是我讲的，是美国很多学者、政策一线的决策者自己讲的，到了“后美国时代”了。

现在海航到了哪个阶段了呢？据我观察，随着海航成为财富五百强的第 170 名，海航集团已经从“青春期”迈入了“成熟期”。这话我不知道有没有争议，能不能说青春期结束了。海航还在成长，但是毫无疑问，青春期的冲动期结束了，有两个风险、两个机遇来了。什么意思呢？一个青春期的小孩没人理他，你玩吧，你犯错误也无所谓，因为你能力有限。所以，第一个机遇或者说风险是什么呢？人家开始担心你、怀疑你了，因为你有能力了，你可以把人打伤。对这种怀疑我们应该用圆融的心态去理解，替对方考虑。你这么大体量，指哪打哪，人家能不怀疑你吗？竞争对手肯定怀疑你、提防你，甚至设圈套，这应该理解。商场上竞争不得拳打脚踢嘛，这是正常的，要保持平常心态。

但是我认为还有其他的群体或者说利益相关者，他们的关切、他们的怀疑恐怕更值得我们担心、我们理解。

首先是政府。政府开始担心你了。连国有企业，国航体量还没那么大，还没并购酒店呢，凭什么海航出去了，下一步是不是要并购国航？人家怀疑你是尊重你，你现在有这个能力了。所以，国外也在怀疑你，美国政府也在怀疑你。你是不是要并购我们的美联航，美联航这么大的航空公司，你把美联航并购了，美国怎么办。这种怀疑非常正常，非常容易被理解。我为这个事情要主动沟通，不仅要告诉他们我们的意图，我们是慈航基金控股的，我们是没有私心的，我们无我，还要主动帮助利益相关者解决问题。设想一下，如果中国政府出现一两个危机，海航第一个派出最好的 787 飞机，第一时间飞过去，免费接同胞回来，免费给他们提供最好的服务，让他们热泪盈眶地回到祖国的大地上，帮国家解决问题，帮领导解决问题。人家就相信你了，你比国有企业还管用，你就赢得信任了。反过来在美国也一样。底特律现在一塌糊涂，如果你在那儿设立一个物流中心、货运中心，比特朗普还实在，解决了五万人就业，人家感激你；在能力所及范围之内，在利润空间内，多搞几次之后人家信任你了，认为你是个负责任的成年人，是个可以和你合作的成年人了；你碰到困难我帮你一把，让你继续成功，这是第一个机遇。弄得好是机遇，弄不好是风险。心态要变，圆融就体现在这个地方，既要理解中国政府的想法，也要理解美国政府的想法，帮助他们解决问题。

第二个风险是泡沫。用好泡沫，同时避免泡沫、避免陷阱。我昨天说了泡沫很多，我真心认为人工智能、互联网是大泡沫。泡沫是好事，没泡沫怎么有人当活雷锋给你投资。你骑共享单车免费，是因为有人给你买单，我们应该感激泡沫。但是海航集团千万别成为那个冤大头，别成为给人家买单的那个，你要喝到泡沫下面的东西。怎么办？我提一个不成熟的建议：琢磨。琢磨现有的业务怎么扩大、怎么发展。互联网的道理是什么？互联网的道理是“羊毛出在猪身上”，羊长大了，羊长在猪身上，割猪的毛，别去剪羊毛，羊毛没戏了，羊毛剪不出来，你去剪猪的毛。

这两天在外面旅行，很开心，感谢海航的精心安排。但是有一个小事，不知道大家有没有注意到。我儿子问我，你怎么不买东西，人家都买东西，你怎么什么都不买。我说，我不愿意背东西，出门最烦行李多了。另外，还有一个痛苦，其他海航的顾客也有这个痛苦，卖东西要退税，我肯定搞不定，怎么办？海航以后可以建设一个购物和物流中心，每个旅行团后面跟一个采购员，游客去买东西，买完东西扔给他，他给你打包、给你退税、给你寄到家门口，东西先于你到家门口了。这项服务收 10% 的手续费，我想大家肯定心甘情愿。这两天快回家了，我得给女儿和太太买礼物，心理还没谱，很头疼，海航能不能做这样一个服务？下次旅行团可能不挣钱，但是你给人家提供采购赚钱了，羊毛就出在猪身上了，割猪毛照样赚钱，这就避免了泡沫、避免了盲目投资。我就讲这两条，这两条既是风险也是机遇。最重要的一条是我们成人了，我们从青春期长到了成年期，我们好好干，明天更美好。谢谢各位！

徐二明：我们也都变成猪了。但是我发现搞金融的教授很实际，搞一个物流，银联卡一刷再加上帮你运回家里，还帮你退税了。这回来的人就更多了，这条船要装不下了。这个事情涉及谭向东副董事长，谭总怎么看？

谭向东：这两天说的太多了，本来我不想再说了。你问到了，我就先给稻葵教授提个问题，再问郭教授一个问题。

稻葵教授讲得好，但我还是不同意说美国是“更年期”，您再次重申了，我也再次重申美国不是“更年期”，我们这样斗起来有点意思。我问您一个问题，世界上为什么搞这么多货币，为什么人民币国际化，一会儿美元，一会儿欧元，能不能第一步，美元、欧元、人民币三种货币统一，第二步，来一个世界货币。第二个问题我问一下郭教授，数据资本论在中国梦的实现当中能够起到什么样的积极作用？

徐二明：谭总就是谭总，不能问，问了问题就多了。不知道李稻葵教授对“更年期”的问题有什么回应。

李稻葵：“一带一路”相当于隔壁开了一场大型晚会，里面又跳舞又喝酒，巴黎气候谈判也相当于是另外一场大型活动。美国人说我不去了，我要回家睡觉了。哪有年轻人不参加这个活动的，二十年前美国闻着味儿就去了，不仅要去，还要当领导，还要讲话，还要跳最后一支舞。美国的经济实力已经不像二十年前了，那个时代恐怕一去不复返了。晚上有活动也不去了，回家睡了，这可能就是“更年期”的状态。

谭向东：我觉得争论的是标准，可以把“更年期”的标准换一下，别说十一点以后不去 party 了就是“更年期”了，把以后对美国的标准改成十二点不去，我们把“更年期”的标准一调，美国就还没到“更年期”。其实更不更年期的讨论也不重要。因为美国确实很强大，中国的发展确实需要美国，尤其是中国的“一带一路”倡议。我不是说中国的“一带一路”搞不成，但是会面临诸多的困难。我们自信，但是我们得算账。我在美国商会的时候，我问美国商会会长为什么美国人不参加“一带一路”，一定要参加。而且中国人要三顾茅庐，这届总统不参加，下届一定要参加，这届商务部长不参加，下届一定要参加。我们不停地去说，不停地去讲，中国政府甚至可以拿出一部分利益来，让美国在“一带一路”上受益。这才是圆融，这才是共享的平台，才是我们共同发展的经济共同体，才能保证我们两个国家不会打架，因为利益都在一起。

徐二明：我们希望美国人早点睡醒，准时参加我们的大 party。关于信息时代和海航的发展模式，郭教授能不能从智能方面谈谈怎么样帮助海航的发展，提出一个智能的发展模式。

郭毅可：回答这个问题比较困难。先谈泡沫。首先，一个伟大的技术革命，必然引起泡沫，反过来讲，一个没有泡沫的，或者说不导致泡沫的东西肯定不是伟大技术革命。从互联网到基因测序，都产生过泡沫，而且泡沫得不得了。从互联网金融，一直到大数据、人工智能，都有泡沫，稻葵刚才讲得很对。最重要的一点，所有的技术革命，只要会导致生产力的根本性的变化，首先产生的就是泡沫。为什么？因为它对人类产生的影响有可能是巨大的。所以说泡沫大是好事，说明一个大势来了，互联网就是这样。

还有一点要注意，泡沫过后就是新常态，新常态就是新的状态下新的生产与生活方式。新常态下就有新的大公司。比如说互联网泡沫出了谷歌、亚马逊，基因泡沫出了华大。现在基因测序只要1000元，这都是泡沫的结果。泡沫是新常态的母亲，原来认为不得了的东西，不过如此，成为我们生活的一个部分，掌握了新常态的企业就不会被遗忘。成就一个伟大企业的关键问题是什么？就是把握新常态，做一家让人离不开的企业。所以说泡沫以后的新常态，才是真正造就一个伟大企业的时候。

讲到对海航的建议，我要对海航提出一些持续性发展的建议。我们说海航2022年要做到世界十强，假如说做到了世界十强，海航是什么样子的？十强很大的特征就是世界上人们离不开的企业。我觉得要想这个问题。不是想能不能做到十强，而是十强是一家什么样的企业，能不能用一句话讲清楚，这个世界是因为什么而离不开你。五年以后如果没有你不行，那你肯定是十强。这是毫无疑问的，不用质疑。这要靠精细的顶层设计，这必须要把握世界经济发展的脉搏，也要把握世界大势。同时技术在里面扮演着重要的角色，技术从来都是推动世界发展的主要动力。我有一个具体的建议，在海航不应该只有经济研究院，要考虑成立一个科学技术研究院。这个研究院必须跨界，跨过海航的各个板块，用新的技术概念思考各种技术对各个板块的联合作用。最近几天和各个板块的人聊天，发现了板块融合的重要性。一个负责退税的公司，从旅游角度来说，方便人民群众，让你退税越快越好，从资本角度不这么看，钱在手上是用来流通，待得越久越好。不同东西的功能在不同的市场环境、不同的场景里面是不一样的对科技的市场作用作场景设计，这是海航特别需要的。海航进步太大了，2016年的时候没几个人知道海航，今天我两个秘书，一个是英国人，一个是中国人，给我发的信息说能不能问海航要两件旗袍，旗袍太漂亮了，她们都迷上了海航。

最后我要回应一下共产主义的问题。我写完那个题目就后怕了，又是资本论又是共产主义，但是我是科学家，我想问题只会想问题的实质和意义。数据资本论以前我就讲了，是一个很大的概念，就是当我们的数据成为新的资本，当人工智能成为新的工具时，它们都有不同的特点，这个特点导致原来的很多经济理论都不适用了，所以必须重新思考。思考的结果就产生了共享经济、整个世界的去中心化等看法，我就不多讲了。这一切都很像经济学角度讲的共产主义，而不是从意识形态角度讲的共产主义。为什么讲是地平线呢？地平线远远看得见，但还是遥不可及。未来社会有两种可能，一种可能走向共产主义，还有一种就是个人资本主义极端的两极分化。这就取决于我们的心智，我不知道我们作什么选择，但是人类的智慧必须作这个选择。我希望我们可以作共产主义的选择，所以我讲是“共产主义的地平线”。最后一点，马克思、列宁都是人。我们都讲过要自信，既然自信，做一回马克思也没什么不可以的。毕竟，在互联网时代，我们一周看的书可能比马克思一年看得都多。

还有很重要的一点，我去看了马克思墓，别的没有记住，记住了墓碑上那句话：“哲学家们只是用不同方式解释世界，而问题在于改变世界。”最重要的是解决问题，不管你是哲学家、科学家，还是历史学家。我就说这些，谢谢大家！

徐二明：谢谢郭教授。他说了两个很重要的问题，第一个就是“我是谁”。在管理学中，有一位非常著名的斯坦福的教授，他是政治学的教授，但是他又教管理学。他在讲领导力的时候，提到塞万提斯的小说《堂吉诃德》。堂吉诃德的信念是非常执着的，他认为自己是骑士，社会赋予他这样一个任务，他拿着矛就去了；别人都认为长得很丑的厨房的妇女，他认为是公主，他就向她献花。所以你只要执着，不断证明自己是谁，就会认可自己是谁。

第二个很重要的是服务业如何作研发。很多研发都是制造业的，服务业的研发问题是非常值得思考的问题。

人的管理是非常重要的问题，什么样的模式能使企业从一百强到一百年？我们觉得到一百强挺容易的，这次来，到了 170 名，下次来，可能就到了前十名。我们想听听胡鞍钢教授的解释。

胡鞍钢：应该说这也是一个好问题。到底怎么样才能打造一家百年老店。这次非常有幸我们参加了海航关于未来发展战略的内部讨论，还参加了董事级民主生活会，这两个就让我们对海航能否打造百年老店更有信心了。要想回答这个问题，我们要清楚海航从哪里来。海航从哪里起步，这很清楚，二十多年的历史，走到哪里，特别是今天走到哪里、未来走向何方。能不能这么讲，海航始终不断地创新的根本，我称之为海航梦，而且这个海航梦可以看出来既宏大又特别务实。我们大家都经历过“超级 X 计划”，当时提出来我们就认为，这是海航之梦，也是中国之梦。因为这个梦想就是要进入世界五百强，包括提出要进入一百强、提出各个板块将来要单独成为一个五百强，成不了五百强也至少要在五百强的五十个行业当中的某一个行业内位居前列。今天我们看到好几家企业已经基本上做到这一点了，不管是物流还是航空运输等方面。这就是海航人提出的海航梦。光有梦想不行，怎么实现，这两天的交流也基本上给出了答案，不仅给了未来三到五年的答案，也给了未来百年的答案。

如果要总结的话，首先就是打造一个真正具有海航风格、中国特色的世界一流的现代企业制度。参加了他们的会我们才晓得海航的董事局的章程一开头和党章差不多，就是领导海航事业的核心力量，而且是打造两个世界级——世界级企业、世界级品牌。他们现在已经有世界级品牌，当然还不够，这是另外一个问题了。我专门研究这个，才写了中国集体领导体制，实践证明这套体制是非常符合海航实际的。我和两位老总说，你们的公司用了短短二十几年就进了世界五百强，之前没有听说过。另外，你们现在的制度安排已经超越了西方一般意义上的企业制度，这种董事局的制度安排，实现民主集中制的基本原则，就给我吓了一大跳。哪一个企业制度要实行民主集中制，要实行少数服从多数、个人服从集体，等等。因此，我们认为一个企业成功与否，关键在决策层，最大的成功实际上是战略决策的成功，最大的失败恰恰是战略决策的失败。海航的发展，实际上和战略决策非常相关，才做到今天这一步。如果高管有一个百分之一的失误，这是个多大规模的损失，客观上也不允许。所以说怎么打造一个好的公司治理制度，就显得尤为重要，也涉及公司的新老交替。应该说海航的班子从第三方的角度来评价，已经形成了一个很好的年龄梯队，关键是怎么样进一步完善制度安排，保证你们不仅能够实现海航梦，也可以实现中国梦。我们的逻辑非常清楚，就是企业兴国家兴，企业强国家强。实际上，我给海航一个高度的评价，你们实际上树立了一面旗帜，对于我们来讲，你们是老师，我也由衷地希望你们能够成为百年企业。下一步我有一些建议。

首先，集团已经制定了三到五年的规划，没有别的，就是要实现海航之梦，而且现在的机会越来越多，尤其是在全世界洗牌的过程当中，在你们眼里，都是机遇。

其次，就是要强化执行能力。很显然，集团已经做出了战略决策，各个板块就要按照这样的战略决策制定行动必须方案，而且这个行动方案必须是相当务实的。

我举个例子，因为我们一直参与“十一五”、“十二五”、“十三五”的中期评估，这次中央和国务院明确提出来，中期评估不行，必须进行年度监测。怎么监测？我们称之为目标一致法。“十三五”规划了二十五项指标，我们一个一个核对，从半年开始核对，到了全年再核对，最后发现只有一个指标没有实现，最难实现的节能减排指标全部超额实现。所以说目标指标就是指挥棒，来检验你的执行能力。为什么我们不仅要进行全国的第三方评估，还要对 31 个省、自治区、直辖市进行评估？一级管一级，可以提高你的执行力。我的具体建议就是通过这次工作会议，形成若干规定，内部可以进一步讨论怎么强化执行力。客观地说，我们也没有想到这次民主生活会上批评、自我批评的程度如此之深。因此我现在有另外一个建议，凡是海航自己内部的失败案例必须深刻研究和解决。不是简单写一个检查报告、自我批评就可以，你得写一个失败的案例，在内部分享。为什么呢？因为失败是成功之母。这就是我的一点意见，谢谢！

徐二明：谢谢胡教授。东西南北中，中的发言是最重要的，整个发言当中提了七次“案例”这个词，这个词是上次稻葵教授提出来的，用案例说话。时间不多了，还有七分钟，大家有什么问题。

观众：谢谢主持人，听得非常入神。请教胡鞍钢教授。我们今天是东西经济文化的主题，现在国际上对像海航这样的企业发展也是有忧虑的，他们有一个观点——新殖民主义。您认为美国人如果担心海航的发展的话，会在哪些方面给我们构成政策上或者说心理上的忧虑，可以给我们一些什么样的建议，谢谢！

胡鞍钢：会议主题是圆融东西，化解西方对海航各种商业布局的疑虑，这不是一件容易的事情。要圆融，要讲好海航的故事，不仅要让中国人听得懂，也要美国人听得懂。但是不能期待这个 CEO 又会做生意，又会玩文字游戏又懂西方文明历史。这个时候要怎么办？我认为华为过去碰到了很多质疑和为难，他们有越来越完整的国际顾问体系，在各个主要国家找一些心胸宽广、诚恳、愿意用经验智慧教导你的人或机构，这是海航要成为全球一百强或者二十强、十强必须要努力的。

徐二明：谢谢胡教授。时间真的不够，我作为主持人只好打住，再多说一分钟。前两天在皇后岛的时候有一个人从我身边经过，递给了我一个纸条，上面写着几句话，可以作为这次对话的结束语：“我们不是历史的终结者，但我喜欢自然更替的颜色。由白转青，由青转红。”世界总是变化的，我们如何把握住这种变化，做好我们自己的事情，这是我们由衷的愿望。

最后请允许我代表在座的几位专家学者向陈峰主席、王健董事长表示衷心的感谢！感谢你们给我们发言的机会，也感谢在座的各位领导的耐心，使我们能够畅所欲言，也感谢海航经济研究院的精心策划与安排，使我们这次会议达到圆满，达到圆融。最后我宣布，对话到此结束，谢谢大家！